尘世是唯一的天堂

——林语堂的流寓人生

厉小励 厉向君 著

中国出版集团 现代出版社

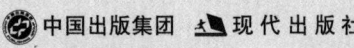

图书在版编目（CIP）数据

尘世是唯一的天堂：林语堂的流寓人生 / 厉小励，厉向君著 .—北京：现代出版社，2022.11
ISBN 978-7-5231-0031-8

Ⅰ.①尘… Ⅱ.①厉… ②厉… Ⅲ.①林语堂（1895-1976）—人物研究 Ⅳ.① K825.6

中国版本图书馆 CIP 数据核字（2022）第 218071 号

尘世是唯一的天堂：林语堂的流寓人生

| 著　　　者：厉小励 厉向君
| 责任编辑：张　霆
| 出版发行：现代出版社
| 地　　　址：北京市安定门外安华里 504 号
| 邮　　　编：100011
| 电　　　话：010-64267325　010-64245264（兼传真）
| 网　　　址：www.1980xd.com
| 印　　　刷：北京建宏印刷有限公司
| 开　　　本：710mm×1000mm　1/16
| 印　　　张：17
| 版　　　次：2022 年 11 月第 1 版　2023 年 1 月第 1 次印刷
| 书　　　号：ISBN 978-7-5231-0031-8
| 定　　　价：79.00 元

版权所有，翻印必究；未经许可，不得转载

目 录
CONTENTS

第一章　漳州和厦门（一）

　　坂仔…………………………………………………… 1

　　鼓浪屿………………………………………………… 5

第二章　上海和北京

　　圣约翰大学…………………………………………… 12

　　水木清华……………………………………………… 17

　　胡适与辜鸿铭………………………………………… 19

第三章　漳州和厦门（二）

　　赖柏英………………………………………………… 24

　　陈锦端………………………………………………… 26

　　廖翠凤………………………………………………… 30

第四章　美国、法国和德国

波士顿楮山街51号 ……… 36

哈佛大学 ……… 38

耶拿大学 ……… 39

莱比锡大学 ……… 42

第五章　北京（一）

北大英文系 ……… 44

"幽默" ……… 47

属于语丝派 ……… 49

鲁迅 ……… 52

费厄泼赖 ……… 55

第六章　北京（二）

"女师大"事件 ……… 59

"三·一八"惨案 ……… 62

讨狗檄文 ……… 64

逃离北京 ……… 68

第七章　厦门

厦门大学 ……… 71

风波 ……… 73

惜别 ……………………………………………………… 78
　　林语堂一家与厦大的因缘 …………………………… 82

第八章　武汉和上海

　　汉口 ……………………………………………………… 86
　　上海愚园路 ……………………………………………… 89
　　《子见南子》 …………………………………………… 91
　　南云楼事件 ……………………………………………… 94
　　版权案 …………………………………………………… 97

第九章　上海（一）

　　《论语》 ………………………………………………… 101
　　中国民权保障同盟 ……………………………………… 105
　　萧伯纳来上海 …………………………………………… 109

第十章　上海（二）

　　"幽默"与"闲适" ……………………………………… 112
　　依定盘路四十三号Ａ …………………………………… 115
　　"探险"与"壮游" ……………………………………… 118

第十一章　上海（三）

　　《人间世》 ……………………………………………… 122
　　疏离鲁迅 ………………………………………………… 127

3

《宇宙风》……………………………………………………… 130

第十二章　美国（一）

赛珍珠……………………………………………………… 134

《吾国与吾民》…………………………………………… 137

到美国去…………………………………………………… 142

第十三章　美国（二）

《生活的艺术》…………………………………………… 147

海外的文化使者…………………………………………… 155

第十四章　美国（三）

人物传记…………………………………………………… 160

英文小说…………………………………………………… 165

海外抗日宣传家…………………………………………… 173

第十五章　重庆

为抗战赴渝又离渝………………………………………… 178

抗战小说…………………………………………………… 185

第十六章　美国（四）

发明中文打字机…………………………………………… 193

与赛珍珠友谊破裂………………………………………… 197

第十七章　美国（五）

　　享乐人生 …………………………………………… 202

　　悠闲的生活 ………………………………………… 204

　　伊壁鸠鲁派的信徒 ………………………………… 206

第十八章　新加坡

　　南洋大学的首任校长 ……………………………… 210

　　矛盾与分歧 ………………………………………… 214

　　再见，新加坡 ……………………………………… 218

第十九章　台湾和香港（一）

　　台北阳明山 ………………………………………… 222

　　无所不谈 …………………………………………… 226

　　痴迷《红楼梦》 …………………………………… 230

第二十章　台湾和香港（二）

　　金玉缘 ……………………………………………… 233

　　整理语言文字 ……………………………………… 236

　　《当代汉英辞典》 ………………………………… 237

第二十一章　台湾和香港（三）

　　走向国际文坛 ……………………………………… 240

　　林如斯 ……………………………………………… 243

大师已去·· 247

参考资料······································· 255

后记··· 260

第一章　漳州和厦门（一）

坂仔

坂仔宝南村，一个名不见经传的地方，在中国地图上一般见不到的名字，它虽然没有像沈从文笔下的茶峒一样变成了"边城"而令人家喻户晓，但它却是林语堂出生和儿童成长的地方，所以，坂仔，也是一个令人向往的地方。坂仔是漳州市平和县（过去的龙溪县）的一个乡镇，而漳州地处福建省最南端，与台湾岛隔海相望，是侨胞和台湾的祖居地之一，也是我国东南沿海的历史文化名城。林语堂，祖籍是漳州市芗城区天宝镇的五里沙村，其父林至诚，24岁入教会跟随牧师修神学，不久自己也成了一名职业牧师，于1880年前后被派到平和县的坂仔乡进行传教，从此就在坂仔乡定居下来。1895年10月10日，即光绪二十一年农历八月二十日，林语堂诞生于坂仔乡宝南村，他父亲给他取名幼名和乐，意即平和乐观地过一生，学名林玉堂，后改为林语堂。

林语堂出生在一个牧师的家庭。林语堂的祖父是漳州北郊五里沙村的一个农民。1864年，太平天国军朱利王部进入漳州。1865年，太平天国侍王李世贤的部队撤离漳州地区时，祖父被征为挑夫，随军撤退，从此，杳无音信。祖母是基督教徒，生有二子。长子林至诚当时躲在床下，才没有被拉走。自从丈夫被抓而失踪后，祖母带着两个儿子逃到了厦门的鼓浪屿。由于生活的逼迫，她无力养活两个孩子，只好忍痛将小儿子送给当地一个有钱的吕姓医生，这个小儿子后来中了举人。祖母将长子林至诚留在身边，娘俩相依为命，她后来再嫁，丈夫姓卢，但至诚没有改姓。

林语堂的父亲林至诚，自小做过小贩，用自己的肩膀挑着糖果，四处叫卖。下雨天他母亲赶紧炒豆，好让林至诚卖豆仔酥。为了多卖几个钱，林至诚就跑到监狱的门口卖米。有时他也挑竹笋徒步到漳州去卖，来回约三十里的路程。后来，他把自己肩上的疤痕还指给孩子们看，说这是挑担磨出来的，由此他让孩子们知道，做人必须刻苦耐劳，不辞辛苦才会有收获。林至诚从小聪慧好学，但由于生活的贫困，没有条件到学校就学，只能在劳作之余进行自学。从一个个生字认起，然后练习写出，再慢慢地去理解它的含义，这样坚持不懈下去，竟能读书看报了。功夫不负有心人，林至诚由于持之以恒的自学，对中国古代文化的典籍，如《大学》《论语》《孟子》《中庸》《诗经》《声律启蒙》《幼学琼林》等慢慢地理解了。

母亲是虔诚的基督徒，林至诚受其影响，也成了基督教徒。由于最初来华的天主教士中，有一部分人横行霸道，所以遭到了当地群众的抵制。尤其是传统的天主教教规与中国传统文化产生了冲突，禁止中国的天主教徒祭祖祭孔，这样天主教会便先后与明朝、清朝政府发生冲突，导致政府不得不在17世纪禁止了天主教的传教活动。第一次鸦片战争后，中法签订了《中法黄埔条约》，规定法国人可在通商五口建立教堂。从此，西方天主教挟列强之威进入中国的城乡。甚至在一些地区权势膨胀，引起民众的反抗。1849年，即清宣宗道光二十九年，中国五口通商后，开放西洋传教，实属无奈。但后来来华的新教徒教士与天主教教士不同，他们重视文字宣传，因而在厦门、漳州，新教教徒没有被社会排斥。

第一章 漳州和厦门（一）

传教士在华办报、办学、办医，开展慈善事业，对中国近代教育、卫生、社会福利和思想文化等方面的发展曾产生过一定的影响，中西思想文化的碰撞与交流亦进入了一个新时代。1874年，平和县的坂仔乡的堂会建成。1880年，年仅25岁的林至诚被教会派到坂仔乡任"启蒙伴读兼传福音"，即乡村教师兼牧师之职。后来，他虽然先后到过厦门、同安传道，但家庭一直定居在坂仔。1889年，林至诚回到坂仔担任了堂会会长一职。他能识字会读书，不仅为乡民传教，还调解争端，尤其喜欢为人做媒，喜欢撮合鳏夫寡妇。他活泼乐观，与人为善，精力充沛，助人为乐，深受乡民欢迎和爱戴。

一位美国牧师范礼文（Rev.W.L.Warnshuis）与妻子曾住在林至诚家的楼上，他们在坂仔建立了一座新教堂。范礼文牧师向林至诚介绍"新学"的书籍和一份油墨印的周报，那份对邻家有影响的刊物，便是上海基督教学会林乐知牧师（Young John Allen）主编的《教会消息》（Cristian Lntel ligence），这份刊物全年订阅才一元钱，对于工资虽不高，但每月得到16—20元的林至诚来说还是订得起的。从这些刊物，林至诚对西方了解了许多知识，知道了世界上最好的学校是德国的柏林大学和英国的牛津大学。林至诚明白，要想走出大山闯世界，只有读书这一条路，所以，他不断告诫自己的孩子，从小要有理想，要有志气。

林乐知（Young John Allen 1836—1907），24岁由美国监理公会派到中国，在中国传教达四十七年之久。1868年林乐知出版了《中国教会新报》周刊，1875年改名为《万国公报》（即《教会消息》），林语堂的父亲就是它的最忠实读者。

林语堂后来回忆说："有一个在我生命中影响绝大、决定命运的人物——那就是外国传教士林乐知，他自己不知道他的著作对于我全家人有何影响。……我父亲因受了范礼文牧师的影响而得初识所谓'新学'，由是追求新知识之心至为热烈。……他藉林乐知氏的著作而对于西方及西洋的一切东西皆为热心，甚至深心钦羡英国维多利亚后期的光荣，复因之而决心必要他的儿子个个要读英文和得受西洋教育。"①

林语堂的母亲叫杨顺命，出身寒微之家。她是一个老实忠厚的女人，也是一个基督徒，她能读闽南话注音的《圣经》。她嫁给林至诚为妻后，任劳任怨，为林家生了八个孩子。长子名景良（和安）、二子玉霖（和风）、三子憾庐（和清）、四子和平、五子语堂（和乐、玉堂）、幺子玉苑（幽），长女瑞珠、次女美宫。这些孩子都听从林至诚的教诲，友好相处，和善待人。除了两个女儿因经济困难没能继续求学外，五个男孩后来都上了大学。老大、老三在厦门鼓浪屿进了救世医院医科。当时西医还未被国人所接受，这所医院为了培养西医人才，才附设了医科学校。一方面是学费较低，另一方面也是林至诚让孩子们掌握好英语。老二、老五和老小，都是上海圣约翰大学的毕业生。

杨顺命不认识字，但在教育孩子问题上是很赞同丈夫林至诚的意见，只是因经济问题和传统文化思想的影响，没有做到男女平等，导致两个女儿没能进大学深造，成为女儿们的终身遗憾。

林语堂在《回忆童年》中曾这样表示他对母亲的感受："说她影响我什么，指不出来，说她没影响我，又瞻之在前，忽焉在后。大概就像春风化雨。我是在这春风化雨的母爱庇护下长成的。我长成，我成人，她衰老，她见背，留下我在世。说没有什么，是没有什么，但是我之所以为我，是她培养出来的。你想天下无限量的爱，是没有的，只有母爱是无限量的。这无限量的爱，一个人只有一个，怎么能够遗忘？"林语堂在《八十自叙》里也说过："我记得母亲是有八个孩子的儿媳妇，到晚上总是累得筋疲力尽，两脚迈门槛都觉得费劲。但是她给我们慈爱，天高地厚般的慈爱，可是子女对她也是同样感德报恩。"母亲对于林语堂来说，她所给的恩爱比天高，比海深，令他刻骨铭心，永志难忘。父母的行为

---

① 引自王兆胜著《林语堂大传》，作家出版社 2006 年 1 月第 1 版第 6 页。

对孩子的影响是怎么估价也不会过分的。因为是父母的言传身教才使得孩子学会了认识世界，学会了做人的道理。

基督教文化是一个丰富的矿藏，林语堂从中吸取了许多有益的营养，如自由精神、谦卑性格、感悟能力、博爱心胸、和谐理想。但需要说明的是，林语堂与那些虔诚的基督教徒不同，他自小虽然信基督教，但对基督教教义产生过怀疑，后来进入圣约翰大学和清华大学后更是如此，甚至他曾一度称自己是一个异教徒，并为此而常常苦恼，直到晚年才又重新回归基督教。但不管怎么说，林语堂是深受基督教文化影响的一个中国现代作家。

鼓浪屿

林语堂在《回忆童年》时说："影响于我最深的，一是我的父亲，二是我的二姐，三是漳州西溪的山水。"[①] 除了父亲的影响外，二姐对林语堂的影响也是很大的。二姐美宫，不仅长得漂亮，而且善良、聪慧。她比林语堂大四岁。兄弟姐妹中，林语堂与二姐感情最深、最觉亲近。美宫曾就读于鼓浪屿毓德女中，被同学们誉为"校花"。林语堂在暑假中发现，往往在家上课（父亲给他们上课）还没结束，美宫就不得不恋恋不舍地离开，因为她必须回家为一家人做饭。女孩与男孩不同，家务活大多让女孩去做。下午上课未完，她也要提前离开，而去把洗好晒干的衣

[①] 引自林语堂《回忆童年》，见施建伟编《幽默大师——名人笔下的林语堂 林语堂笔下的名人》东方出版中心 1998 年 11 月第 1 版第 447 页。因为林语堂的作品大都是英文写的，是由别人翻译过来，所以说法也有出入。林语堂的这一说法，据施建伟录自台湾金兰文化出版社 1986 年版的《鲁迅之死》。同样的意思，在河北人民出版社《林语堂自传》，1991 年 9 月第 1 版，1994 年 9 月第 3 次印刷第 47 页是这样写的："我生在福建，南部沿海区之龙溪县坂仔村。童年之早期对我影响最大的，一是山景，二是家父，那位使人无法忍受的理想家，三是严格的基督教家庭。"梅中泉主编的《林语堂名著全集》，东北师范大学出版社 1994 年第 1 版第 10 卷第 251 页中也是如此说的。这段话中没有提到"二姐"。至于现在给林语堂写传的采纳哪种说法也不统一，故本书采纳了前一种说法。

服收进来。有一个暑假，他们两人一起看《萨克孙劫后英雄传》，艾文荷被箭所伤，外面敌兵包围，两人都为他急得要命。两人还编了一个法国侦探故事，随想随编，讲给奶奶听。后来被奶奶识破："原来你们在骗我！根本没有这种事！"

美宫聪明过人，学习成绩优异，并且怀有远大理想，向往将来能进高等学校继续深造。可是，林至诚由于经济困难，再加上重男轻女的思想，决定不让美宫上大学。美宫只好在家等待婚嫁。父母多次给二姐提亲。晚上，父母到美宫房里，刚要提起婚嫁的话题，美宫马上就把灯吹灭，转身睡觉。她多么想读大学啊！她曾想与弟弟林语堂一起走出大山到外面的世界，像鸟儿一样自由地飞翔。当时有一个商人正在追求她，但美宫迟迟未答应。一直拖到22岁，她才彻底放弃了上大学的希望。

1912年初秋的一天，林语堂与二姐美宫坐在同一条船上，但命运之神作了如此不公平的安排：林语堂获得进大学深造的机会，而二姐美宫将远嫁到西溪的山城。林语堂后来回忆起来，心情还是异常沉重："那年，我就要到上海去读圣约翰大学。她也要嫁到西溪去，也是往漳州去的方向。所以我们路上停下去参加她的婚礼。在婚礼前一天的早晨，她从身上掏出四毛钱对我说：和乐，你要去上大学了。不要糟蹋了这个好机会，要做个好人，做个有用的人，做个有名气的人。这是姐姐对你的愿望。我上大学，一部分是我父亲的热望。我又因深知二姐的愿望，我深深感到她那几句话简单而充满了力量。整个这件事使我心神不安，觉得我好像犯了罪。她那几句话在我心里有极重的压力，好像重重地烙在我的心上，所以我有一种感觉，仿佛我是在替她上大学。第二年我回到故乡时，二姐却因患鼠疫亡故，已经有八个月的身孕。这件事给我的印象太深，永远不能忘记。"[1] 林语堂每当想起那四角钱，就想起二姐，就想起二姐那句话，想起这一切，他都忍不住要流泪。

---

[1] 引自《林语堂自传》，河北人民出版社1991年9月第1版第55-56页。

第一章 漳州和厦门（一）

漳州在封建帝王时代是福建南部的一个府，包括龙溪、南靖、平和、诏安等县。除东部沿海有少量平原以外，其余都是山区。林语堂三哥林憾庐在《漳州漫话》一文中盛赞了漳州的美丽风光："漳州北面是小山，有三个亭子。到这儿上边一望，全城的楼屋和溪流乡村田原的景色都出现于目前。南面是西溪干流，有堤岸和新式的两道桥。假如你在下午傍晚的时候，到溪边散步，顺便走上中山桥的中间去，那斜阳和上流的一切景色才够你欣赏赞叹！这儿一切是天然的，没有人工的造作，而是流动的美。溪流闪着万道的金波；帆船乘风而驶，渔舟依着沙洲而泊；小舟上苍绿的竹林，时有白鹭飞翔；沙滩上游牧童和水牛在玩着；一切的田园山林在夕阳的光线里，和烟霞的光色织成了奇妙天然的画图，美丽极了。"①

平和县离漳州61公里，明正德十二年（1517）建县。县城的小溪到坂仔乡约有10公里，林语堂出生及童年生长的平和县坂仔乡宝南村是一个小山村。坂仔的四周都是山，东面叫峨眉山，北面有悬崖绝壁的石齿（也写"石起"）山，西南有峰峦起伏的十尖山，南面有森林茂密的南寮山。无论晴雨晨昏，这些远远的山巅都被云雾笼罩着，给人以亦真亦幻、神秘莫测之感。太阳初升和夕阳西下时，山间和天空的云雾更是不断变幻着富丽的色彩，让人身处仙境一样。

林语堂自小就生活在这些大山周围，常常面对着群山，浮想联翩。林语堂对大山产生了浓厚的情感，这些山水也影响了他的一生。他后来创作的自传体小说《赖柏英》中，借小说中人物之口说："你一点儿也不知道。你若生在山里，山就会改变你的看法，山就好像进入你的血液一样……山的力量巨大得不可抵抗。""山逼得你谦—逊—恭—敬。"林语堂在《回忆童年》中说："生长在这雄壮气吞万象的高山中，怎能看得起城

---

① 《人间世》第41期（1935年12月5日），转引自万平近著《林语堂评传》，重庆出版社1996年2月第1版第4页。

市中之高楼大厦？如纽约的摩天大楼，说他'摩天'，才是不知天高地厚，哪里配得上？我的人生观，就是基于这一幅山水。人性的束缚，人事之骚扰，都是因为没有见过，或者忘记这海阔天空的世界。要明察人类的渺小，须看宇宙的壮观。"林语堂汲取了山区人的自由、超脱、豪放，也表明了家乡的山山水水、一草一木在林语堂的思想境界中留下了不可磨灭的印象，熔铸成他自称的"山地人生观。"他在《四十自叙》诗中写道：

　　我本龙溪村家子，环山接天号东湖。
　　十尖石起时入梦，为学养性全在兹。

　　美丽的西溪河从村中流过，也成为自然美景中的又一道风景。每当雨季来临，河水暴涨，一幅天然的洪水搏斗图映入眼帘；而少雨季节又是白沙、鹅卵石和水草装点的空地。村妇们洗衣洗菜，儿童坐在水牛背上吹着横笛，真是诗情画意！林语堂与伙伴们你追我赶地到水中摸鱼摸虾。这些童年快乐的生活一晃就过去了。据林语堂的女儿林太乙说，林语堂六岁就进了教会学校——铭新小学。

　　林语堂聪明而又顽皮。他与几个哥哥们自小都是以调皮出名。"钟鼓之争"显示了他们的聪明才智。事情是这样的：那是坂仔的基督教堂竣工以后，教堂前的钟楼上挂着一只美国人捐赠的大钟。每逢做礼拜，洪亮的钟声不断地响着，惹怒了坂仔村一些村民。由一个落第的儒生带头，用募捐的方式，在教堂的同一条街上，修建了一座佛庙，用一只大鼓代替大钟与教堂对峙。林语堂弟兄几个自然站在教会一边，他们跑上钟楼，拼命地拉绳打钟。采用车轮战的办法，终于把擂鼓的儒生压了下去。后来那鼓声就消失了。原来，那失业的穷儒生为了吸鸦片，把大鼓也卖掉了。

　　有一次，学校考试，教师在阅卷时发现了全班学生得了高分，明知有"鬼"，但不知"鬼"在何处。原来，考试的前一天，林语堂潜入教师宿舍，偷看了试题。谁也没想到是林语堂搞的"鬼"，林语堂一向成绩优异，因而被排除在怀疑对象之外。

还有一次，铭新小学的作文老师批评林语堂作文的笨拙："如大蛇过田陌"，意思是说他的文章词不达意。林语堂作出了一个下联，回敬老师："似小蛇度沙漠"。对于这样的学生，让老师也哭笑不得。

林语堂的顽皮性，还表现在家庭里。有一次他被大人关在屋外，不许进去，他便从窗子扔石头进去，一面叫着："你们不让和乐进来，石头替和乐进来！"林语堂虽然和二姐美宫最要好，但两人有时也吵架。有一次，林语堂大发脾气，便躺在泥洼里，像猪一样打滚，然后爬起来对二姐说："好了，现在你有衣服洗了！"

林语堂自小就充满了梦想。他梦想当医生，要发明包医百病的灵丹妙方。他还真的在实验，配制了一种治外伤的药粉，取名"好四散"。他梦想当发明家，经常到码头上观看来往鼓浪屿的小轮船，船上的蒸汽引擎使他很感兴趣。他还想依照虹吸原理制造一架抽水机，让井里的水自动流进菜园里。失败了，他只好暂时放弃发明抽水机的打算。他还想长大后开一个"辩论"商店，提出辩论命题，向人挑战。他梦想成为一个全世界闻名的大作家。他曾对父亲说："我要写一本书，在全世界都闻名！"1903年，年仅8岁的林语堂写了如下充满哲理意味的话："人自高，终必败，持战甲，靠弓矢；而不知，他人强，他人力，千百倍。"另一页上画了一只蜜蜂作为插图。

1905年，林语堂刚刚10岁，因为父亲不满意铭新小学的师资和教学方法，所以决心让林语堂三兄弟到厦门鼓浪屿的教会学校养元小学住读。从坂仔到厦门路途上的任何一件事情，对于林语堂来说都充满了新鲜感。因为厦门是列强强迫清政府对外开放的通商口岸，所以那里的教会学校一定比闭塞的坂仔的铭新小学办得要好，想到这里，林语堂心里就有一种幸福感和满足感。

三年后，林语堂在养元小学读完后就进入了隔壁的寻源书院就读，这所书院于1888年由基督教美国归正教公会与英国长老会联合创办，校址在鼓浪屿山仔顶。无论小学、中学和大学，教会学校都是不收学费的，而且连生活费、住宿费也都免收。这对于林语堂这个穷牧师的家庭来说，是非常难得的选择。

林语堂13岁进入寻源书院，于17岁以第2名的成绩毕业，在这4年的学习生活中，英文和自然科学都打下了良好的基础。寻源书院，相当于中学，又是教会学校，使林语堂大开了眼界，接触了西方的文化知识。鼓浪屿有英、美、法、德等国家的领事馆，置身于外国传教士和外国商人的居住地，其文化氛围与内地大不相同。

教会学校古板的教学方法和严格的管理制度，对于活泼好动的林语堂来说是一种束缚。如学校规定不准看中文报纸，不准看闲书，所谓闲书即功课以外的书。从早晨8时至下午5时，把学生关闭在课堂内。凡在校偷看杂书，或在课堂上交换意见，皆是罪过，是"犯法"。这些措施严重压抑了林语堂求知的天性，严重影响了林语堂对中国传统文化的学习了解，导致他迟迟不知道孟姜女哭倒长城的传说，也不知道后羿射日十落其九及嫦娥奔月变为月神的故事，更从未听说过女娲氏炼石补天，把剩下的那块石头变为《红楼梦》中主人公宝玉的故事，等等。林语堂在若干年后，曾持续不断地攻击现行的教育制度的弊病，就来自他在教会学校的亲身经历和体察。

事情往往有弊有利，福祸相依。在寻源书院，林语堂的英文进步很快，对科学的兴趣更浓厚了。有人问他将来干什么，他毫不犹豫地回答：想当英文老师或物理老师。他还说，数学尤其是几何学最让他着迷，他对地理学也情有独钟，甚至对西洋音乐简直着了迷。他虽然不喜欢美国校长毕牧师，但对其夫人Mrs.Pitcher却有好感，因为校长夫人不仅长得端庄淑雅，而且她唱的歌，抑扬顿挫，悦耳动听，充满了温柔之美。女性传教士们的高音合唱，给林语堂留下了深刻美妙的印象。

在厦门，林语堂真正耳闻目睹了西方文化在中国存在的一种方式：战舰上的水兵和大炮。1907年，日俄战争结束后，旅顺口还是一片断壁残垣，老罗斯福就派遣美国舰队来访问中国。舰队到厦门时，寻源书院的学生应邀前往参观。林语堂第一次看到了美国海军的操演和那些钢铁怪物的雄伟形象，使得少年林语堂既羡慕又畏惧，也刺激了他向西方学习的欲望。

寻源书院的学习，对于林语堂来说太容易，林语堂认为这是浪费时间。于是他就偷偷地看自己喜欢的书。实际上，凭林语堂的天资，应付学校的考试简直不费吹灰之力，每次考试都是名列前茅，但林语堂却不认为自己是个用功的学生。

1911年爆发的辛亥革命，推翻了清朝政府，结束了统治中国几千年的君主专制制度，建立了中华民国，但在闽南山区并未引起大的变动。林语堂在寻源书院看不到中文报刊，对于这一历史变动也并不知晓，他仍埋头钻研功课。17岁的林语堂以第二名的成绩结束了中学阶段的学习。这年暑假，他轻而易举地考上了上海圣约翰大学，实现了他父亲林至诚的夙愿。

第二章　上海和北京

圣约翰大学

1911 年，林语堂中学毕业考入了上海圣约翰大学。上海圣约翰大学，是中国近代著名的教会大学。1879 年美国圣公会上海主教施约瑟 (S.J. Sekoresehewsky) 为实现推行高层次教育的夙愿，他将圣公会原辖培雅书院、度恩书院合并，在沪西梵皇渡购地兴办圣约翰书院。1906 年学校在美国注册，正式称圣约翰大学。1913 年增设大学院，招收硕士研究生，形成预科、本科、大学院三级阶梯。上海的圣约翰大学与北京的燕京大学和济南的齐鲁大学一样，都是著名的教会大学。学校完全用英语教学，是当时全国最优秀的大学之一，享有"东方哈佛"之称。校训初为"光与真理"（ Light & Truth ），后加上孔子的名言"学而不思则罔，思而不学则殆"。在 73 年的办学历程中，圣约翰大学培育出了施肇基、顾维钧、宋子文、颜福庆、严家淦、刘鸿生、潘序伦、邹韬奋、荣毅仁、经叔平、贝聿铭、张爱玲、周有光等一大批声名显赫的校友，成为中国教育史上的传奇美谈。

林语堂考上了上海圣约翰大学，本来是件很高兴的事，但到上海去读书，起码要筹备一百块银圆，这对于月薪二十块银圆的父亲来说，得需要半年的工资。当年为了林玉霖上圣约翰大学卖掉了祖母在漳州的房子，现在家里实在没有值钱的可卖了。父亲既高兴又愁苦的矛盾心情是难以言表的，但最终还是下了决心，就是砸锅卖铁也不能失去这个机会，何况林玉霖即将从圣约翰大学毕业，他毕业后找到工作也可以资助一下弟弟。但眼前呢？虽然说圣大的学费、生活费全免，但要凑足一百块银圆还真有点犯难。这时，二姐美宫毕业于毓德女校，也吵着要到福州念大学，到福州去读书，学杂费至少每年也需要六七十元。不是父亲不愿女儿读书，以林至诚的开放思想，假若经济不紧张，让美宫到大学继续深造也是完全有可能的。可是要照顾儿子，就只有牺牲女儿的读书机会了。况且在那个年代，女孩子能到学校念几年书已经很不错了。但林至诚已经让女儿读完了中学，更是凤毛麟角。二姐美宫只有在心里不满了。

林至诚为儿子到圣大读书，在走投无路之时，只好向他的学生陈子达借钱。当年陈子达上学期间因家庭困难买不起鞋子，林志成每年冬天都送他两双新鞋，现在的陈子达不是过去穷得光着脚丫来上学的学生，他经商做了大老板了，吃水不忘挖井人，所以没等老师把话全部说完，他就满口答应下来。过了几天，陈子达到坂仔来，递给林至诚一个蓝布包，林至诚打开一看，里面是一百个亮晶晶的大头银圆，这使他高兴得几夜都没睡着觉。

经费解决了。林语堂带着希望，于1912年来到了圣约翰大学。在圣约翰大学，林语堂进的是神学院。他之所以选择神学院，其目的就是将来预备献身为基督教服务。然而，在一年多的学习生活中，他无法接受种种凡庸琐屑而又荒谬的教义说法。如耶稣是童女所生和他的肉身升天等说法。他发现，连那些传教士都不大相信。然而要入教，就要相信。圣大校长卜舫济（Dr.F.L.Hawks Pott）博士亲自告诉他，肉体复活是不可能的，要紧是灵体复活。基督教说，人生来就是罪恶的。耶稣替我们赎罪，我们才可以进天堂；不信教，便要进地狱。地狱、罪恶、罪源、赎罪等理论，林语堂很难接受。他认为，一切神学都是在"欺骗"，对他的智力是一种侮辱。他本来希望当牧师，可是，现在他对神学已经没有了兴趣，所以终止了神学院的学习，而选择了语言学这个专门学科。

1912年的圣约翰大学，以它高水准的英文教学而名冠全国，在国际上有着很高的声誉。林语堂自小上的都是教会学校，因此，对英文产生了浓厚的兴趣。他在圣大的第一个英文教师是个外国人，她的中文名字叫李寿山。这位老师与寻源书院的毕太太一样，不仅长得美丽可爱，而且温柔多情、真实诚恳，给林语堂留下了非常美好的印象。

林语堂的口语学习，除了跟从老师，主要依靠的就是一本《袖珍牛津英文字典》。这本字典是林语堂能够快速掌握英语的"法宝"，它不仅将英文字的定义列举出来，还将一个字在句子里的各种用法举例出来。无论是一个字，或者是一个语段，林语堂一定要弄清楚才肯放过。对中文意思相近而英文意思不同的单词，林语堂也注意体会其细微的差异，如他为了搞清楚中文的"笑"和"哭"在英文里的意思，林语堂整理出很多单词：如大笑、假笑、微笑、痴笑、苦笑等；如大哭、饮泣、哀泣等。同时，他又将这些单词还原到具体的英文句子中深入理解。这种学习方法既系统，又方便，还便于记忆，更能有效地使用。至于英语的发音，他认为只要弄清楚一个字的重音在哪个音节，说起英语来便不成问题了。林语堂认为，每个英文单词也像人一样，都是有个性、气质和味道的。掌握了它，内心就有这种感觉：一个字词就是一个滑溜溜的物体，尽管有时在手里握不住，像一条扑跳跃动的鱼，但它逃不出心灵之海。后来林语堂回忆说："这部字典最大的好处是容纳英语的精髓。我就如此学会了英文的许多精选词汇。"这本袖珍牛津字典，使林语堂受益终身，后来他专门写了《我所得益的一部英文字典》，总结了他的英文学习经验。

由于拼命用功，再加上掌握了一套独特有效的学习方法，所以在神学院一年半，林语堂的英文水平就突飞猛进地提高，林语堂被选进了 Echo（《回声》）杂志编辑部做编辑，他说："我愈来愈热心，我爱上了英文如鱼得水。"

圣大给林语堂留下了不少美丽印象。林语堂认为圣大校长卜舫济博士就是一位可爱的人，他为人正派、举止大方，工作认真负责，他还娶了一位温文尔雅的中国大家闺秀做太太。最使林语堂感动的是，卜舫济博士无论干什么事总是有始有终、有条不紊。他严格治校又严于律己。当然，人无完人，卜校长也是太刻板，缺乏自由快乐的精神。所以他管理的学校，给学生的自由太少，或者说过于让学生遵守纪律而无自由，并且过于重视英文而轻视中文，中文不及格照样予以毕业，甚至聘请中文老师，水平低下，竟在课堂上告诉学生，从中国可以坐汽车直达美国，出现这样的常识错误和笑话。因此，林语堂对学校的许多清规戒律非常反感，有时简直深恶痛绝。遇到这样的中文老师，林语堂只好在下面"自学"，好歹老师也从不关心学生是否认真听讲，也不关心学生在下面做什么。这样，林语堂就利用不喜欢听的课和课余时间，偷偷地看杂书，如张伯伦的《十九世纪的基础》、赫克尔的《宇宙之谜》、华尔德的《社会学》、斯宾塞的《伦理学》和韦司特墨的《婚姻论》，涉猎范围远远超过了他所学的专业，从而广泛地接触了西方资产阶级的世界观、社会观、人生观，使他对西方文化产生了浓厚的兴趣。

圣大图书馆只有5000册藏书，其中三分之一是神学书，林语堂几乎把这些书都读过了。这对于勤奋好学的林语堂来说太不过瘾，他对读书有时达到迷恋的程度。

圣大毕竟是一所教会大学，学校割断了中国学生和本国文化的联系，甚至不准学生看中国的戏剧，以致林语堂在20岁之前知道古犹太国约书亚将军吹倒耶利哥城，知道耶和华命令太阳停住以使约书亚杀完迦南人等圣经故事，却不知道孟姜女哭长城的民间传说，也不知道后羿射日、嫦娥奔月、女娲补天等中国的神话故事。在圣大，林语堂学习了外语、地理、算术、地质、体育等科学知识。他像进了知识的海洋，对数学和几何学、物理学、地理学产生了浓厚的兴趣，特别是英文水平的提高，使他毫不犹豫地注册了人文科的语言学作为专门学科。

在大学二年级结业典礼上，林语堂荣获三种奖章，同时又代表讲演队登台领取优胜的银杯。在同一典礼上一人四次登台领奖，创造了圣约翰的领奖纪录，轰动了全校。甚至传到了邻校圣玛丽女子大学，从而引出了一段美好姻缘佳话。

林语堂在圣约翰校刊《约翰声》上发表了三篇英文小说，分别是《善波》、《朝丽——命运的女儿》和《南方小村生活》，这可以看作他的处女作，这三篇小说都带有不同程度的宗教色彩，其中，《朝丽——命运的女儿》还在圣约翰大学小说大赛中获得冠军。

林语堂不仅学习好，而且还是多项体育运动的比赛高手。他学打网球，参加足球校队，还是圣大划船队的队长。他从夏威夷留学生根耐斯那里学会了打棒球的技术，是一名精于投上弯球和下坠球的垒球手。最为出色的是，他创造了学校一英里赛跑的纪录，还参加了1915年5月15日至22日在上海举办的第二届远东运动会，本次运动会，中国队囊括了足球、排球、游泳、田径四项冠军，荣获总分第一。

父亲林至诚对林语堂的文体成绩不感兴趣。有一次他来到上海，去运动场观看比赛，参赛的林语堂借机大显身手，但父亲看后不以为意，因为父亲关心的是智商，儿子的体育成绩与他的理想似不相干。

当然，林语堂的大学生活也不是一帆风顺的。起初，他根据父亲的意思在圣约翰的神学院注册。但不久，他成了弗洛伊德学院的崇拜者。他后来在《从异教徒到基督教徒》中说："一切神学的不真，对我的智力都是侮辱。我无法忠实地去履行。我的兴趣全失，得的分数极低，这在我的求学过程中是很少见的事。监督认为我不适于做牧师，他是对的。

我离开了神学院。"大学二年级的一个暑假里，父亲让他代替自己布道，结果他心血来潮地大肆发挥，他选择了一个讲题："把《圣经》当文学来谈。"他对坂仔的乡民们畅谈耶和华是一位部落之神，帮助约书亚消灭亚玛力人和基奈人，并且他说，《约伯记》是犹太戏剧，《列王记》是犹太历史，《雅歌》是情歌，《创世纪》和《出埃及记》是有趣的犹太神话和传说，等等。这次离经叛道的演讲，使父亲清醒了：儿子虽才华出众，但不适宜当神职人员。

林语堂在教会学校度过了自己的青少年时代，成年以后，他对教会学校说过许多感激的话，也说过许多遗憾的话。圣约翰大学的确给林语堂留下了深刻的印象。

水木清华

来圣约翰大学读书的同学们都知道周诒春这个人。周诒春于1907年在圣约翰大学毕业，之后自费到美国留学，就读于威斯康星大学和耶鲁大学，获得硕士学位。回国后在圣约翰大学教英语，因参加清政府对留学生的特别考试，被钦点为翰林。1912年周诒春任南京临时政府外交部秘书。5月任清华学校（清华大学的前身）副校长。1913年清华学校校长唐国安病逝，周诒春继任校长。林语堂在圣约翰大学读书期间，经和周诒春熟悉的教师引见，曾见过周诒春一面，得到了周诒春的鼓励。

1916年林语堂以第二名成绩从圣约翰大学毕业，由校友和同乡周辨明推荐，应清华学校校长周诒春之聘，任英文教员。清华大学的前身是清华学堂，始建于1911年，是由美国退还的部分庚子赔款建立起来的留美预备学校。1912年，清华学堂更名为清华学校，最初是一所中等学校。1925年设立大学部，开始招收四年制大学生，同年开办研究院（国学门），1928年国民政府改名为清华大学，并于1929年设立研究院。学校坐落在北京近郊前清端亲王的花园里。清朝康熙年间称熙春园。雍正、乾隆、咸丰先后居住于此,咸丰年间熙春园改为清华园。学校的图书馆、大礼堂、体育馆、游泳池在当时国内堪称一流。林语堂任职时,那座规模宏大的图书馆正在建设中。当时清华学校的学制分为中等科和高等科,共8年,前五六年基本为中学程度的科目,后二三年才安排大学的有关课程。学生毕业后,按成绩高低和志愿分别插入美国的各个大学。所以考上了清华学校,就意味着到美国留学的理想基本实现了。美国政府的本意是在中国知识分子当中培养一批"追随美国的精神领袖",而学校偏偏又建在了被英法联军洗劫过的清华园和迎春园。学生整天面对着被焚毁的断壁残垣,民族耻辱感时时涌上心头。

由于在圣约翰大学把英文基础打得很牢固,因此,林语堂是一个称职的英文教员。不仅如此,他也是一位洁身自好的青年。他不饮酒,也不近女色,每当星期天,有的同事去"八大胡同"[①]嫖妓,而林语堂却在校内主持一个圣经班的功课,被同事称为"清教徒"。

林语堂由于从小进的是教会学校,虽然从父亲那里知道一点四书五经知识,但是对中国传统文化知识知之甚少。他为自己的中文知识如此贫乏而感到羞耻。他在晚年回忆说:"我曾经说过,因为我上教会学校,把国文忽略了。结果是中文弄得仅仅半通。圣约翰大学的毕业生大都如此。我一毕业,就到北平清华大学去。我当时就那样投身到中国的文化中心北平,您想象我的窘态吧。不仅我的学问差,还有我的基督教教育性质的影响呢。……我身为大学毕业生,还称中国的知识分子,实在惭愧。……为了洗雪耻辱,我开始认真在中文上下功夫。"

[①] 北京的胡同多如牛毛,独独八大胡同闻名中外。因为当年这里曾是烟花柳巷的代名词。其实,八大胡同一开始并不是"红灯区",而是进京戏班的所在地。可见八大胡同与戏曲活动的深刻关联。到了清末民初,妓院主要集中在前门外大街,所谓"八大"是虚指,该地区至少有十五条胡同属于老北京的"红灯区"。公认的八条胡同是:百顺胡同、胭脂胡同、韩家潭(现名韩家胡同)、陕西巷、石头胡同、王广福斜街(现名棕树斜街)、朱家胡同、李纱帽胡同(现名大力胡同、小力胡同)。在这八条街巷之外的胡同里,还分布着近百家大小妓院。

林语堂要"洗雪耻辱",要"开始认真在中文上下功夫",他选择了语言学作为研究方向。他首先从《红楼梦》下手,他觉得《红楼梦》中的语言太美了,所以对《红楼梦》产生了兴趣。他还要博览群书,经常到琉璃厂去选购一些国学书籍,如王国维的《人间词话》等,琉璃厂、隆福寺的书肆,大多是南方人开设的。这些人多为进京会试名落京师,又不会经商其他,对于书籍却是内行,便搜求古籍出卖,为读书人开辟了一个市场。林语堂经常逛这些书铺,在与这些书铺的老板接触中也获得了各种文化知识。如版本学、目录学,尤其对语言学方面的《四库集录》《说文玉篇》《广韵》《韵府群玉》《字类编》等,只要他认为有价值,又便宜,就大量购买。在清华任教的几年里,他把国学基础重新补好,为以后从事语言学研究打下了良好的基础,并且撰写了《论汉字索引制及西洋文学》《汉字索引制说明》《分类成语辞书编纂》等论文,分别发表于《新青年》和《清华季刊》上。

胡适与辜鸿铭

林语堂在清华学校的三年里,正是胡适和陈独秀揭起"文学革命"大旗的时候。1916年8月21日,在美国哥伦比亚大学攻读博士学位的胡适,受著名实用主义哲学家杜威老师的影响,决定从文字上进行试验改革,变文言为白话,他在与同时留学美国的学生梅光迪、胡先骕、吴宓、任鸿隽、杨杏佛、陈衡哲等人反复讨论未果的情况下,写信给《新青年》主编、时任北京大学文科学长的陈独秀,提出"文学革命"需从"八事"入手,即:一曰不用典;二曰不用陈套语;三曰不讲对仗(文当废骈,诗当废律);四曰不避俗字俗语(不嫌以白话作诗词);五曰须讲求文法之结构;六曰不作无病之呻吟;七曰不模仿古人;八曰须言之有物。这封信引起陈独秀的注意。陈独秀不仅支持和声援了胡适,而且立即向蔡元培推荐了胡适到北大工作。

胡适还没有来得及博士论文的答辩,学位证书还未拿到,就匆匆回国,走马上任。北京文化界满怀着期待,热烈欢迎这位首举"文学革命"义旗的风云人物。林语堂是以清华学校一个普通的英文教员的身份参加了欢迎,虽然没有引起胡适的特别注意,但对林语堂来说,胡适那"登高一呼,应者云集"的形象刻在了自己的脑中:胡适引用了荷兰神学家Erasmus的话说:"现在我们已经回来了。一切要大不同了。"的确如他所预言的,1917年成了中国新文学史的开端年。1月,陈独秀在《新青年》上发表了胡适的《文学改良刍议》,2月,陈独秀发表了《文学革命论》积极配合胡适倡导文学革命,从此,中国的文学掀开了新的一页。

当林语堂的有关语言文字论文发表后,引起了胡适的重视,从此,两人开始了交往,并建立了私人的友谊。没想到的是,与胡适的私谊对林语堂后来的留学生活产生过重大的影响。

1916—1919年的北京,既是新文化运动的策源地,荟萃了新文化新思想的精英,同时也麇集着旧文化旧思想的遗老遗少。1916年12月26日,蔡元培在袁世凯死后,被任命为北京大学校长[①],1917年1月4日正式到任。蔡元培在就职演说中,阐明了三项原则:一是保定宗旨;二是砥砺德行;三是敬爱师友。同时指出:"大学者,研究高深学问者也。""大学生当以研究学术为天职,不当为升官发财之阶梯。"对北京大学进行了一系列的整改,聘请有真学问、真本领的人为教授。蔡元培深受19世纪初期柏林大学的创建者冯波德(Wilhelm.von Humboldt,1767—1835)和那个时代其他一些大学者的影响,主张学术和思想自由,兼容并包,聚集人才,以求发展。因此,他在整顿和改革北大过程中,提出了著名的循"思想自由""兼容并包"的办学方针,使这所学府成为一个心胸广大

[①]《大总统令》,北京《晨钟报》1916年12月7日;《北京大学校长蔡元培就职日期通告》:"为通告事:民国五年十二月二十六日奉大总统令,任命蔡元培为北京大学校长,此令,等因。奉此,元培遵于六年一月五日。"(北京大学文书档案室档案第32号)

的学府，网络百家人才，不以成见取人，只要言之有理、持之有据，即任其自由发展。一时人才荟萃，各派人物毕至。在这种办学方针的指导下，北京大学教员中，包括了不同政治倾向和不同学派的人。既有提倡新文化运动的进步人物，如陈独秀、胡适、李大钊、钱玄同、周作人、刘半农等人，也有政治上保守但学术上却有造诣的学者，如辜鸿铭、刘师培、黄侃、崔适、陈汉章等。

辜鸿铭（1856—1928），名汤生，祖籍福建同安，出生于马来西亚槟榔屿，曾在英国、德国、法国学习十四年，精通英、德、法、拉丁、希腊和马来西亚等语种，福建方言和北京话也成了他的主要语言，能够熟练地运用九种语言，一生获得过十三个博士学位。孙中山曾说："中国精通英文的，只有三个半。其一辜鸿铭，其二伍朝枢，其三陈友仁。"还有半个他不肯说，有人猜说可能是王宠惠。辜鸿铭著有《读易堂文集》等，译有《痴汉骑马歌》，以向外国人介绍中国文化为己任，用英文撰写宣传儒家思想的著作：《春秋大义》（德文版定名为《中国的精神与战争的出路》），并把《论语》《中庸》《易经》《道德经》等儒家经典翻译成外文，在西方产生了很大影响。德国有个学者台里乌斯，大力宣扬辜鸿铭的思想，丹麦文学批评家波兰兑斯在1917年专门写了《辜鸿铭》，对辜鸿铭颇为推崇。在西方人的眼里，辜鸿铭成了东方文明的代言人，他同印度的泰戈尔、日本的冈仓一起被奉为东方圣哲。

然而，在国人眼里，辜鸿铭纯属一大怪人。辜鸿铭的怪名声，多半由于他天生的狂态，以及酷嗜小脚、娶妾、逛妓院、穿长袍马褂，头上一顶平顶红结黑缎瓜皮小帽，用红丝线夹在头发里细细编成的色彩斑斓的长辫子，还有他的骂人骂世。张勋复辟委任他为外务部官员，陈独秀、胡适、蔡元培等纷纷点他的名，指为东西文化论战的靶子，复辟论的代表。

1916年，有一次，林语堂在中央公园邂逅其貌不扬却是大名鼎鼎的福建同乡辜鸿铭。外国人进了北京有句口头禅："到了北京可以不看紫禁城,但不可不看辜鸿铭。"可眼下这个小老头,瘦高的身材,变了颜色的牙齿残缺不全,双手瘦得像干枯的鸡爪子,穿着长衫,戴着小帽,留着稀疏的头发,还有一条灰色的细辫子拖在脑后。明亮的大眼,眼睑下有很重的眼袋。他在观望,不十分知道应采取什么态度,是一种戒备状态。看上去,谁也不会想到这就是北京赫赫有名的辜鸿铭,而会使人误以为他是一个走霉运的太监,或者根本就没有人注意他。林语堂对于他的真才实学、硬骨头脾气和狂怪思想非常欣赏,尤其欣赏他是一个不粉饰且率真的真人!本想上前请教,但林语堂克制住了自己,他觉得不配去接近这位精通马达·安诺德、罗斯金、爱默生、歌德及席勒的专家,因为他听说辜鸿铭很傲慢。

　　林语堂在清华学校任教后,曾耳闻目睹过许多有关辜鸿铭的奇闻逸事,如辜鸿铭在清末的外务部供职时,曾应召陈言,直言时弊,说"用小人办外事,其祸更烈",结果得罪了袁世凯;1902年慈禧太后生日,举国上下举行"万寿节"的庆典,辜鸿铭当时在张之洞幕府当幕僚,遂问梁鼎芬:"星海,满街都在唱爱国歌,怎么没听到人唱爱民歌?"他不满于穷奢极侈地庆祝"万寿节"的腐败现象,随即作了一首打油诗:"天子万年,百姓花钱;万寿无疆,百姓遭殃。"辜鸿铭生性怪僻,如他穷困时,愈是援助他的人愈挨他的骂,他任气忤物,往往开罪于人。他为人刚愎自用,与众不同,是一个天生的标新立异者:众人所承认的,他反对;众人所喜欢的,他则不喜欢;众人崇拜的,他蔑视。林语堂以自己的标准来看待辜鸿铭的性格,对其怪僻偏好不以为非,林语堂欣赏的就是这种有个性、充分自由的知识分子。

　　林语堂对辜鸿铭的透视,看到的是幽默和诙谐。林语堂非常欣赏辜鸿铭为纳妾制度辩护时的一个比喻:辜鸿铭解妾字为立女,妾者靠手也,所以妾者,供男人倦时作靠手也。辜氏把男人比作茶壶,把女人比作茶杯,他说:"汝曾见一个茶壶配四个茶杯,但世上岂有一个茶杯配四个茶壶者乎？"林语堂认为辜鸿铭的幽默起源于倔强的个性和愤世嫉俗的见解。其实，林语堂也是一位有倔强个性的人。林语堂一方面反对辜鸿铭的政治立场，另一方面赏识辜鸿铭为信仰而献身殉葬的精神。在幽默诙谐的风格、隽妙机智的辩才、出类拔萃的外文写作水平及用外文直接向外国人介绍中国文化等方面，林语堂与辜鸿铭十分相似，但在如何评价和对待中国文化方面，二人还是有着很大的区别。

胡适和辜鸿铭南辕北辙：一个是新文化的首创者，一个是维护旧文化的守旧者，但是这两人都是林语堂仰慕和敬重的学者。

第三章　漳州和厦门（二）

赖柏英

爱情是一个永远说不尽的话题，也是一个探讨不尽的人类永恒的主题。问世间情为何物，直教人生死相许。如果一个人把初恋、爱情和婚姻锁定在男女两人之间，那是世间最好的事情了，可是这样的事情往往少之又少。林语堂的初恋、爱情和婚姻走的是多数人的路子，很普通但很值得研究。

初恋会使人一辈子都难以忘记。

赖柏英是林语堂的初恋女友，这是他在晚年写的《八十自叙》中说的，并且说《赖柏英》是他的一本自传小说。

《赖柏英》这部自传小说出版于1963年，当时林语堂69岁，《八十自叙》出版于1975年，当时林语堂81岁。可见，在林语堂的晚年，始终不能忘怀的还是初恋情人。

根据林语堂的叙述，赖柏英的母亲是林语堂母亲的教友，按辈分赖柏英称林语堂为"五舅"。但因为两个母亲的亲近关系，两个少男少女也逐渐亲近起来。在林语堂眼里，赖柏英美丽极了，美丽的眼睛、苗条的身材、瓜子脸、柳叶眉,婉转动听的歌喉和那活泼灵气的举动,看一眼,闻一声都使林语堂心醉。但由于林语堂要离开家乡去上学,而赖柏英要照顾眼瞎的爷爷而留在了乡下,这对有情人终不能成眷属。林语堂一生都将这份感情珍藏在心灵深处,为了纪念这终生难忘的初恋,后来他专门以此为素材创作了自传体小说《赖柏英》。小说中的男主人公"新洛"就是林语堂的化身,林语堂的小名叫"和乐","乐"和"洛"在闽南话中是谐音。赖柏英和林语堂自幼青梅竹马,两小无猜,他们一起玩耍,一起到山上嬉戏,一起到小溪中捉鱼捉虾。林语堂特别喜欢赖柏英吃荔枝的能力,赖柏英吃荔枝不仅吃得快,而且荔枝核从她灵巧的嘴里吐出来,还能击中一米以外的目标。在林语堂眼里,赖柏英是美的化身,她的脸是美的,她站在半山腰的晴空下,头顶着青天,乌黑的头发随风飘扬,无法用语言表达。她的头上戴一朵花,蝴蝶有时落在上面,她轻轻走起来,而蝴蝶也不会飞起来。在林语堂眼里,最美的是她的那双赤脚,白白嫩嫩的,把林语堂的魂都勾走了。以至于多年以后,林语堂对赖柏英赤足的喜爱移情到他自己的脚上,甚至由于林语堂对赤足的赞美,还影响到夫人廖翠凤女士。廖翠凤有一句名言:"美的基础,就在脚上。"

以乡情、乡思和乡恋为载体,寄托刻骨铭心的爱,这就是林语堂对家乡坂仔山水难以忘怀的奥秘所在。对家乡山水的眷恋,折射了对初恋情人赖柏英的思念,这才是全部的真实。

自传小说毕竟也是小说,它有真实的一面,也有虚构的一面,切不可把它和实际生活完全等同起来。那么,真实的赖家美少女究竟是谁呢?其实,赖家也是漳州平和县坂仔镇的一个望族,有一定土地。赖家兄妹七人,赖柏英排行第六,比林语堂小十八岁。她的上面有一个姐姐叫赖桂英,排行第三,比林语堂小三岁。[1]显然,赖柏英不是林语堂的初恋情人,而真正的初恋情人应该是赖柏英的姐姐赖桂英。赖柏英还有一个最小的

---

[1] 陆陆编著《第一流的幽默家林语堂》,中国工人出版社2015年7月第1版第286页。

妹妹赖明月,据她和其他熟悉的人讲,大姐赖桂英长得很美,高挑个,鹅蛋脸,皮肤又白又嫩,光彩照人。林语堂《八十自叙·我的婚姻》中说:"她的母亲是我母亲的教女。她已经成长,有点儿偏瘦,所以我们叫她'橄榄'。'橄榄'是一个遇事自作主张的女孩子,生的鹅蛋脸儿,目似沉思状。"[1]据证实,赖桂英确实有个叫"橄榄"的小名。她也确实有主见,办事经常是自己做主,父亲疯了之后,她把家中的生活安排得好好的。她的丈夫林荣杰是杀猪卖肉的,属于商人,其家就住在坂仔附近,这也和林语堂《八十自叙·我的婚姻》里"我远到北京,她嫁了坂仔本地的一个商人"相吻合。

关于赖柏英的情况,福建省平和县林语堂博物馆提供的信息:赖柏英后来嫁到平和县小溪镇坑里村下坂社。其丈夫蔡文明,原名蔡启新,北京大学的高才生,毕业后在厦门一所中学教书,后来创办文成中学,担任校长。他和赖柏英婚后育有三个儿子一个女儿。"文革"中,惨遭迫害致死,赖柏英也因批斗而选择了自杀。[2]

初恋是美好的,是刻骨铭心的,不仅是林语堂,任何人都是不会忘记的,尤其是到了晚年更是如此。

陈锦端

人的一生或许不可能只有一次恋爱,林语堂也是如此。在林语堂的一生中,有两个女子不能忘怀,除了赖家美少女外,还有一个是陈锦端。

林语堂在圣约翰大学读书时,通过同学陈希佐、陈希庆兄弟俩,认识了他们的妹妹陈锦端。陈锦端是大家闺秀,但又天真自然,一派浪漫。她长了一双美如秋水的大眼睛,长长的秀发如瀑布般自肩头飘落,如一

---

[1] 梅中泉主编《林语堂名著全集》,东北师范大学出版社,1994年11月第1版第10卷第274页。
[2] 慕秋著《林语堂和在一起的人慢慢相爱》,中国长安出版社,2015年1月第1版第58页。

首抒情诗。最令林语堂心悦诚服的是陈锦端的才华，因为她酷爱美术，具有与众不同的艺术天赋。

陈锦端的父亲陈天恩是基督教竹书堂会长老，生有九子八女。早年他追随孙中山先生，在"二次革命"的讨袁战争失败后，一度逃往菲律宾。回国后，热心教育，并创办了榕城福建造纸厂、厦门电力厂、淘化大同公司、福泉厦汽车公司。陈天恩的次子陈希佐、三子陈希庆是林语堂圣约翰大学的同学好友。周末，三个朋友常常在一起看电影、逛校园、去河边钓鱼或到附近的餐厅吃牛排。教会学校每到星期日就会到教堂做礼拜，并且那时男女不同校，去做礼拜也是圣大的男生和近旁的圣玛丽女校的女生分别去的。因为两个哥哥的关系，在圣玛丽上学的陈锦端就有机会结识了哥哥们的好友林语堂。

陈锦端虽然是出身于大家庭的大小姐，但没有同龄女孩子的那种故作忸怩的毛病，而且不仅美丽动人，活泼大方，她还才艺精湛，绘画、钢琴、各种西洋乐器都弹得很好。在林语堂的心目中，她就是美的化身，他喜欢她爱美的天性，喜欢她无忧无虑的自由个性……她那瀑布似的秀发，垂肩而下，就如同千万根情思紧紧地系着林语堂的心。他对陈锦端一见钟情，失恋的痛苦被眼前这位美若天仙的姑娘驱赶得一干二净。林语堂又一次坠入了爱河，熊熊烈火在他们年轻的心里燃烧着。虽然，他俩从未单独在一起，因为每次见面都有她的两个哥哥在旁边，但是林语堂对陈锦端的爱慕之心已溢于言表，而陈锦端也似乎无法抗拒这位才子的强大吸引力。她发亮的眼睛在对他会心地微笑，分明是心有灵犀一点通，旁观者都能看得出。林语堂觉得世界上的一切都是美好的：雨珠沿着窗子的玻璃坠落是美的；叶子从树枝飘落也是美的；一只麻雀飞到屋檐下避雨仍是美的。爱情之火会使人失去了理智，或许人的一生最大的幸福莫过于恋爱阶段了。林语堂对未来的生活充满了憧憬，充满了热爱，他沉浸在幸福海洋里。

但是，美好的梦想很快就破灭了。其主要原因是"门当户对"的传统观念阻止了它。

林语堂在暑假回到厦门，经常借找陈希佐为名到陈家做客，而目的就是多见一见陈锦端，这事情终于被其父陈天恩知道了。陈天恩随即对林语堂进行了调查，他虽然承认林语堂才华出众，但根本没有把一个穷牧师的儿子放在眼里。他已了解到不仅林语堂的父亲是一个乡村牧师，而且林语堂二哥到圣约翰大学就读的学费是变卖了祖厝才筹措到的，林语堂上大学是靠了他父亲的一位发了财的学生的帮助。又听说林语堂对基督教的信仰不坚定，有点异教徒意味，曾经从神学班退学，怕是将来是靠不住的。陈天恩觉得如果自己的女儿和这样的人家成亲，怕是吃苦少不了的。再加上两家经济实力悬殊，门不当户不对，也会被人笑话。于是，作为父亲为了女儿的终身幸福，陈天恩一直想为女儿找一个门当户对的金龟婿，所以，决不能把女儿许配给他。为了棒打鸳鸯，又不伤林语堂的心，陈天恩想出了一个金蝉脱壳的办法，即为林语堂做媒，将邻居和朋友廖悦发的女儿介绍给林语堂。林语堂听到这个消息，如五雷轰顶，垂头丧气地回到家乡坂仔。他一个人关起门来痛苦不已，谁也劝不动他。此时的林语堂伤心透了，哭得厉害，母亲手提灯笼来到屋里想安慰他几句，面对慈爱的母亲，他再也克制不住了，那眼泪像断了线的珠子，一下子冲出了眼眶，急骤地喷涌而出。失控的感情，像脱缰的野马，也像暴发的山洪倾泻下来。他痛苦不已，一直哭到瘫软在地上。第二天，大姐瑞珠听说林语堂在失恋后的失态状况，急忙赶回娘家。大姐不仅没有安慰他，反而滔滔不绝地责备他："你怎么这么笨？偏偏爱上了陈天恩的女儿？你打算怎么养她？陈天恩是厦门的巨富，你难道癞蛤蟆想吃天鹅肉？"大姐毫不留情地将林语堂狠狠地痛骂了一顿，骂他没有志气，也骂他为了一个女人而气馁，算什么男子汉大丈夫？一顿训斥，把林语堂说得无言以对，也把林语堂骂醒了。后来，当大姐得知陈天恩要把廖悦发的女儿廖翠凤介绍给林语堂时,大姐非常赞成这门亲事。因为大姐在毓德女校与廖翠凤是同学,大姐向林语堂和家人介绍了廖二小姐的许多长处,说她是端庄贤淑而又大方的姑娘,皮肤白皙,有一对明亮的大眼睛,高高的鼻梁,一对大耳朵,中等身材,有大家闺秀的风度,聪明贤惠,庄重得体,很有福相。家庭也是厦门鼓浪屿远近闻名的殷富之家,廖悦发是豫丰钱庄的老板,在厦门有自己的码头、仓库和房产。实际上,廖家和林家结亲,林语堂若能答应,实属高攀。大姐的一番话,对林语堂的婚姻无疑起了定乾坤的作用。其实,廖翠凤的二哥廖超照也是林语堂在圣约翰大学的同学和好朋友。后来在大姐和家人的推动下,失恋的林语堂毫无反抗地接受了这门亲事。也许这是天意,也许这是缘分,谁又能猜得透呢?

陈天恩给女儿陈锦端择定的女婿是福建茶王蔡贞楚的公子,才貌双全,人品出众,可是陈锦端未能与父亲为她选择的金龟婿成婚,而远走美国在密歇根州的霍柏大学学习美术。回国后在上海中西女校教美术,年近30仍然单身独居。林语堂在上海定居时,她多次到林语堂府上拜访,廖翠凤热情大方地接待了她,此时的林语堂与廖翠凤已有了女儿。1934年陈锦端从上海回到厦门大学任教,这一年她32岁,和厦门大学留美刚回国的化学教授方锡畴[①]结婚。他们二人一生不育,抱养了一男一女,一直住在厦门。林语堂一生都没有忘怀陈锦端,也许是得不到的就是最好的,像胡适对韦莲司,金岳霖对林徽因一样,林语堂把陈锦端也一直放在心中。直到生命的晚年,在香港听到陈希庆的妻子谈到陈锦端住在厦门时,他还从座椅上站起来说:"你告诉她,我要去看她!"此时的

---

① 方锡畴(1900—1973),福建省漳州云霄东坑村人。1900年出生,13岁离家到厦门鼓浪屿英华书院就读。1921年考入福州协和大学,1924年7月毕业赴美国依阿华州立大学深造,先攻生物,后改化学。1931年获得化学博士学位。1934年回国后任厦门大学化学教授。1938年初赴香港,到岭南、大厦、圣保罗等院校兼课。1942年转到贵州安顺军医大学任化学教授,为抗日前线培养军医。抗战胜利后,返回厦门大学任化学教授。"文化大革命"中遭到残酷迫害。1973年3月病逝。

林语堂已 80 多岁了，已不能走路了。1976 年，林语堂逝世，几年以后，陈锦端也撒手西去。林语堂的二女儿林太乙在《林语堂传》中说："在父亲心灵深处，没有人能碰的地方，锦端永远占一个地位。"与陈锦端的爱情悲剧，在林语堂心里留下了永远的遗憾。虽然林语堂在他的作品里从来未提过陈锦端的名字，但我们从他的《八十自叙》中完全可以看得出来："我从上海圣约翰大学回家之后，我常到一个至交的家里，因为我非常爱这个朋友的妹妹 C……""我由上海回家后，正和那同学的妹妹 C 相恋，她生得确实是其美无比，但我俩的相爱终归无用……"[①] 都市里的爱情，永远留在了脑海里。

廖翠凤

和很多文化名人一样，林语堂的爱情之路也是曲折的。他在结婚之前曾热烈地爱过赖家美少女（又名橄榄）和陈锦端，这些都成了他的美好回忆。真正陪伴他走完人生的是当初他并不欣赏的廖翠凤。换一句话说，林语堂和妻子廖翠凤的婚姻不是自由恋爱的结果。

1915 年，林语堂与上海圣玛丽女校毕业的女生廖翠凤订婚后，回到了圣约翰大学继续读书。

1916 年，林语堂毕业后到清华任教，后来又忙于筹备出国留学，因此，婚事一拖再拖，让廖翠凤苦苦等待了四年之久。1919 年，廖翠凤已经 24 岁了，在当时已经是老姑娘了，她担心林语堂变心，或半路上杀出一个"白雪公主"来把自己心爱的"白马王子"抢走，非常着急地对自己说："这位林语堂先生和我订婚四年了，为什么还不要我呀？"

世人曰"有情人终成眷属"。1919 年 7 月 9 日，林语堂和廖翠凤在一座英国圣公会的教堂里举行了西式婚礼，两人终于走在了一起。婚后，

[①] 梅中泉主编《林语堂名著全集》，东北师范大学出版社 1994 年 11 月第 1 版第 10 卷第 275 页。

第三章 漳州和厦门（二）

两人一起踏上了开往美国的轮船，开始了新婚蜜月旅行的航程。林语堂去美国就读于哈佛大学，身边又有新娘子的相依相伴，真是神仙般的生活，他高兴地对廖翠凤说："咱们把婚书烧了吧？"妻子迷惑不解地问道："为什么？"同时在内心里也忐忑不安，因为婚书是结婚的证明，一旦没有，这婚姻还能保证吗？林语堂看出了她的忧虑，笑着说："其实这婚书没有什么作用，唯一的作用是离婚时才用得上，所以我把婚书烧掉，也就不用发挥它的这一作用了。"廖翠凤这才恍然大悟，对林语堂疼爱有加，体贴入微。真是知林语堂之心者，非廖翠凤莫属。婚礼婚书这些都只不过是些形式而已，两情若是久长时，又岂在形式乎？林语堂的先见之明，感动了廖翠凤，于是他们的婚书就这样奇妙地消失了。

爱情固然美好，婚姻更是实际。爱情和婚姻是一个永远也说不尽的话题。先有爱情而后走入婚姻的固然理想，但先结婚而后慢慢产生爱情的也不乏其例，林语堂就是后者的一个代表。林语堂和廖翠凤一生的婚姻正像林语堂后来所说的，爱情是点心，婚姻是饭，点心可以不吃，但人不吃饭不行。婚姻不是点心，是饭，是永远的相伴。

廖家是虔诚的基督教徒，又是有根深蒂固的男尊女卑的传统意识。对女儿的管教十分严厉，女儿从小就要学会烹饪、洗衣服、缝纫。吃饭时男女分桌，在廖悦发面前谁都不敢多说话。廖悦发是个家庭"暴君"，外貌威严，脾气暴躁，经常骂人，尤其是骂老婆和女儿，儿子们无不受了他的影响。

林语堂对介绍的这门亲事一点兴趣也没有，而廖翠凤却刚好相反，她对林语堂非常满意。廖翠凤在上海圣玛丽女校读书时，早已从二哥廖超照那里听说林语堂是圣约翰大学出类拔萃的优秀生，曾在一次典礼上，一人四次上台领奖，开创了圣约翰大学一次得奖最多的纪录。廖超照是林语堂在圣约翰大学的同学和好朋友，林语堂也经常到廖家玩耍，有时就住在廖家。有一次，林语堂应邀在廖家吃饭时，廖二小姐躲在屏风后面偷偷地观察这位圣约翰的高才生，见他一表人才，又无拘无束。吃饭时，林语堂胃口极好，一连吃了几碗饭都被廖二小姐看在眼里，廖二小姐觉得林语堂就是自己心中的"白马王子"，所以，不知不觉地把林语堂在旅途中穿的那些脏衣服和二哥的衣服都拿去洗了。订婚前，母亲提醒女儿："语堂是牧师的儿子，家里没有钱。""没有钱也不要紧。"一句话说得母亲放了心。这回答母亲的一句话，也成了一言九鼎，奠定了今后五十多年的金玉良缘的基石。

林语堂虽然与妻子慢慢产生了爱情，但在他的内心深处，更欣赏的女性却是《浮生六记》里的女主人公陈芸和《桃花扇》中的女主人公李香君。他将李香君奉为神女，甚至直言不讳地表白说"我崇拜李香君"。他用重金购得李香君画像一幅，把它挂在书房里，并自题一诗以表达自己的崇拜仰慕之情：

香君一个娘子，血染桃花扇子。义气照耀千古，羞杀须眉男子。
香君一个娘子，性格是个蛮子。悬在斋中壁上，叫我知所观止。
如今天下男子，谁复是个蛮子。大家朝秦暮楚，成个什么样子。
当今这个天下，都是骗子贩子。我思古代美人，不知出甚乱子。

对陈芸的崇拜，是因为陈芸所说的"布衣菜饭，可乐终身"。这种淳朴恬淡的人生观是宇宙间最美丽的东西，是人生能够获得安乐的秘密之所在。林语堂从李香君和陈芸身上，不仅看到了美丽，更看到了她们的那种浩然之气和淡泊的人生态度。难怪林语堂在《让娘儿们干一下吧》一文中，由衷赞赏美国某妇人的观点，希望女人来接管这个世界，因为女人以自己的才德统治这个世界，至少不会像今天男人统治下的样子，到处是一团糟。林语堂还亲自翻译过妇女解放运动倡导者罗素夫人的《女子与知识》，非常赞同她关于女性解放和母性伟大的见解。

爱情和婚姻是两个概念。从爱情的角度讲，林语堂对廖翠凤的感情怎么也代替不了对陈锦端的那种情感。林语堂非常欣赏陈锦端那种女性：美丽、灵气、有学养、有慧心，能善解人意，就是那种风情万种、一生不再得的女性。这就是林语堂为什么那么崇拜陈芸、李香君、李清照、姚木兰等女性的原因。因为在林语堂的理解中，比翼双飞、举案齐眉、夫妻夜读、心照不宣的情况，那是人间最为美妙的事情。可惜林语堂未能享受到这些，成为他的终身遗憾。其实在林语堂的一生中并不乏美女飘来的青睐眼神和暗送秋波。一次与一个少女跳舞，少女的美丽、才情、风韵和善解人意令林语堂为之倾倒。在共同相处的一段时光里，林语堂似乎找到了久已失去的炽热之爱。也有人怂恿林语堂选这位舞女为情人，但林语堂考虑到道德与妻子间的爱不容许他情枝外逸，最终是发乎情而止于礼仪，下决心"悬崖勒马"，未能越雷池一步。

对妻子的忠诚和尊重、对家庭的责任感方面，林语堂一生无可指责的。但这不等于说他内心没有矛盾和痛苦，更不等于他是目不斜视的理学家。在20世纪初期，婚姻和爱情，正是一批新文化运动者常常议论和不断实施的话题，是被看作反封建还是遵循传统的社会问题之一。有许多人，结婚后离婚找寻有情人，实现美梦和理想人生。徐訏就说过林语堂："我非常敬佩你与胡适之那样对待太太的忠诚。"[①]徐訏深受尼采、叔本华的影响，认为妻子好像沙漠旅行者肩上的一个包袱。晚上露宿时没有它简直不行，但白天走路要带着它上路，却是非常累赘而又讨厌。所以徐訏曾多次结婚离婚。林语堂听了徐訏对自己这样的评价，大不高兴，因为他非常轻视那种迂腐的旧道德。他对妻子廖翠凤的忠诚的关系建立在相互信赖相互爱慕的基础之上。在林语堂看来，爱情和婚姻是两个概念，结了婚还用浪漫的爱去从事家庭生活，那几乎是不可能的。"在婚姻里寻觅浪漫情趣的人会永远失望"，"不追求浪漫情趣而专心做良好而乐

[①] 徐訏著《徐訏文集》，上海三联书店出版2008年10月第1版第11卷第157页。

观的伴侣的人却会在无意中得之"，家庭生活就是夫妻相互信赖、相互喜爱、相互矛盾的情况下，注意使用一种容忍、理解的艺术。佛教"八苦"中有一种叫"爱别离"，说的是相爱的双方终不能在一起；还有一种苦叫"怨憎会"，说的是两个不爱的人终不能不在一起；还有一种苦是"求不得"，不是你的，你再怎么追求也是徒劳的。人生不如意之事十有八九，"残缺"未必不是一种美，在不满足中充分体会人生的真实和滋味才是最有意味的，也是最靠得住的。

婚姻是饭，爱情是点心。我们现代人的毛病就出在将爱情和婚姻弄颠倒了。自五四新文化和新文学运动以来，我们中国人渐渐形成了这样的一种婚姻观：只有以爱情为基础的婚姻才是合乎道德的[①]。从某种意义上来说，这并没有错。可是，有了爱情，婚姻就一定幸福吗？那些由自由恋爱而结合的家庭，生活了一段时间又发生裂变的也不在少数。林语堂的婚姻做出了另一回答：美满的婚姻当然离不开爱情，但并不是传统的婚姻就不能培育出真正的爱情。先恋爱后结婚和先婚姻后恋爱的例子，历史上并不少。问题的关键是，夫妻要忍耐与包容、要阴阳互补，取长补短，只有这样，婚姻才会给当事人带来无穷的乐趣，才会长久不衰。因此，胡适说："容忍比自由更重要。"

林语堂与廖翠凤如所有的夫妻一样，有时也会吵架。如果廖翠凤在生气，林语堂连话也不说一句，保持沉默。倘若真的吵架了，也是吵过就算了，他的绝招是"少说一句，比多说一句好；有一个人不说，那就更好了"。当然，作为丈夫的生气，妻子也是最好保持沉默。他认为夫妻吵嘴，无非是意见不同，在气头上多说一句都是废话，只能增添摩擦，对两人都毫无益处。廖翠凤最忌讳别人说她胖，最喜欢人家赞美她又尖又挺直的鼻子，所以林语堂每逢太太不开心的时候，就去捏她的鼻子，太太自然就会笑起来了。

---

① 《马克思恩格斯选集》，人民出版社 1972 年 5 月第 1 版第 4 卷第 78 页。

林语堂曾经说过："只有苦中作乐的回忆，才是最甜蜜的回忆。"他们即使穷得没有钱去看一场电影，也可以去图书馆借回一沓书，俩人守住一盏灯相对夜读，其乐不改。所以大师亦说，穷并不等于"苦"，他从来没有"苦"的感觉；世俗所谓的"贫贱夫妻百事哀"的逻辑，完全被他推翻了。当林语堂为了梦想而倾家荡产时，廖翠凤也毫无怨言。夫妻生活，就是同舟共济，既能同甘也能共苦，这才是真正的夫妻！

婚姻是一门学问，也是一门艺术，处理不好就会痛苦一生。林语堂的婚姻生活值得我们深思和反省。

第四章　美国、法国和德国

波士顿赭山街 51 号

　　清华规定任教三年的在职教师，可由校方资助出国，林语堂在 1919 年获得了留美的机会。清华规定，特别年轻的教师和课业不佳的留美学生，只能获得半额奖学金，即每月只有 40 美元。因为林语堂属于特别年轻的教师，所以只能得到半额奖学金。

　　林语堂是在 1919 年 7 月 9 日结婚的，尽管是半额奖学金，他还是决定要去美国留学，并且把新娘子也一起带去。因为有廖翠凤出嫁时的 1000 元陪嫁，还有胡适的帮忙，所以只要生活节约一些，应该会勉强度过。胡适帮的什么忙呢？原来，自从林语堂在《新青年》上发表了《汉字索引制说明》和《论"汉字索引制"及西洋文学》两文后，引起了胡适的注意。胡适慧眼识英雄，一眼就发现林语堂是一匹千里马，因此，他就想把林语堂这一人才"挖"到北大来。胡适了解到林语堂的留学情况，决定为林语堂雪中送炭，每月资助他 40 美元，不过有一个附加条件：林语堂学成回国后，要脱离清华到北大来任教，因为这 40 美元是以北京大学的名义津贴的。这一君子协议，林语堂感到经济上有了保证，于是决定在临

第四章　美国、法国和德国

行前与廖翠凤结婚。婚后,新郎新娘一起登上了去美国的海伦"哥伦比亚"号,开始了蜜月旅行。同船的有62位清华毕业生,包括桂中枢、钱端升、钱昌祚等,还有像林语堂一样拿半公费的郝更生、吴南轩、樊逵羽等人。父亲林至诚觉得儿子有新媳妇同行,也一百个放心。他亲自从漳州赶来为儿子送行,虽然依依不舍,但也高兴万分,终于实现了他多年的梦想!

哈佛大学（Harvard university）,是美国最早的私立大学之一。1636年建校。1639年3月13日,为了纪念学院的创办者和建校费用的主要捐献者约翰·哈佛（John Harvard）,马萨诸塞海湾殖民地议会通过决议,把这所学校命名为哈佛学院。1780年扩建成哈佛大学。

在哈佛大学,林语堂进的是比较文学研究所,他非常珍惜这次留学机会。林语堂的《批评论文中语汇的变化》一文,曾得到老师皮瑞（Bliss Perry）教授的好评。契特雷治（Kittrege）教授是研究莎士比亚的专家,林语堂因为缺乏兴趣,只听了一两次课,就不再去听了。但契特雷治教授的学问,林语堂非常佩服,林语堂称他是"活的百科全书"。白璧德（Lrving Babbitt）教授是这些人中名声最大的,也是对中国现代文学影响最深的。梅光迪、吴宓、汤用彤、陈寅恪、张歆海、楼光来、郭斌龢、范存忠、梁实秋等著名学者,都曾经师从过白璧德,并将白璧德的新人文主义引为同调。

梅光迪和吴宓当年曾和林语堂坐在一条凳子上聆听白璧德教授的高见,但林语堂以"吾爱吾师但更爱真理"为座右铭,并以张扬个性为天职,终于不肯接受新人文主义的观点,并自觉地站到导师的对立面,为白璧德教授的论敌斯平加恩（Spingarn）辩护。斯平加恩极端推崇克罗齐,认为克罗齐的"艺术即表现即直觉"的美学理论,从十个方面革新了传统的文艺理论体系。林语堂发现自己与克罗齐的看法完全吻合。他从斯平加恩和克罗齐那里找到了直觉随感式的艺术:随意写来,如行云流水,"行于不得不行,止于不得不止"。林语堂成了挑战老师——美国著名文学批评家白璧德的第一个中国留学生"叛徒"。林语堂后来在《八十自叙》说过白璧德是哈佛的那些教授中仅有的只获得硕士学位的一个，但并没有轻视白璧德的意思，相反，还对白璧德学识的渊博表示了由衷的尊敬。

林语堂与廖翠凤居住的地方是波士顿赭山街51号，就在卫德诺图书馆的后面，从住所到图书馆，只需要步行几分钟就可以。卫德诺图书馆有着数百万册的丰富的藏书，据房东太太告诉他，如果把图书馆里的书排成一排，有几英里长。对于林语堂来说，卫德诺图书馆就是哈佛，哈佛就是卫德诺图书馆。在图书馆里任意选择自己喜爱的书，从中汲取知识，林语堂这种学习方法称为最佳读书法。他把哈佛大学比作丛林，把自己比作在丛林中觅果的猴子。本性好自学的林语堂来到图书馆，读到了自己在国内从来未读过的书，有一种说不出的快乐。在那种静雅优美的环境中，面对一排排的图书，他感到了一种幸福，也感到了一种阅读的愉快。他后来写的《读书的艺术》中，就蕴含着在哈佛读书的经验。

哈佛大学

林语堂在哈佛留学期间，也曾遇到过困难。清华学校留美学生监督施秉元在没有说明任何理由的情况下，突然取消了林语堂的每月40美元的奖学金。施秉元原是清华学校的校医，因为他的叔叔施肇基是当时的驻美大使，靠了这层关系，他才当上了留学生监督。后来，林语堂才弄明白了真相，施秉元是上吊自杀的：原来他用克扣留学生奖学金的钱当资本做股票生意，结果投机失败送掉了性命。奖学金的取消等于断了林语堂的经济来源。

祸不单行，实际上在取消奖学金前，廖翠凤就两次住院开刀，早已花完了那1000元的陪嫁。在林语堂和廖翠凤横渡太平洋时，在海上过了几天后，翠凤患了盲肠炎，痛得她不知怎么办好。林语堂只好陪她在身边。同船的中国学生发现他们老是在船舱里不出来，还以为他们是新婚燕尔度蜜月的原因，所以拿他们俩开玩笑。林语堂本想在夏威夷上岸后给廖翠凤做切割盲肠手术，尽管要花掉那1000元的大部分。幸好翠凤的腹痛渐渐减轻了，于是就放弃了此决定，继续前进。人算不如天算，到美国6个月后，翠凤的盲肠炎又犯了。这次是急性的，来势凶猛，不得不开刀切除盲肠。林语堂安慰她说，割盲肠算不了大事。当廖翠凤进了手术室后，林语堂还在安心地学习安格卢撒克逊文字的文法。谁知过了3个小时，手术还未完成。原来那位医生，大概经验不足，把翠凤的内脏仔细搜索了一番，才把盲肠割掉。出院不久，廖翠凤的伤口因受了感染，又做了第二次手术，这样，他们手中的钱也花完了。交完手术和住院费用，林语堂口袋里还剩下13美元。不得已，廖翠凤只好给二哥打电报，请他汇款1000美元。在钱未汇到之前，林语堂只好买一罐老人牌麦片充饥。

　　林语堂在出国之前，曾与胡适约定，回国之后任北大教员。现在他走投无路，忽然想起此事，只好硬着头皮打电话给胡适，向他求助，请他向北大申请预支1000美元，没想到，这笔款子，由胡适担保，居然汇来了！

耶拿大学

　　在哈佛大学，林语堂读完一年时，各科成绩都是甲等。可是他无法继续读下去了。他只好另外寻找出路。刚好那时法国乐魁克城美国主办的中国劳工青年会，招聘一些华人知识分子。林语堂立即向该会提出申请，决定到法国勤工助学。没想到这一计划实现了。他高兴地告诉系主任，表示愿意在法国修课来弥补所缺的学分，以取得哈佛的硕士学位，那位系主任看了林语堂的各科成绩都是甲等后说，他可以在巴黎大学修一门莎士比亚戏剧课目，就可以获得哈佛大学的硕士学位。林语堂虽然并非看重哈佛大学的硕士学位，他需要的是真才实学，并且在拿到学位后还会继续学习下去，但他也认为"有个哈佛大学的硕士学位，是极有用的"。读了一学期后，1922年2月，他果然获得了哈佛大学的硕士学位。

第一次世界大战进入后期，北洋政府加入了协约国，宣布对德奥作战，中国立即派出了15万名劳工前往法国战场服务，以协助美、英、法三国对德作战。中国劳工的任务是搬运和埋葬遗体，同时，在工作之余学一点英语、法语。这样，美国基督教青年会招募的中国劳工，就是去为他们编写课文，为华工服务[①]。青年会负责来回的旅费。林语堂获准后，得知青年会发给他两口子旅费，高兴得真像天上掉下了馅饼。

乐魁克（Le Creusot）小镇位于法德交界附近。因为林语堂刚开始工作，没办法去巴黎修课，所以在为劳工编写课本的同时进行自学法文和德文。林语堂对语言学有兴趣，学习外文有窍门，所以很快就入门了，居然在很短的时间内能用德文写信给耶拿大学申请入学。廖翠凤也跟着一位法国太太学习法文，两位女士还成了好朋友。

凡尔登，法德战斗了三四年的战场，就在附近，由于连续几年的战争，一片土地打得不剩一棵树，随地都是军人阵亡之时丢下的刺刀和枪械，任人拾取。法国是第一次世界大战的交战国，伤亡惨重，尤其男人，因此，不少中国劳工（青年会里的中国人）都与法国姑娘缔结了良缘。

在乐魁克，林语堂还有一件私事是，在咸丰十年，太平军路过漳州时，林语堂的祖父被征为民夫，跟太平军走了，这一走，从此杳无音信，但不知从哪里传来消息，说祖父可能到了法国。现在林语堂既然身在法国，所以抱着一线希望，查阅了华人劳工的大量材料，找寻自己的祖父，这当然是不可能的，不管林语堂做多大的努力。

林语堂与廖翠凤在乐魁克积蓄了一点钱，由于德国马克不值钱，在

---

① 这是根据林太乙的《林语堂传》说法。根据钱锁桥著《林语堂传——中国文化重生之道》，广西师范大学出版社2019年1月第1版第54页的注释："林语堂这份工作的头衔是基督教青年会'秘书'，工作包括晚上布道或演讲，教中文、英文和法文，以及其他青年会所需的秘书杂务。"

德国生活比较便宜，林语堂的耶拿大学的申请也获得了批准，所以林语堂夫妇决定从乐魁克搬到德国东部的耶拿城，于是在1921年春天进了耶拿大学读书。

耶拿是德国诗人歌德的故乡，一座美丽的大学城。耶拿和海德尔堡一样，是个颇有古风遗俗的小城。自由自在的德国大学生活，正是林语堂理想的乐园，他从中享受到无穷的乐趣。林语堂与廖翠凤一起听课，一起郊游。什么时候把功课准备好，什么时候就请求考试，管理相对轻松。因为耶拿是歌德的故乡，所以林语堂去参观了歌德的故居。歌德的《少年维特之烦恼》和《诗与真理》等作品，林语堂非常喜欢。耶拿典型地呈现了欧洲旧大陆的五光十色。这里有古城堡，狭窄的街道，古老的民情民俗，使林语堂尤其迷恋。

耶拿大学是一所公立大学，成立于1558年。著名的哲学家、文学家、科学家如黑格尔、费尔巴哈、魏格尔、席勒等，都曾经在这里任教。在很长一个历史时期，这里都是德国文化的中心。林语堂来到了耶拿大学，但耶拿大学没有莎士比亚的课，林语堂只好选了三种另外的课程，即英语之历史与文化背景、中古英语入门、英语小说。他写信询问哈佛大学的系主任，是否以这三门课程顶替莎士比亚的研究课程？得到的答复说可以。1921年7月，林语堂把这三门课结业证明寄给了哈佛，哈佛大学于1922年2月授予林语堂硕士学位。[①]

林语堂虽然在耶拿生活得很愉快，但廖翠凤却有她自己的烦恼，因为他们结婚一年多了，她却至今未有身孕。她非常着急和焦虑，尤其听到医生说她不能生育后，她哭得死去活来，觉得对不起林家。林语堂只好安慰她，廖翠凤更感到内疚和愧对林语堂，也更加感激林语堂。

[①] 钱锁桥著《林语堂传——中国文化重生之道》，广西师范大学出版社2019年1月第1版第55页。

莱比锡大学

1922年2月,林语堂完成了耶拿大学的课程,取得了哈佛大学的硕士学位,但他不满足于已得的学位,他要在语言学方面有更大的收获,于是转到了以印欧比较文学驰名的莱比锡大学。

莱比锡大学(Universität Leipzig)位于德国萨克森州的莱比锡,创立于1409年,是欧洲最古老的大学之一,也是现今德国管辖地区内历史第二悠久的大学,仅次于海德堡大学(1368年)。莱比锡大学中国研究室的中文书籍非常丰富,他也从柏林大学图书馆借来书籍,林语堂充分利用了这些外国大学的中文藏书,继续他的文化"补课"。由于在国内教会学校对中文学习的不重视而导致的传统文化的缺乏,现在有了条件,甚至比国内条件更好的机遇,所以他认真地研究了中国的音韵学,钻研了在国内难以见到的清代末叶体仁阁大学士阮元刻的《汉学师承纪》《皇清经解》《皇清经解续编》等书籍,熟悉了训诂名家王念荪、段玉裁、顾炎武等人的考证注释及古今经学的论争。在莱比锡大学的刻苦用功,打下了他的中文根底,尤其是语言学和音韵学方面。

莱比锡大学有一位造诣很高的汉学家,叫康拉狄(Conrady),康拉狄教授精通中国的古文,对于中国的古典文化非常熟稔。他不仅研究中文,还涉猎东方的其他语言。他开了一门泰国文法课,有四五个学生跟他精研泰文文法。康拉狄知道林语堂曾在清华学校任教,对林语堂倍加器重,为林语堂选择莱比锡大学引以为荣,并积极给林语堂提供各方面方便。

林语堂除了钻研语言学外,也广泛接触西方文化。他对尼采虽然不完全信奉但却十分崇敬,对蒙田、麦烈蒂斯等文学家、思想家更是心悦诚服。在莱比锡大学留学期间,林语堂的经济再度紧张。在法国赚到的美元来德国换上了马克,结果遇到了马克贬值,他只好又一次通过胡適向北大借款1000美元。

林语堂学成回国后，履行了自己的约定来到了北大，他到北大的第一件事就是找到胡适向他当面表达谢意并归还借款。怎料胡适南下养病不在北大，林语堂只好找在北大当时的代理校长蒋梦麟（蔡元培校长此时正在欧洲游历），欲将2000美元归还时，蒋梦麟莫名其妙，向北大的财务查询，结果并无这一项支出。几天后，蒋梦麟告诉林语堂，这根本不是北大出的钱，是胡适自己掏的腰包，与北大无关。胡适是不惜千金惜人才，这就是林语堂出国之前的"君子协议"。林语堂在20世纪70年代的台湾胡适墓前，向人说起此事时仍然感动得泪流满面。

好事成双。1923年林语堂用德语撰写的博士论文《古代中国语言学》，顺利地通过了答辩，获得了莱比锡大学哲学博士学位。这时，妻子廖翠凤也身怀六甲，真是喜上加喜。鉴于廖翠凤在国外两次开刀的教训，也由于经济不足等原因，林语堂夫妇决定回国分娩。

林语堂在国外留学四年，辗转流寓了三个国家，先后进了三所大学，对西方文化有了进一步的了解。特别是他进了莱比锡大学，虽不是柏林大学，也算是实现了他父亲上欧洲名牌大学的梦想。遗憾的是，他父亲于1922年10月3日去世，未能看到爱子的归来。林语堂完成了学业，在回国途中经过意大利，他与廖翠凤一起游览了威尼斯、罗马、那不勒斯等古城，两周后，双双回到了祖国。

第五章　北京（一）

北大英文系

1923年9月，北京大学迎来了一位新教员，这就是胡适引荐的归国博士林语堂。当时林语堂28岁，他被聘为英文系任英文和语言学教授，妻子廖翠凤则在预科教英文。此时，胡适因病去了杭州烟霞洞疗养，校长蔡元培也因抗议北洋政府教育总长彭允彝在罗文干案[①]上干预司法独

[①] "罗文干案"又称"对奥（奥匈帝国）借款案"。1914年，袁世凯统治时期，由于国库空虚，财政困难，为订购四艘炮舰，与奥国签订协议，借款600万英镑。该款是通过委托奥地利银行团在欧洲债券市场发行债券方式筹措的，先后借款七次，总数为410万英镑。欧战发生后，中国对奥宣战，借款合同遂告停止。"一战"结束后，购买债券的英、法、德以及意大利等国的债权人，要求中国偿还借款或另外发行新债券，并以此作为承认中国新增关税的前提条件。鉴于新增税对解决财政困窘意义重大，罗文干遂于1922年11月14日，与委托代办此事的华义银行经理罗森达·柯索利签订奥国借款展期合同，同意将旧债票换为新债票，照票面九折发行，本息合计为577.719万英镑，分十年偿清，年息8厘。合同签订后，华义银行支付财政部8万英镑，又以3.5万英镑作为手续费。罗文干办理此项借款，并未提交国会通过，这就给政敌提供了攻击的口实。

1922年11月18日晚七点，众议院正副议长吴景濂、张伯烈带着华义银行买办李品一，前往大总统黎元洪处，揭发罗文干在签订借款合同过程中受贿。随即，黎元洪颁布手谕，拘捕罗文干以及经手人黄体濂等人。当夜11点左右，罗文干、黄体濂被军警逮捕，送入京师地方检察厅看守所羁押，史称"罗文干案"。

文干虽身陷囹圄，但自认清白，况所收回扣都用于财政部，因而在各方角逐中，罗文干分别于11月底、次年1月中旬两度获释出狱，但旋即又于1月17日再度入狱，成为政争牺牲品。随后在蔡元培辞职引发学潮、全国司法界奋起抗争下，1923年6月29日，京师地方审判厅再度宣布罗文干、黄体濂无罪释放。然而直到1924年2月初，当地方检察厅向高等审判厅宣告撤销上诉后，此案才最终了结。

立，宣布辞职，拂袖南去。经北大评议会议决，由总务长蒋梦麟出任代理校长一职。林语堂初登北大教席就被聘为教授，可见北大对他的重视和充满希望。

1923年的北京，已经不是四年前的北京了，五四运动早已落下了帷幕。北京政局混乱不堪，变化多端。尽管环境如此黑暗，林语堂还是力争把在外国饱学之知识，用于教学与研究。

林语堂所在的英文系，师资力量比较雄厚，有胡适、温源宁、徐志摩、陈源、张歆海、潘家洵、宋春舫、柴思、柯乐文等人。林语堂是这支队伍中的新人。林语堂在这年秋季给学生开了《基本英文》（一）、《写作》（一）、《英文教授法》、《英国语言史》、《语言学》等课程。到第二年春季又增开了带有研究性的新课程《中国比较发音学》。林语堂还多次主持英文演讲会，以训练和提高学生的语言表达能力。在教学之余，他积极从事学术研究。早在出国之前，他就在《新青年》上发表过有关汉字改革的文章。回国后，他又在《晨报副刊》上发表了《国语罗马字拼音与科学方法》《科学与经书》《古有复辅音说》等文章。他不但研读《广韵》《音学辨伪》等中国古代音韵学著作，而且还专门研究语言学、音韵学、方言学、汉字改革和汉字罗马化等方面的知识。

林语堂于1923年《国学季刊》第1卷第3号和1924年《晨报副刊》第56号，分别发表了《读汪荣宝歌戈鱼虞模古读考书后》和《再论歌戈鱼虞模古读》两文，与汪荣宝和章太炎商榷有关歌戈鱼虞模等字的古读音问题。

北京大学自1917年蔡元培出任校长以来，学术气氛十分活跃，学术自由带来了丰硕成果。学校的研究所设有多门学科的研究机构，如国学门等，学校的教员和学生也组织了各种学会、研究会，如国文学会、英文学会、马克思主义研究会、孔子学说研究会、国家主义研究会、孙文主义研究会、中山主义研究会、国是研究会、中国书法研究会、造型美术研究会、高等教育访问社、歌谣研究会等。林语堂就参加了歌谣研究会和方言研究会。

歌谣研究会成立于 1922 年，由周作人主持，钱玄同、沈兼士、容肇祖、常惠等是其骨干，林语堂来北大后也参加了此会，并且在每次会议上都是积极发言的一个。林语堂提出"音标为划一起见，应该只限二十六个字母，这可以用国际音标和罗马字母对照拼写"。此主张得到了钱玄同、周作人的赞同。林语堂还提出应扩大对"神话"的调查，"收集的目的该是注重在民间未经记载的文学；在这文学的材料上，再拿种种方面的眼光分析研究。"[1] 这些意见也得到了与会者的赞同。歌谣研究会出版了《歌谣》周刊，经常撰稿的人有钱玄同、钟敬文、台静农、顾颉刚、魏建功、周作人等。林语堂在 1923 年 12 月 17 日出版的《歌谣周年纪念增刊》上发表了《研究方言应有的几个语言学观察点》，在 1924 年 5 月 18 日出版的《歌谣》周刊第 85 号上发表了《方音字母表草案》，在 1925 年 5 月 2 日出版的《歌谣》周刊第 98 号上又发表了《关于中国方言的洋文论著目录》。这些文章，尤其是《方音字母表草案》在方言研究、歌谣研究会上表现出了林语堂富有创造性的特点。

1924 年 1 月 26 日，方言研究会宣布成立。它是由林语堂主持，有董作宾、温晋韩、容庚、容肇祖、杨世清、朱希祖、周作人、马裕藻、魏建功、夏曾佑、黎锦晖、汪诒、顾颉刚、沈兼士等 32 人组成的一个专门研究方言的组织。方言研究会确定的宗旨是："以语言学方法调查及研究中国的方言。凡方言的现象如语音、语汇、语法，俱常用的历史的及比较的方法研究整理等。凡与中国语言之研究有关系的，都在研究范围之内。"[2]

"五四"文学革命是新文化运动的一个组成部分，提倡白话文，反对

---

[1] 会议记录，载 1924 年 2 月 28 日《北京大学日刊》。
[2] 1924 年 6 月 12 日《北京大学日刊》。

文言文，提倡新文学，反对旧文学，是文学革命运动的主要内容。1919年下半年全国白话文报刊风起云涌，达400种之多。1920年，北洋政府教育部在白话文取代僵化了的文言文已成事实的情况下，终于承认了白话文为"国语"，通令从小学一二年级起全部采用白话文，白话文取得了胜利。但如何统一国语读音仍然是语言学界需要共同研究的重要课题。1919年4月成立了国语统一筹备会，由张一麐任会长，赵元任、钱玄同等31人加入，每年开大会一次，主要研究国语罗马字拼音法式。林语堂到北大后立即参加了第五次年会，成为国语统一筹备会的一员。第五次大会组成"国语罗马字拼音研究委员会"，其主要成员为钱玄同、黎锦熙、黎锦晖、赵元任、林语堂、周辨明、汪怡、叶谷虚、易作霖、朱文熊、张远荫等11人。林语堂积极参与国语罗马字拼音的研究，他认为罗马拼音并非不能实行，他的母亲就借罗马拼音法把《圣经》全部读通，并且还用完全清楚的罗马拼音字写信给他。1925年9月，为了加强联系和沟通信息，钱玄同、赵元任与汪怡、刘半农、黎锦熙、林语堂、周辨明经常碰头聚会，形成了一个"七人会"。从这些活动中可以看出，林语堂回国不长的时间就成为语言学界的知名人士。此后，他继续在研究古音、探索文字改革的途径和推广国语罗马文字等方面做出了一定贡献。

"幽默"

1924年5月23日《晨报副刊》上，刊登了林语堂的《征译散文并提倡幽默》一文，这是我国最早提出幽默的文章。6月9日《晨报副刊》又发表了林语堂的《幽默杂话》，他第一次把英语"Humor"译为"幽默"。林语堂指出，"幽默"二字本是英语"Humor"的译音，所以取义。他说："凡善于幽默的人，其谐趣必愈幽稳，而善于鉴赏幽默的人，其欣赏尤在于内心静默的理会，大有不可与外人道之滋味，与粗鄙的显露的笑话不同。

幽默愈幽默而愈妙。故译为幽默，以意义言，勉强似乎说得过去。"同时，林语堂认为，"幽默也有雅俗不同，愈幽而愈雅，愈露而愈俗。幽默固不必皆幽隽典雅，然而艺术论自是幽隽较显露者为佳。幽默固可使人嫣然哑而笑，失声呵呵大笑，甚至于'喷饭''捧腹'而笑，而文学上最堪欣赏的幽默，却只能够使人家嘴旁儿轻轻的一弯儿的微笑"。这是说，那种具有含蓄性、诙谐性的幽默才会起到一种耐人寻味和轻松有趣的效果。林语堂还进一步指出，要有幽默的文学，就必须反对板着面孔，"板面孔一日不去，幽默的文学一日不能发达"；同时不应"过于鄙俗不文，不要讲不自重的笑话。而归根结底，是要有幽默的人生观才能有幽默"。什么是幽默的人生观呢？就是"真实的，宽容的，同情的人生观"。幽默是一种观点，一种对生活的看法，是人生的一部分。人生是永远充满幽默的，犹如人生是永远充满悲惨性与想象一样。"没有幽默滋润的国民，其文化必日趋虚伪，生活必日趋欺诈，思想必日趋迂腐，文学必日趋干枯，而人的心灵必日趋顽固。"林语堂认为，中国人老成温厚、遇事忍耐、消极避世、超脱老猾、和平、知足、宽容、因循守旧的性格，决定了中国人很懂得幽默。林语堂后来对孔子、孟子、金圣叹、李笠翁、郑板桥、袁中郎等人的幽默言行都作了独特的发掘与理解。林语堂当时提倡幽默含有对中国传统文化的再认识和具有反封建的平等浪漫色彩，如孔子、孟子都是具有人情味的常人。

当然林语堂并非盲目提倡幽默。他在向世人展示中国人的幽默的同时，也深刻地指出，幽默有好坏两面，中国人是兼而有之。一个历史悠久的民族，没有点幽默意识，是经不起几千年专制重压的。但是，中国人的幽默，跟道家思想有着更多的渊源关系，不免有点玩世、消极、油滑。"幽默正在毁掉中国，它的破坏是无以复加的。"

从林语堂的阐述上，可以说他大体讲清了什么是幽默和怎样才能幽默及幽默的优点与缺陷。他是我国第一个提倡幽默的人。对幽默的看法也较为客观、健康，其功不可没。

对幽默的提倡，也会有不同的看法。如鲁迅在1926年12月7日写的《〈说幽默〉译者附记》一文中说："将Humor这字，音译为'幽默'，是语堂开首的。因为那两字似乎含有意义，容易被误解为'静默''幽静'等，所以我不大赞成。一向没有沿用。但想了几回，终于也想不出别的什么适当的字来，便还是用现成的完事。"其实，鲁迅虽然不赞同，也还是认可了。"幽默"一词流传下来，不能不说是林语堂首倡之功，这是难能可贵的。

《论语》半月刊问世后，由于林语堂的提倡幽默，崇扬性灵，立即博得了广大读者的青睐，刊物不仅在国内畅销，而且还远销海外，如日本、英国、美国、新加坡和香港，受到了海外华人的喜爱。这类的刊物也多起来，如《人间世》《宇宙风》《万象》《紫罗兰》，直到敌伪时期的《古今》《春秋》《天地》《杂志》等，一时间幽默成风，以至于把1933年称为"幽默年"，林语堂也因此被称为"幽默大师"。

属于语丝派

1923年9月，年仅28岁的林语堂经北大教务长兼代理文科学长的胡适引荐来到北京大学，被破格聘为英文系语言学教授，兼任北京师范大学英文系讲师。后来又兼北京女子师范大学教授、英文学科主任、教务长等。业余时间发表些语言学等方面的学术文章，也有散文和短论，主要是发表在孙伏园主编的《晨报副刊》上。

孙伏园在《晨报副刊》辞职后，在鲁迅、周作人的支持下，办了《语丝》周刊。关于刊物的名字，据周作人日记载：1924年11月2日"下午至东安市场城北楼，同玄同、伏园、小峰、川岛、绍原、颉刚诸人议出小周刊事，定名曰《语丝》"。川岛在《和鲁迅相处的日子》里，回忆得更详细:"在孙伏园辞去《晨报副刊》的编辑以后,有几个常向副刊投稿的人,为便于发表自己的意见不受控制,以为不如自己来办一个刊物,想说啥就说啥。于是由伏园和几个熟朋友联系,在那年的11月2日正好是星期天,钱玄同、江绍原、顾颉刚、周作人、李小峰、孙伏园和我在东安市场的开成豆食店集合,决定出一个刊物,大家写稿,印刷费由鲁迅先生和到场的七人分担①,每月每人八元。刊物的名称大家一时都想不出来,就由顾颉刚在带来的一本《我们的七月》中找到'语丝'两字,似可解也不甚可解,却还像一个名称,大家便同意了。就请钱玄同先生题签。次日即由伏园去报告鲁迅先生,他表示都同意。后来又由伏园去联系了几位,就写了一张石印的广告,说这个周刊将在何时出版,是由某某十六人长期撰稿,到各处张贴、发散。一个星期后,《语丝》便出世了。"

川岛在《和鲁迅相处的日子》里回忆了《语丝》名字的由来:"……刊物的名称大家一时都想不出来,就由顾颉刚在带来的一本《我们的七月》中找到'语丝'两字,似可解也不甚可解,却还像一个名称,大家便同意了……"

《语丝》周刊的创刊号,在1924年11月17日出版。广告上虽然列出了16个长期撰稿人,实际上也只有鲁迅、周作人、林语堂、钱玄同、章川岛等五六个人是真正的投稿者。

《语丝》是一个以散文为主兼登小说、诗歌、学术文章的刊物。虽然孙伏园提出过"语丝的文体",但他似乎并没有说明这种文体有什么特征。周作人在《答伏园"语丝的文体"》中概括了它的特点:(一)可以随便说话。(二)大胆与诚意。(三)说自己的话,不说别人的话。林语堂在《插论语丝的文体——稳健、骂人,及费厄泼赖》中,对周作人所说的"大

---

① 川岛的《和鲁迅相处的日子》中《说说〈语丝〉》里"印刷费由鲁迅先生和到场的七人分担"的说法,而在该书中的《忆鲁迅先生和〈语丝〉》中说:"至于《语丝》所需要的印刷费,当时商定:由鲁迅先生、周作人先生、伏园和我,四个人来按月分担。"两个说法都在同一书中。详见《和鲁迅相处的日子》,四川人民出版社1979年9月第1版第30页,第44页。

胆与诚意""不说别人的话"进行了进一步阐发，并提出："我主张语丝绝对不要来做'主持公论'这种无聊的事体，语丝的朋友只好用此做充分表示其'私论''私见'的机关。这是一点。第二，我们绝对要打破'学者尊严'的脸孔，因为我们相信真理是第一，学者尊严不尊严是不相干的事。"

1924年底，《语丝》和《现代评论》先后问世，新文化阵营发生了分化，北大教授们形成了壁垒分明的两个派别，即语丝派和现代评论派。按照一般的人情来说，林语堂到北京大学任教，应该与胡适走得很近。这是因为：一是胡适是他来北大的引荐者，二是"吃水不忘挖井人"，在林语堂留学期间遇到经济困难时，是胡适雪中送炭，解决了燃眉之急。三是按教育背景来说，林语堂和胡适、徐志摩、陈源、温源宁等都是留学欧美的学生，在"五四"新文化运动中，林语堂对胡适的主张也是完全赞同和支持的。不仅是胡适，林语堂与徐志摩关系也很好，林语堂最初一些文学作品就是在《新月》上发表的，林语堂也参加过新月社的一些活动。这些留学欧美的人后来成了现代文坛的"新月派"。但林语堂最终没有参加《现代评论》活动，而参加了《语丝》，和北大中文系的一些学者越来越近，如周作人、鲁迅、钱玄同、刘半农、沈兼士等，这些人都是留学日本的，是章太炎的弟子。章太炎不仅是晚清著名的革命家，而且是中国传统语文学大家，这些留日学生后来组成了"语丝派"。林语堂成了"语丝派"的重要一员，其中主要原因是除了他的自由主义的人生态度外，还有他和章氏门徒对中国语言文字研究的共同兴趣吧。另外，在林语堂看来，《现代评论》是带有"官"办的性质，而"官话"与"自己的话"相去很远。林语堂说："接近语丝，因为喜欢语丝之放逸，乃天性使然。"《语丝》的几个特点，正中林语堂下怀。

实际上，《现代评论》也是一份自由的刊物。它是1924年12月13日创刊于北京的综合性周刊。初期经理为刘叔和，始终负主要责任的是王世杰。主要撰稿人多为新月社成员,有胡适、高一涵、陈西滢、王世杰、唐有壬、徐志摩、李仲揆(四光)等。期刊内容包括政治、经济、法律、哲学、教育、科学等各种评论文章,兼刊文学创作和文艺评论,发表闻一多、徐志摩、胡也频、杨振声、凌叔华、沈从文、丁西林等人的诗歌、小说、剧作、散文和文艺评论等。在编辑方针上持资产阶级自由主义态度,在五卅惨案,"三·一八"惨案中,既有揭露帝国主义暴行,揭露段祺瑞军阀主义的文章和支持进步学生的言论,也有污蔑学生,为军阀开脱罪责的言论;既有宣传马克思列宁主义、介绍十月革命后苏联真实情况的文章,也发表一些反苏、反共、反对中国走社会主义道路的言论。在文化思想上,批判封建复古主义,鼓吹资产阶级的脱离政治。由于该刊创办者和主要撰稿人的基本政治倾向代表了资产阶级右翼,当时被称为"现代评论派"。胡适是他们的精神领袖。

林语堂后来在《八十自叙》中说:"说来也怪,我不属于胡适之派,而属于语丝派。""我们都认为胡适之那一派是士大夫派,他们是能写政论文章的人,并且适于做官的。我们的理由是各人说自己的话,而'不是说别人让你说的话'(我们对他们有几分讽刺)对我很适宜,我们虽然并非必然是自由主义分子,但把《语丝》看作我们发表意见的自由园地。"[①]

鲁迅

1920年8月,鲁迅被聘为北大国文系兼职讲师,直至1926年。主要讲授中国小说史,并以厨川白村的《苦闷的象征》为教材,讲授文艺理论。与此同时,还应聘任北京高等师范专科学校的兼职讲师,讲授中国小说史。林语堂于1923年9月来到北大英文系任教。他们两人是否接触过,不得而知。但他们是北大的同事关系却是事实。林语堂与鲁迅的

[①] 引自《林语堂自传》,河北人民出版社1991年9月第1版第114页。

关系，可能是因参加《语丝》开始，并且由同事发展到战友。

林语堂加入《语丝》社后，经常参加该社同人的活动。林语堂在《八十自叙》中谈到了语丝社活动的情形："我们是每两周聚会一次，通常在星期六下午，地点是中央公园来今雨轩的茂密的松树之下。周作人总是经常出席。他，和他的文字笔调儿一样，声音迂缓，从容不迫，激动之下，也不会把声音提高。他哥哥周树人（鲁迅）可就不同了，每逢他攻击敌人的言辞锋利可喜之时，他会得意得哄然大笑。他身材矮小，尖尖的胡子，两腮干瘪，永远穿中国衣裳，看来像个抽鸦片烟的。没有人会猜到他会以盟主般的威力写出辛辣的讽刺文字，而能针针见血的。他极受读者欢迎。在语丝派的集会上，我不记得见过他那位许小姐，后来他和那位许小姐结了婚。周氏兄弟之间，人人都知道因为周作人的日本太太，兄弟之间误会很深。这是人家的私事，我从来没打听过。但是兄弟二人都很通达人情世故，都有绍兴师爷的刀笔功夫，巧妙地运用一字之微，就可以陷人于绝境，置人于死地……他们还有一位弟弟周建人，是个植物学家，在商务印书馆默默从事自己本行的学术工作。"林语堂的这段回忆中，有两处是不属实的，可能是林语堂写此自叙时年龄已高（八十岁），记忆有误是难免的：一是语丝社的聚会不是"每两周一次"。据川岛在《和鲁迅相处的日子·说说〈语丝〉》中回忆："《语丝》既没有稿酬，于是先是印了'语丝稿纸'送给写稿的人，后来是请吃饭。大抵在《语丝》出版到十多期之后，每月月底就必有一次聚会，每次一桌两桌不等。这就在一些饭铺的或一房门外，有时便会看见挂着一块上写'语丝社'的木牌。从此，《语丝》也就开始有'社'了，但也只在这样的小木牌上有时写写而已。"鲁迅在《我和〈语丝〉的始终》里也谈到了"《语丝》的销路可只是增加起来，原定是撰稿者同时负担印费的，我付了十元之后，就不见再来收取了，因为收支已足相抵，后来并且有了盈余。于是小峰就被尊为'老板'，但推尊并非美意，其时伏园已另就《京报副刊》编辑之职,川岛还是捣乱小孩,所以几个撰稿者便只好挦住了多胶眼而少开口的小峰,加以荣名,勒令拿出盈余来,每月请一回客。……但我那时是在避开宴会的,所以好不知道内部的情形。"① 二是鲁迅从未参加"语丝社"的聚会。鲁迅于1923年7月14日与周作人妻子羽太信子发生严重冲突,当晚即改在自己房内用餐,不再与周作人等一起吃饭。7月19日接到周作人亲自送来的绝交信,兄弟二人就此绝交。8月2日,鲁迅搬出八道湾11号的寓所,与朱安一起,迁至西城的砖塔胡同61号居住。1923年底才购买了宫门口西三条胡同21号房宅。1924年6月11日,鲁迅往八道湾11号旧宅取书及什器,又与周作人夫妇发生冲突。11月17日参与组织的《语丝》周刊创刊。虽然兄弟两人都积极参加了《语丝》,以及后来的对女师大学潮一致态度,但鲁迅与周作人不会出现在同一种集会场合里,尤其是宴会,只要周作人参加,鲁迅是绝不会参加的。据《周作人日记》载,从1924年11月2日"议刊小周刊"到1926年5月底林语堂南下厦门之前,语丝社聚会至少有14次,周作人参加了12次。鲁迅说:"我那时是避开宴会的",可以说,鲁迅基本上没有参加语丝的聚会。林语堂对鲁迅的描写可能来源于在其他场合见到过鲁迅而留下的印象。同样的失误,林语堂在《记周氏兄弟》中也存在:"每逢语丝茶话,两位都常来,而作人每会必到。作人不大说话,而泰然自若,说话声调是低微的,与其文一样,永不高喊。鲁迅则诙谐百出。达夫在座,必来两杯花雕,嬉笑怒骂都来。我此时闭目,犹可闻达夫呵呵的笑声。他躺在老藤椅上,一手摩他的和尚头。但是两位弟兄不大说话,听说是因为周作人的日本太太。我也莫知其详。"② 林语堂所写鲁迅和周作人的说话情形符合实际,但肯定是另外场合留下的印象。但说郁达夫"一手摩他的和尚头",却不真,如果换作周作人才对。

---

① 鲁迅著《我和〈语丝〉的始终》,《三闲集》,人民文学出版社1973年5月第1版第136页。
②《林语堂散文经典全编》,九州图书出版社1997年8月第1版第3卷第508页。

林语堂加入"语丝社",成为《语丝》的一根台柱子。孙伏园在《一年来国内定期出版界略述补》中说:"《语丝》——周刊,北大一院新潮社。这个'自由说话'的刊物,以周作人、鲁迅为骨干,林语堂、衣萍等为配角的。因主持者之努力,文思之隽逸尖刻,格调之风韵滑稽,广布国内。在它的作者中,除周氏二人外,我所喜欢的林语堂与钱玄同,而尤以林为最。林氏对于政治的见解,驾胡适等远甚。"[1]孙伏园的说法应该是够权威的。

林语堂由于参加了《语丝》社,跟鲁迅的关系也由同事前进了一步。当鲁迅感受到林语堂已成为一位可靠的战友时,就向林语堂为他编辑的《莽原》约稿,林语堂慨然写了一篇题为《祝土匪》的文章,鲁迅把它安排在《莽原》半月刊第一期的首篇位置。

费厄泼赖

1925年10月,孙伏园写了一篇文章《语丝的文体》发表在《语丝》第52期上。此文是写给周作人的一封信,主要是探讨了《语丝》刊物上的散文文体问题,后来周作人也写了一篇《答伏园论"语丝的文体"》一文,发表在《语丝》第54期上。周作人在复信中,提到了林语堂"必谈政治"的意见,说语丝并没有规定"不谈政治",只是大家都不是以政治为职业而已。周作人说:"这都依了个人的趣味随意酌定,没有什么一定的规律。除了政党的政论以外,大家都要说什么都是随意,唯一的条件是大胆与诚意,或如洋绅士所高唱的所谓'费厄泼赖'(Fair Play),——在这一点上我们可以自信比赛得过任何绅士与学者,这只需看前回的大虫事件便可明了,我们非绅士之手段与态度比绅士们要'正'得多多。"周作人

---

[1]《1913—1983鲁迅研究学术论著资料汇编》,中国文联出版公司1985年10月第1版第1卷第120页。

的文章发表后，林语堂作了《插论语丝的文体——稳健，骂人，及费厄泼赖》刊在《语丝》第57期上，林语堂在文章中发挥了周作人《答伏园论"语丝的文体"》一文的精神，要求写文章重在写出自己的主见。在林语堂看来，"凡是诚意的思想，只要是自己的，都是偏论，'偏见'。若怕讲偏的人，我们可以决定那人的思想没有可研究的价值；没有'偏见'的人也就根本没有同我们谈话的资格了。因为他所谈的'公论'都是一种他人的议论调和而成的……"林语堂与周作人一样，都是看重《语丝》"不用别人的钱，不说别人的话"。林语堂说到论战的态度，那就是要"费厄泼赖"。他说："再有一件就是岂明所谓'费厄泼赖'。此种'费厄泼赖'精神在中国最不易得，我们也只好努力鼓励，中国'泼赖'的精神就很少，更谈不到'费厄'，唯有时所谓不肯'下井投石'即带有此义，骂人的人却不可没有这一样的条件，能骂人，也须能挨骂。且对于失败者不应再施攻击，因为我们所攻击的在于思想非在人，以今日之段祺瑞、章士钊为例，我们便不应再攻击其个人。"他在文章后的附记里写道："有岂明文中所谓不'打落水狗'及'平地上追赶胡狲，也有点无聊，卑劣，虽然我不是绅士，却也有我的体统与身份'，也正足以补充'费厄泼赖'的意义。"文末特别强调："'费厄泼赖'后来是岂明的意思。"

　　林语堂的文章发表后，鲁迅立即写了《论"费厄泼赖"应该缓行》，发表在1926年1月10日出版的《莽原》半月刊第1期上。鲁迅说："我不懂英文，因此也不明这字的函义究竟怎样，如果不'打落水狗'也即这种精神之一体，则我却很想有所议论。"鲁迅所论的起点是对"落水狗"应持什么态，是不可打，或者应该打，还是像林语堂所主张的那样"对于失败者不应再施攻击"呢？鲁迅举了辛亥革命时期王金发对敌人实行宽容的结果是反被杀害一事为例，说明"不打落水狗，反被咬了"。鲁迅认为"费厄泼赖"精神，"我们当然是要的，然而尚早"。鲁迅所担心的是"保护坏人"其结果是不可想象的。鲁迅的文章实际上是对林语堂观点的批评。因为鲁迅从 1923 年开始与弟弟周作人感情破裂,不再来往,所以在文章中只点了林语堂的名,而未提周作人。要讲宽容、不打"落水狗",这可以说是周作人、林语堂共同的认识。

鲁迅的文章发表后,林语堂马上画了一幅《鲁迅先生打叭儿狗图》的漫画,登载于《京报副刊》上,表示了赞同鲁迅的意见,这一举动后来被无限放大,其实林语堂从未真正放弃"费厄泼赖"的信念,在美学趣味和原则方面,林语堂更接近周作人。[①] 林语堂一会儿主张不打落水狗,一会儿又赞成打落水狗,不免引起一些人的非议。为此,他写了《讨狗檄文》《打狗释疑》做了解释。在"三·一八"之前,林语堂就写有一篇《泛论赤化与丧家之狗——纪念孙中山逝世周年》的文章,把早期革命思想提到一个从未有过的高度。《讨狗檄文》声言:"我们是绝对不妥洽的,与政府妥洽的人妥洽即同于与政府妥洽。"他说:"我们打狗运动应自今日起,使北京的叭儿狗、老黄狗、螺狮狗、笨狗,及一切的狗,及一切大人物所豢养的家禽家畜都能全数歼灭。此后再来讲打倒军阀。"《打狗释疑》是对侯兆麟一封来信的回复,重申对鲁迅忠告的信服。文章一开始就说:"狗之该打,此人类皆同意。弟前说勿打落水狗的话,后来又画鲁迅打落水狗图,致使我一些朋友很不愿意。现在隔彼时已是两三个月了,而事实之经过使我益发信仰鲁迅先生'凡是狗必先打落水里而又从而打之'之话。"

鲁迅、林语堂等人当时的笔战对象很明确,主要是指支持章士钊、杨荫榆的现代评论派。因此,林语堂的漫画发表后,陈西滢等人极为不高兴。陈西滢在《致志摩》一文中说:"说起画像,忽然想起了本月二十三日《京报副刊》里林语堂先生画的《鲁迅先生打叭儿狗图》。要是你没有看见过鲁迅先生,我劝你弄一份看看。你看他面上八字胡子,头

[①] 钱锁桥著《林语堂传——中国文化重生之道》,广西师范大学出版社 2019 年 1 月第 1 版第 81 页。

上皮帽,身上厚厚的一件大氅,很可以表现出一个官僚的神情来。"陈西滢说的虽有人身攻击之嫌,但也不能否认鲁迅的确是当时政府(教育部)的官员身份。

应该说,林语堂与鲁迅的关系不如与周作人密切。林语堂与周作人相识较早,又同是北大的教授。据《周作人日记》记载,1923 年 11 月 3 日,周作人和耀辰、凤举等十人晚宴,林语堂是其中之一。林语堂与鲁迅的交往比与周作人的交往晚了两年多,鲁迅的《论"费厄泼赖"应该缓行》发表后,两人才亲密起来。这说明,林语堂与鲁迅的相识相交是从文字上开始的。林语堂不仅对鲁迅的文章未进行任何分辩,而且在他把那篇文章收入《剪拂集》时,把题目《插论语丝的文体——稳健,骂人,及费厄泼赖》改为《论语丝文体》,并把"'费厄泼赖'原来是岂明的意思"的附记也删去了,因周氏兄弟失和,无法对话,所以林语堂独自一人肩负起提出了"费厄泼赖"的担子。

第六章　北京（二）

"女师大"事件

"女师大风潮"是中国现代学生运动史上一次著名的事件。这个事件，把《语丝》和《现代评论》双方的主要撰稿人鲁迅、周作人、林语堂、胡适、陈源、王世杰、燕树棠、丁在君等人都卷进了旋涡。林语堂是语丝派的一员勇敢的战士，在双方激烈的论争中，充分显示了自己的胆略和勇气。

女师大创办于清光绪三十四年（1908），当时称京师女子师范学堂，民国元年改称北京女子高等师范学校，1924年改称国立女子师范大学。1922年至1923年间，女师大的校长是许寿裳。1924年3月许寿裳辞职，由杨荫榆[①]继任。杨荫榆要求学生只管读书，不要参加过问政治活动，

[①] 杨荫榆（1884—1938），1884年出生于江苏无锡，小名申官，1907年杨荫榆获公费东渡日本留学，进入东京高等师范学校学习。杨荫榆毕业回国后，受聘于江苏省立第二女子师范学校，担任教务主任，同时兼任生物解剖教师。1914年杨荫榆出任北京女子师范学监。1918杨荫榆赴美留学，到达美国后，杨荫榆曾任留美中国学生会会长、留美中国教育会会长，并与杜威、孟禄等接触频繁，深受大师们的熏陶。1922年，杨荫榆取得哥伦比亚大学教育专业硕士学位后，回国后一度在上海教书。不久便被北洋政府教育部召至北京，1924年2月，她受教育部委任，接替许寿裳任女高师的校长。同年，女高师改名为"国立女子师范大学"，杨荫榆成为中国近代教育史上第一位女大学校长。

反对学生动辄上街游行；在校务方面，管理较为严格，这样引起了一些学生的公愤，她把学生的爱国行为一律斥为"学风不正"，横加阻挠。她独断专行、处事不公的作风必然造成女师大师生们不满的后果。

"女师大风潮"始于1924年11月。起因是国文系预科3名学生暑假回家，因遇到军阀战争和水灾，未能按时返校。杨荫榆决定整顿校风。她严厉处置了平时不听话的国文系3名学生，要求她们退学，而对于哲教系预科的2名学生遇到同样情况却放过不问，不作处理。决定公布后，学生一片哗然，由此成为学潮爆发的导火索。

1925年4月，司法总长兼教育总长的章士钊声言"整顿学风"。杨荫榆在章士钊的支持下，借校评议会名义公布了文告，宣布开除许广平、蒲振声、张平江、姜伯谛、刘和珍、郑德音等6名学生自治会成员，解散学生自治会，导致了学生们更大的反抗。5月27日，马裕藻、沈尹默、鲁迅、李泰棻、钱玄同、沈兼士、周作人等7人联名在《京报》上发表《对于北京女子师范大学风潮宣言》，表示坚决支持学生。这份由鲁迅起草的宣言，代表了语丝同人的态度。

8月10日，教育部正式颁布了《停办女师大令》。8月17日，教育部决定在女师大原址筹办"国立女子大学"，教育总长章士钊自任筹备处长。8月19—20日，教育部专门教育司司长、女子大学筹备处主任刘百昭，偕同筹备处的人员柯兴昌等两次前往接收校舍，都因学生的反抗而未果。8月22日下午，刘百昭组织两班人马强行接收了女师大。"驱杨"的师生们在西城宗帽胡同租赁房屋另立新址，于9月21日开学上课，与章士钊的"女子大学"分庭抗礼。

围绕着"女师大"事件，语丝派和现代评论派在《语丝》《京报》《莽原》《晨报》《现代评论》等报刊上展开了激烈的论战。林语堂从一开始就是站在女师大学生这一边的。十年后，他在回忆往事时说："当我在北平时，身为大学教授，对于时事政治，常常信口批评，因此我被别人视为那'异端之家'(北大)一个激烈分子。"在《语丝》和《现代评论》:"这两个周刊关于教育部与女子师范大学问题而发生论战时,真是令人惊心动魄。那里真是一个知识界发表意见的中心,是知识界活动的园地,那一场大战令我十分欢欣。"

1925年这一年,在林语堂的生活史上留下过不少"惊心动魄"的记录。他不仅用笔,而且用竹竿和石块等武器直接参加了1925年11月28—29日的"首都革命"。

1925年11月28—29日,在南方革命形势的推动下,北京人民举行大规模的示威游行,示威队伍冲破军警们戒备森严的防线,奋起摘掉"京师警察厅"的牌子,捣毁了章士钊、刘百昭的住宅,又蜂拥至宣武门大街,火烧研究系政客的喉舌《晨报》馆。

在这次轰轰烈烈的"首都革命"中,惯于用笔战斗的林语堂,拿起竹竿和石块,与学生一起走上街头,直接和军警肉搏,做出了其他语丝成员从未采取过的激烈行动,成为街头暴力的反抗者。林语堂大显身手的示威游行,正是被现代评论派所指责的过激行为。

有人打出维护"公理"的旗号,大骂论敌是"土匪",林语堂索性以"土匪"自居,写了一篇反击的文章,题目便是《祝土匪》。林语堂讽刺一些以"学者"自居的人不敢维护自己良心上的主张,不敢坚持真理,而像妓女一样倚门卖笑,双方讨好,与这些出卖良心的"学者"相比,"土匪"倒不会把真理"贩卖给大人物"。他说,有史以来的大思想家都被当代学者称为"土匪""傻子"过,这是现在的土匪傻子可以自慰的地方。

林语堂读了鲁迅的《"公理"的把戏》一文后,立即又写了《"公理的把戏"后记》,呼应了鲁迅的文章。他并不隐瞒自己是在为鲁迅摇旗呐喊。林语堂的这篇杂文,不仅非常典型地体现了"语丝文体"的风格,而且也充分体现了"浮躁凌厉"的个人风格。他是语丝所培养出来的一位杂文家,因为他的杂文创作生涯是从《语丝》起步的。在《语丝》

的摇篮里，他从周氏兄弟、钱玄同、刘半农等《新青年》作家那里获得了丰富的艺术营养。由于他能虚心学习，同时又刻苦钻研，所以在短短一二年内，竟能异军突起，成为语丝派中一位可畏的"后生"。

"三·一八"惨案

1926年3月16日，林语堂刚刚上任为女师大教务长。18日早晨8时半，发现学校的教室里空无一人，林语堂正要打听原委，接到了电话，听出是学生会主席刘和珍的声音。她以学生会名义为全校学生集体请假一天，希望教务长批准。其理由是：女师大学生要参加11点的天安门抗议大会，会后还要参加游行，等等。林语堂明白女师大学生的爱国立场和热情，对此，学校理应支持。但林语堂在答应准假的同时，告诉刘和珍："以后凡有事请假停课事件，请从早接洽，以便校方及时通知教员。"林语堂万万没有想到的是，自己刚刚当了两天的教务长，支持学生的爱国举动，反而造成了学生的牺牲！

听到噩耗，林语堂和许寿裳急忙赶往血案现场。林语堂和许寿裳以"女师大"校方负责人的身份，来现场查看并作后事处理。23位死者已被装进棺材里，林语堂辨认死伤的学生时，只见尸体纵横枕藉，鲜血满地。进门开棺，第一个就是刘和珍的遗体……林语堂悲恸欲绝。他强忍着巨大的悲痛和愤慨，看着刘和珍惨死的情状和一双愤怒的眼睛。当刘和珍向他请假时，他以为"此回国民大会，纯为对外，绝无危险，自应照准"。现在离刘和珍打电话请假只不过才过了四五个小时，想不到那次电话竟成了永诀！林语堂眼前变成了一片漆黑，悲哀充满了心间。林语堂听说除了刘和珍外，还有具女尸，还有许多受伤的学生，他马上让医护人员千方百计地抢救，而自己从诸多伤员中，一一辨认和安慰，尽一个教师的责任。突然，他发现"女师大"的学生杨德群的尸骸被放在一块木板桌上，由于桌子太短，下半身悬空挂着……林语堂不忍看下去了。

林语堂回到学校着手安排死者的后事。杨德群的遗体很快从医院搬回学校。而刘和珍的遗体因为在执政府，当局不允许搬动。林语堂只得和教职员一起到执政府进行交涉，到19日晚才算把遗体运回学校里，安放在大礼堂。

林语堂在刘和珍、杨德群被害的现实面前，气愤得"每日总是昏头昏脑"，他切实感觉到了"亡国之隐痛"。所以，在第二天，即3月21日，以沉痛的心情，写下了《悼刘和珍杨德群女士》。在此文中，他称赞刘和珍的政治识见"远在一班丧家狗之文妖与名流之上"。林语堂说："刘、杨二女士之死，同她们一生一样，是死于与亡国官僚瘟国大夫奋斗之下，为全国女革命之先烈。所以她们的死，于我们虽然不甘心，总是死得光荣，因此觉得她们虽然死得可惜，却也死得可爱。我们于伤心泪下之余，应以此自慰，并继续她们的工作。"

"三·一八"惨案后的那几天，林语堂真不知是怎么熬过来的。知道惨案过了三天之后，他才开始思索。林语堂"觉得刘、杨二女士之死，是在我们最痛恨之敌手下，是代表我们死的"。刘和珍是他"最熟识而最佩服嘉许的学生之一"。他写道："刘女士是全校同学钦爱的领袖，因为她的为人之和顺，及对于校事之热心，是全校同学异口同声所称赞的。功课上面，是很用功，是很想自求进益的一个人，看见她的笔记的人大都可以赞同，而且关于公益事宜尤其是克己耐苦，能干有为，足称为中国新女子而无愧。我本知她是很有希望的一个人，但是还不十分知道底细，到许季弗先生对我详述，才知道她是十分精干办事灵敏的女子。上回女师大被章、刘摧残，所以能坚持抵抗，百折不饶而有今日者，实一大部分是刘女士之功，可称为全学革命之领袖。处我们现今昏天黑地，国亡无日，政治社会思想都须根本改造的时期，这种热心有为，能为女权运动领袖的才干，是何等的稀少，何等的宝贵！"林语堂的《悼刘和珍杨德群女士》写于3月21日，周作人的《关于三月十八日的死者》写于3月22日，鲁迅的《记念刘和珍君》写于4月1日。可见，林语堂的悼文比周作人的早了1天，而比鲁迅的早了11天。

1926年3月29日出版的《语丝》第72期的稿件，全部与"三·一八"惨案有关：卷首就是林语堂的《悼刘和珍杨德群女士》，以下分别是鲁迅的《无花的蔷薇之二》；启明（周作人）的《关于三月十八日的死者》；自清（朱自清）的《执政府大屠杀记》；效廉的《我们的闲话》等。鲁迅的《记念刘和珍君》刊于《语丝》第74期。

3月25日，"女师大"师生和北京各界人民在"女师大"礼堂举行了隆重的追悼刘和珍杨德群烈士大会，由许寿裳主祭，灵堂里挂满挽联、花圈，哀痛一片。林语堂怀着沉痛的心情参加了追悼大会。

"三·一八惨案"发生后，中国知识分子如梁启超、鲁迅、闻一多、朱自清、蒋梦麟、徐志摩、周作人、林语堂、王世杰、许士廉、高一涵、杨振声、凌叔华等文化人一致愤怒谴责段祺瑞政府。鲁迅称这一天为"民国以来最黑暗的一天"。《语丝》《国民新报》《世界日报》《清华周刊》《晨报》《现代评论》等加入谴责暴行的行列。特别是邵飘萍主持的《京报》，大篇幅地连续发表消息和评论，广泛而深入地报道"三·一八惨案"真相，在惨案发生后的12天内，就连续发表了113篇有关"三·一八惨案"的消息、评论、通电，《京报副刊》也发表了有关文章103篇。

讨狗檄文

1926年4月1日，"女师大"重新复课。林语堂作为教务主任主持了复课典礼，并在会上慷慨陈言，同时发言的还有马幼渔、周作人和许寿裳。复课第三天，林语堂亲自跑书店，去寻找购买适合学生自修的英语读物。后来发现一本错误百出的《英语备考》，于是，他特地写了《"英语备考"之荒谬》一文，发表在 4 月 12 日《语丝》第 74 期上。

4月2日，林语堂读到了周作人发表在《京报副刊》上的《恕府卫》一文，感慨颇深。周作人文章中说：

"也不见得以前的卫队军一定怎样高明，到了现在才变坏了，然而以前不开枪而此刻忽然开枪了，这是什么缘故呢？是的，卫队军警并不变坏，而北京的知识阶级——名人学者和新闻记者变坏了……五四之役，六三之役，学生们轰轰烈烈闹得更厉害……那时为什么不开枪呢？因为这是舆论所不许。大家不要笑我这句话说得太迂，只要把今昔情形一比较就明白了……

"五四时代北京各校教职员几乎是一直反抗政府，这回大屠杀之后，不仅不能联合反抗，反有联席会议的燕树棠，《现代评论》的陈源之流，使用了明枪暗箭，替政府出力，顺了逻辑令的意旨，归罪于所谓群众领袖，转移大家的目光，减少攻击政府的力量，这种丑态是五四时代所没有的。其实这样情形当然不是此刻才有的，去年大半年早已如此，反章士钊事件可以算是这个无耻运动的最高潮，而这回的残杀也就是其结果。政府以前还怕舆论制裁，不敢任意胡为，到了去年知道这些舆论代表与知识阶级都是可以使得变相的，章士钊只需经手一千块钱的津贴便可分设一家白话老虎报于最高学府，有人长期替他颂扬辩护或污蔑别人，这是多么经济的办法！有了一部分'知识阶级'做段章的嫖客，段政府自然就胆大了——现在还不开枪等候何时！于是开枪矣！于是群起而拥护政府矣！"

林语堂觉得现在的许多事情都坏在知识界内部，这些"叭儿狗"一方面做老虎的间谍，另一方面扰乱知识界自身的团结，使新文化阵营失去了"五四"时代的战斗精神。林语堂认为周作人的《恕府卫》，已经证明了周作人放弃了"费厄泼赖"的主张，站在了鲁迅痛打"落水狗"的立场上。林语堂于4月2日写了《讨狗檄文》，他回顾了自五四运动以来特别是"女师大"学潮和"三·一八"惨案期间的知识分子严重分化的现实，他呼吁："我们只有一条路可走，就是先把知识界内部肃清一下，就是先除文妖再打军阀……"由此，他主张掀起一个"打狗运动"，他宣称："我们打狗运动应自今日起，使北京的叭儿狗、老黄狗、螺狮狗、笨狗，及一切的狗，及一切大人豢养的家禽家畜都能全数消灭。此后再来讲打倒军阀。"《讨狗檄文》发表后，立即产生了强烈的反响。4月13日署名"侯兆麟"的作者写了一封信给林语堂，赞扬林语堂具有"不怕环境的精神"，对于打到"文妖"的理由说的充分有理，也表示赞同打到"官僚"和"文妖"，并愿与林语堂讨论《讨狗檄文》里的一些问题。信的开头写道：

语堂先生：

　　看了某日《京报副刊》上你的"打倒文妖"的话，你说是一种讨狗檄文，你的这种不怕环境的精神，我委实疑心你"不是中国人"。——委实之委实就不知道你的"籍"。我只知道你是个教授，又在报上见到你当选为女师大的教务长了。我痛痛快快地把你的文章读完，然这股儿痛痛快快的心理总想和你谈一谈才好：看见你说是讨狗的檄文不用好文章的，那不是讨论狗的问题亦不用好文章么？我不是活该给你写一封信么？

　　……

4月17日，林语堂公开答复了"侯兆麟"的信。

兆麟先生：

　　狗之该打，世人类皆同意。弟前说勿打落水狗的话，后来又画

第六章 北京（二）

鲁迅先生打落水狗图，致使我一位朋友很不愿意。现在隔彼时已是两三个月了，而事实只经过使我益发信仰鲁迅先生"凡是狗必先打落水里而又从而打之"之话。

……

总之，生活就是奋斗，静默决不是好现象，和平更应受我们的咒诅。倘是大家不能肉搏击斗，至少亦能毁咒恶骂，不能毁咒恶骂，至少亦须能痛心疾首的憎恶仇恨，若并一点恨心都没有，也可以不做人了。这种东西，吾无以名之，惟称他为帝国主义者心目中的"顶呱呱的殖民地的好百姓"。

前清故旧大臣曾称我们为"猛兽"。我们配吗？

刚才因为我家里小姐听见邻家耍猴儿，叫我也叫他来院子里耍一耍。不打算一跨进门不见猴先见趴儿狗，委实觉得好笑。想打他又像无冤无仇的。后来看他走圈儿，往东往西，都听主人号令，十分聪明，倒也觉得有几分可爱。狗之危险就在这一点，而且委实有点像猫，难怪鲁迅要恶他甚于蛇蝎。这总算是我对趴儿狗见识的长进吧。并此奉闻。

林语堂是语丝派中"打狗"文章写得最多、喊得最响的一个人。从提倡"费厄泼赖"，不打"落水狗"，到转变为"打狗运动急先锋"，时间前后不足三个月。所以，"打狗运动急先锋"就成了林语堂的一顶不折不扣的桂冠。4月13日，鲁迅写出了《大衍发微》，文中汇集了各种调查材料，将"三·一八"惨案后，军阀政府开列两批通缉名单的隐秘公布于世，此文章发表在4月16日出版的《京报副刊》上。时隔十天的4月23日，为了配合鲁迅的战斗，林语堂写了《"发微"与"告密"》，此篇文章是林语堂在北京时期最后的一篇任意而"骂"的杂文。因为政治形势发生了严峻的变化，林语堂不仅不能写，连生命都出现了危险。

逃离北京

抨击、诅咒、揭露的结果，是统治者恐慌。但是，这恐慌并非是好事。统治者绝不会因为舆论的批评而悔改。相反，他们会想尽一切办法进行压制和报复！封住你的口，不许你再说！1926年3月19日，就是大屠杀的后一天，段祺瑞下令通缉五名"暴徒首领"，他们是：中俄大学校长徐谦，北京大学教授李大钊、顾兆熊，中法大学代理校长李煜瀛，女子师范大学校长易培基。3月26日，《京报》又披露了第二批通缉名单，共48人："徐谦、李大钊、吴稚晖、李煜瀛、易培基、顾兆熊、陈友仁、陈启修、朱家骅、蒋梦麟、马裕藻、许寿裳、沈兼士、陈垣、马叙伦、邵振青、林玉堂、萧子升、李玄伯、徐炳昶、周树人、周作人、张凤举、陈大齐、丁维汾、王法勤、刘清扬、潘廷干、高鲁、谭熙鸿、陈彬和、孙伏园、高一涵、李书华、徐宝璜、李林玉、成平、潘蕴巢、罗敦伟、邓飞黄、彭齐群、徐巽、高穰、梁鼎、张平江、姜绍谟、郭春涛、任人庆。"[1]除了第一批的五人外，林语堂排在第17位，鲁迅排在第21位，周作人排在第22位。

1926年4月，段祺瑞执政府被冯玉祥的国民军驱逐倒台，段祺瑞、章士钊等逃亡天津租界。但直奉联军在帝国主义支持下进入北京，控制了北京政权，国民军只好退出北京。4月24日，也就是林语堂写了《"发微"与"告密"》的第二天，直、奉军阀以"宣传赤化"的罪名，封闭《京报》馆，逮捕总编辑邵飘萍（振青）和记者林白水，未经任何审讯，当夜就枪毙了。接着，北京卫戍司令颁布了所谓"维持市面"的条例，声称"宣传赤化主张共产者,不分首从一律处死刑"。整个北京陷入了一片黑暗中，人民失去了言论自由，失去了人权保障。北京成了一个恐怖和混乱的世

---

[1]《如梦如歌——英伦八访文坛耆宿凌淑华》，《联合报》1987年5月6日的专访。载《京报》，1926年4月9日。

界。社会上传说凡是被列入通缉名单的人，都要遭到被捕和杀害，所以被通缉者纷纷离家避难。

廖翠凤生下二女儿后，从医院回到家里，发现林语堂准备好了一个绳梯。林语堂告诉她，必要时可以跳墙逃走。廖翠凤说："要走大家一起走！但两个孩子，我一手抱一个，一手托一个，怎么跳墙？"风声越来越紧，鲁迅等很多人都已找地方躲避了，林语堂只好带着妻子女儿躲到东交民巷一家法国医院里。但是医院里挤满了避难者，并不安全。林语堂就躲到老乡林可胜大夫家，藏了三个星期。可怜林语堂的大女儿林如斯才只有三岁，二女儿林无双刚刚出生才三个月。林语堂觉着这样躲着也不是个办法，心里非常着急。他除了听到邵飘萍被杀、《京报》被封外，还听到了《大陆晚报》记者张鹏被监视；《中美晚报》的宋发祥、《世界晚报》的成舍我等，均被迫逃走。林语堂一方面觉得在朋友家长期待着不是办法，另一方面也怕连累了林可胜一家。于是他把要离开北京的想法告诉了林可胜，林可胜说："那好办。别的地方不敢说，像你这样有才华的洋博士，我可以把你推荐到厦门大学，只要你愿意，一句话就行。"原来，厦门大学的校长林文庆就是林可胜的父亲。于是，林语堂就开始做离京的准备。5月10日和13日晚，林语堂与鲁迅、许寿裳等人互相设宴饯别。5月24日，林语堂向鲁迅辞行，并摄影留念。然后，他带着妻子和女儿，离开了他执教清华、北大和女师大的北京！加入了"大迁徙""大逃亡"的队伍。

当时，胡适、孙伏园、沈从文、许寿裳、沈兼士、顾颉刚、徐志摩、丁西林、叶公超、闻一多、饶子离等人，都是在"三·一八"以后离开北京南下的。这次"大逃亡"，直接的原因是军阀的残酷迫害，间接的原因是经济也得不到保障。北洋军阀时期，财政状况处于崩溃边缘，政府公职人员包括北京的八所国立大学的教职员的工资经常欠薪，教职员索薪的风潮不断发生。由于这两个原因，教授、学者等名人纷纷南下，转投上海、南京和厦门。林语堂对北京充满了无限的眷恋：清华的校园、北大的图书馆、琉璃厂的书肆、辉煌的天安门、曾经巷战过的西长安街、经常路过的哈德门大街、曾经血迹斑斑的东四牌楼、曾经尸身枕藉的、铁狮子胡同及倒下过刘和珍、杨德群的"死地"……这些一幕一幕的景象都成了林语堂永远抹不去的记忆。别了，北京！别了，北京的朋友！

第七章　厦门

厦门大学

在厦门大学校长林文庆的安排下，林语堂终于从北京脱险，来到了故乡厦门。

厦门地处我国东南沿海——福建省东南部、九龙江入海处，背靠漳州、泉州平原，濒临台湾海峡，面对金门诸岛，与台湾宝岛和澎湖列岛隔海相望。"城在海上，海在城中"，厦门是一座风姿绰约的"海上花园"。岛、礁、岩、寺、花、木相互映衬，侨乡风情、闽台习俗、海滨美食、异国建筑融为一体，四季如春的气候更为海的魅力锦上添花。风景秀丽，气候宜人，可以说这里是全国环境最好的城市之一。海水环绕、沙滩广阔、阳光和煦，由于生态环境良好，厦门的空气清新，栖息着成千上万的白鹭，形成了厦门独特的自然景观，又因为厦门的地形酷似一只白鹭，所以厦门被称为"鹭岛"。

厦门大学是由著名爱国华侨领袖陈嘉庚先生于1921年创建的，是中国近代教育史上第一所华侨创办的综合性私立大学。

1926年9月，31岁的林语堂出任厦门大学文科主任。当时的厦门大学有文、理、教育、法、商、医、工等七个科，科下设系。文科设有国文系、外国语言文学系、哲学系、历史学系。另设预科，还准备成立国学研究院、高等学术研究院。林语堂担任语言学教授、文科主任兼国学研究院总秘书。林语堂怀有雄才大略，他想把厦门大学文科办成一流的学科，把国学研究院办成一流的学术机构。为此，开始在北京挖掘人才，他向学校举荐了一批著名学者，除鲁迅外，有国学家沈兼士、古史专家顾颉刚、语言学家罗常培、中西交通史专家张星烺、考古学家陈万里、编辑家孙伏园等。这里，林语堂的伯乐之功是不言而喻的。林语堂几乎把半个北大搬到了厦大。

可以说，林语堂的罗致人才，是得到了校长林文庆的支持。林文庆在办学宗旨方面也是遵循了陈嘉庚的意愿：国学与西学"两者不可偏废，而尤以整顿国学为最重要"。[①]所以新成立的国学研究院，是校长计划中的提倡国学的基地。林语堂引荐了沈兼士为主任，张星烺为代理主任，鲁迅为教授等，把一大批朋友集合在自己的周围，把国学研究院变成了自己的根据地。

1926年9月18日下午，国学研究院召开谈话会，讨论研究院季刊的编辑问题。到会者有林语堂、沈兼士、周树人（鲁迅）、顾颉刚、孙伏园、潘家珣、陈万里、黄坚、丁山等9人，基本上都是林语堂引进的。10月18日下午，国学研究院研究部召开第一次会议，由研究部主任沈兼士主持，出席者有张星烺、顾颉刚、陈万里、周树人、容肇祖等。会议议决了研究部教员自行研究的十个选题，即国学研究院计划出版的十种学术著作：

　　　　七种疑年录统编　　　　林语堂、顾颉刚
　　　　马可·波罗游记　　　　张星烺
　　　　古小说钩沉　　　　　　周树人

[①]《林文庆在国学研究院成立大会上的演说》，《厦大周刊》第159期，1926年10月16日。

汉代方音考	林语堂
说文阙字考	丁　山
古代中西交通征信录	张星烺
中外交通史料丛书	张星烺
六朝唐代造像汇编	周树人
云冈石窟写真集	陈万里
中国古代风俗考	江绍原

从以上书目中就可以看出，这批精英占了绝大多数。不久，国学研究院季刊创刊号编成准备付印。季刊创刊号上有沈兼士的《今后研究文字学之新趋势》、鲁迅的《嵇康集考》、林语堂的《西汉方音区域考》和《论古韵》（柯罗掘伦著，林语堂译）、顾颉刚的《孔子何以成为圣人和何以不成为神人》、张星烺的《中国史书上关于马黎诺里使节之记载》和《泉州访古记》、陈万里的《云冈石窟小记》、丁山的《释单》、容肇祖的《述何晏王弼的思想》、史禄国的《中国人种概论》和《书评》、王肇鼎的《西汉货币问题之研究》、潘家珣译的《形声字之研究》（柯罗掘伦著）等文。另外，国学研究院还计划编印《中国图书志》，内容包括谱录、春秋、地理、曲、道家、儒家、尚书、医学、小说、金石、政书、集、法家共十三类书目。林语堂要在厦门大学文科及国学研究院大显身手，大干一番，以便实现自己的理想和抱负。厦大文科和国学研究院在林语堂的努力下也确实有了良好的开端和很大的起色。林语堂本人也继续从事语言学研究，先后写出了《前汉方音区域考》和《闽粤方言之来源》等论文。

风波

在南下的教授、学者中，鲁迅是独特的一位。除了被通缉之外，还有其他原因。尽管他无法明说,然而在《两地书》(即给许广平的信)中略有透露:"我来厦大,虽是为了暂避军阀官僚'正人君子'们的迫害。然而小半也在休息几时,及有些准备。"① 这里不妨引用韩石山在《高长虹与鲁迅的反目》一文中的说法:

> 鲁迅当年离开北京,有人说是为躲避反动当局的迫害,有人说是为了投身南方火热的斗争。我认为这两种说法都离题太远。其时"三·一八"惨案已过,段祺瑞政府垮台,北京为奉系军阀张作霖占据。鲁迅既非共产党人亦非国民党人,并未从事什么实际的革命活动,也就谈不上受反动当局的迫害。既是投身南方火热的革命斗争,就该去有革命策源地之称的广州,怎么要到偏远的厦门?
>
> 不必讳言,鲁迅当年的离开北京,主要原因是与许广平的恋爱。不管怎么说,鲁迅是有妻室的人,又不打算离婚,而许广平是他的学生又不会甘心去做小老婆。这样他俩要在北京结合就有许多不方便,最好的办法只能是同去外地。正好林语堂邀请鲁迅去厦门任教,许广平大学毕业要回南方,两人便同车离开北京,到上海后暂且分手,一个去了厦门,一个回了广州老家小住。后来鲁迅也去了广州,再后来两人又一同来到更适合他们居住的上海。未必全是事先的策划,事出有因是明明白白的。②

公平地说,韩石山的说法,基本符合实际。还有,只要读过鲁迅《两地书》的人,都知道鲁迅对厦门大学的校长林文庆是不满的。过去有一种观点,只要鲁迅反对的就是不好的,只要鲁迅拥护的就是对的。实践证明,鲁迅骂过的人未必都是坏人,正如季羡林所说:"今天,事实已经

---
① 鲁迅著《两地书》,人民文学出版社 1973 年 9 月第 1 版,1974 年 8 月哈尔滨第 1 次印刷,第 239 页。
② 韩石山著《文坛剑戟录》,中央编译出版社 1996 年 8 月第 1 版第 23 页。

证明鲁迅也有一些话是不正确的,是形而上学的,是有偏见的。"①因此,对林文庆半生坎坷、卓著功绩是不应回避的。

林文庆(1869—1975),字梦琴,原籍福建海澄,1869年10月18日(清同治八年九月十四日)生于新加坡的一个华侨家庭。1887年,因学习成绩优异,获得英女皇奖学金,入英国爱丁堡大学医学院。1892年获得医学内科荣誉学士和外科硕士学位,并因成绩优异获得Atholl Medal金质奖章,成为远东地区获得此奖的第一人。大学毕业后,林文庆曾一度担任爱丁堡大学皇家医学会图书馆管理员一职,但不久又在剑桥大学深造,从事医学教学与研究,后因家中祖父病故而不得不放弃这一机会,只在剑桥干了六个月便回到新加坡从医。②林文庆虽受英国教育,但对汉语也有较深的造诣,并熟谙闽、粤方言。他还精通马来语、泰米尔语、日语等,被誉为"语言天才"。他还将我国古代史籍、论文和学说译成英文向西方介绍,最有名的译述《孔子学说原论》。他的著作《东方民族的悲观生活》和《由儒家观点论世界大战》曾行销欧美,他还将《左传》《离骚》译成英文。1921年4月,陈嘉庚创办厦门大学。在1920年厦大刚刚开始筹建时,陈嘉庚曾聘请汪精卫出任厦大校长,但汪精卫以"政务繁忙、未暇兼顾"为由,向陈嘉庚提出请求,辞去了厦大校长职务。不久,在黄炎培先生的支持下,陈嘉庚聘蔡元培、黄炎培、汪精卫、邓萃英、李登辉、郭秉文、胡敦复、余日章、黄琬、叶渊等10人为筹备员组成了厦大筹备委员会。筹委会第

---

① 厉向君著《人生悲苦命运的象征——无名氏与其他中国现代作家作品论》,巴蜀书社2010年1月第1版第31页。
② 林坚在《芙蓉湖畔忆三林——林文庆 林语堂 林惠祥的厦大岁月》(见该书第86页)和严春宝著的《一生真伪有谁知——大学校长林文庆》(见该书第30页)里都说林文庆在剑桥大学六个月就回国了,而房向东在《孤岛过客——鲁迅在厦门的135天》里说林文庆在剑桥大学深造再获得哲学博士学位(见该书第184页),不知房向东先生的资料是从哪里得来的?

一次会议推举了时任北京教育部参事兼代理次长的邓萃英[1]为厦门大学校长，邓萃英当时由教育部调任北京高等师范学校校长，身兼北京、厦门两职，一南一北，确实难以兼顾，上任不久便向陈嘉庚辞职，校长一职由刘树杞代理。陈嘉庚遂聘请林文庆当校长。一直到1937年厦大改为国立，林文庆才辞职回新加坡。他在厦大任职16年，在厦门岛上荒凉的一角，建立起一座规模宏大的学府，校内设施、院系组织、课程设置以及教授的延聘，都参照欧美大学而改进，使厦大成为全国闻名的立案私立大学。1926年，厦大成立国学研究院，林文庆亲自兼任院长，自称"对于国学，提倡不遗余力"。他除了主持日常校务之外，还从事儒家伦理的研究以及其他多方面的著述活动。林文庆为厦大可谓立下了汗马功劳。

任何事情都不是想象的那样容易。经过一段时间的工作，厦大的各种矛盾开始浮出水面。

林文庆开始有所担心：林语堂不仅把北京的文化名人请来，而且，林语堂的二哥林玉霖在厦大文科哲学系任副教授，弟弟林幽是文科外语系的讲师，如果厦门大学变成了第二个北大或女师大，那是不堪设想的。当初林文庆不惜重金张罗人才，给每位教授的月薪是400元（大洋），讲师200元，助教150元，而当时北京大学和广州中山大学给每个教授的月薪大约是280元到300元，复旦大学的校长和专任教授最高也不过200元，这些学校有时还欠薪。林文庆这样做，自然有他的道理。但在学校管理方面，却是严格的。如教师的生活方面，绝对不能浪费。规定

---

[1] 邓萃英（1885—1972），字芝园，福建闽侯人（今福州市晋安区台江镇竹屿村人）。早年毕业于全闽师范学堂。1910年毕业于日本东京高等师范学校，在日本留学期间与林觉民等人过从甚密，并一起加入同盟会，曾担任东京同盟会福建支部长。回国后曾任福建省视学、福州师范学校校长、北京高等师范学校教授兼数理部教务主任。1918年赴美国哥伦比亚大学师范学院研究教育学。回国后任教育部参事、代理次长，1920年12月至1921年10月出任北京高等师范学校校长，其间兼任厦门大学校长（1920.10—1921.05），之后担任河南大学校长、河南省政府委员兼教育厅厅长等职，他还参与创办了北京志成中学、弘达中学、春明女子中学。后旅居台湾，从事教育工作。1972年在台湾病逝。

一房间只能有一盏电灯,因为鲁迅房间里有两盏电灯,电工就非得摘走一只灯泡不可。这对于林文庆的学校管理来说也属于正常,可鲁迅就接受不了。关于著作的印刷费问题,尤其是国学研究院的预算缩减,更使林语堂们出现不满情绪。

1926年11月20日,林文庆以陈嘉庚橡胶业受到损失为由,将国学研究院的办公经费由原来的5000元削减为400元。所以,原计划出版的著作和刊物,就受到了重大的影响或被勒令停止出版。林语堂作为国学研究院的总秘书和文科主任,对此不能袖手旁观。他找到林文庆,据理力争。可林文庆给他的答复是:"现在校主橡胶业受挫,经济暂时困难,你我应当同心协力,共渡难关。校主当年办校宗旨是为国家培养人才,振兴华族。说到救国,当然是科学至关重要。林先生是留洋博士,想必比我更清楚了。当此困难之际,国学研究,你看是否可以暂缓一步……"

后来,林语堂明白了,原来他们的办公经费被挪用到理科去了。理科主任刘树杞[①],是学校的秘书,掌管学校的财权和后勤,是林文庆的得力干将。由于经费迟迟不能落实,刘树杞要林语堂把国学研究院的房子退出,说是本来应该归理科的,他甚至逼得鲁迅三次搬家,最后安排鲁迅住在理学院大楼的地窖里。"使鲁迅气得目瞪口呆,胡须尽翘起来。"[②]林语堂也没办法,只好提出辞职!

11月25日,林文庆在国学院召开座谈会,当他看到教授们的不满情绪,而又难以收场时,只好取消了削减国学院国学研究经费的决定。

---

① 刘树杞(1890—1935),字楚青,湖北蒲圻人。1913年官费赴美留学,就读于伊利诺大学和密歇根大学,获学士学位,后入哥伦比亚大学深造,1919年获博士学位。1921年回国,担任厦门大学教务主任兼理科主任,一度代理大学秘书。刘树杞离开厦大后来到武汉,1928年春天出任湖北省教育厅厅长,同年夏天参与创办武汉大学,并担任国立武汉大学筹备委员会主任委员。他与李四光一起选定珞珈山作为武大校址,为武大后来成为中国最美丽的大学之一奠定了基础。武汉大学成立后,他担任代理校长。1931年赴北京担任北京大学理学院院长,为北大理学院的复兴做出了突出贡献。1935年9月因积劳成疾去世,年仅45岁,北京大学、武汉大学和厦门大学共同在北京香山万安公墓为他举行了联合公葬。

②《林语堂散文经典全编》,九州图书出版社2004年5月第1版第3卷第505页。

其实，早在 10 月 20 日，孙伏园已经请假去广州，联系办报了；10 月 27 日，国学研究院主任沈兼士，也辞职回北京了。刘树杞的刁难排斥只是问题的一个方面。另一方面，国学院自身不团结的问题，也是路人皆知。

　　林语堂非常赞佩蔡元培"思想自由""兼容并包"的办学理念和开放眼光，所以他在用人上，胸怀坦荡。他举荐了鲁迅、沈兼士、孙伏园、章川岛等语丝派的人，也容纳了一些接近现代评论派的人，如顾颉刚、陈乃乾、潘家洵、陈万里、黄坚、卢梅、黄梅等人。在林语堂看来，过去他与现代评论派的论争，并非是个人之间的恩恩怨怨，只是一些观点和看法的不同，或仅限于作风、气质、趣味的差异。如果从私谊来看，林语堂与胡适的过从甚密，林语堂也在《现代评论》上发表过文章，这就是林语堂的做人方式：私谊归私谊，看法归看法。但鲁迅是一个个性很强的人，他感到林语堂的做法是一种"糊涂"[①]的表现，他说林语堂"太老实"。鲁迅与他们难以共事，所以在给许广平的信中多次提到要离开厦大。本来，鲁迅来厦大就没有准备长期待下去的，据许广平后来回忆说："临去之前，鲁迅曾经考虑过：教书的事，绝不可以作为终生事业来看待……因此决定：一面教书，一面静静地工作，准备下一步的行动，为另一个战役作更好的准备。"[②]我认为鲁迅的另一个"战役"就是与许广平的婚姻生活。周令飞在《鲁迅是谁》里透露了他们两人在四个月里往返书信多达八十多封，相思之苦最终破坏了两年的约定，使鲁迅于 1927 年 1 月 18 日辞去了厦门大学的工作到广州与许广平聚会。

惜别

　　鲁迅是应林语堂之邀请来到厦门大学任教的。在厦门的日子里，林

[①]《鲁迅选集·书信集》，山东文艺出版社 1991 年 9 月第 1 版第 86 页。
[②] 房向东著《孤岛过客——鲁迅在厦门的 135 天》，湖北长江出版集团、崇文书局 2009 年 1 月第 1 版第 90 页。

第七章　厦门

语堂与鲁迅互相支持,并肩战斗,加深了他们之间的友谊。林语堂安排鲁迅负责国学研究院小说组的工作,并安排鲁迅开设了《小说史》《中国文学史》等课程,为鲁迅出版书籍、做周末演讲,让鲁迅指导学生办《波艇》杂志等做出了自己的努力。1926年12月27日,林语堂亲自陪同鲁迅到集美学校讲演。鲁迅刚到厦门时,由于语言不通,又只认识孙伏园、林语堂几个朋友,所以寂寞是难免的。他常常叫孙伏园到他的房间里一起喝绍兴酒,吃火腿。鲁迅吃不惯厦门的饭菜,林语堂作为故乡人,多次邀请鲁迅到家里吃饭,改善生活。当然,鲁迅也尽力支持林语堂的工作。

尽管如此,鲁迅仍觉得在厦门住不下去。其主要原因不在于饭菜,而在于人缘。我们看看鲁迅给许广平写的信,就能明白一二。

《两地书》(四二)中说:"在国学院里的,朱山根是胡适之的信徒,另外还有两三个,好像都是朱荐的,和他大同小异,而更浅薄,一到这里孙伏园便算可以谈谈的了。我真想不到天下何其浅薄者之多。他们面目倒漂亮的,而语言无味,夜间还要玩留声机,什么梅兰芳之类。我现在唯一的方法是少说话;他们的家眷到来之后,大约要搬往别处去了罢。从前在女师大做办事员的白果是一个职员兼玉堂的秘书,一样浮而不实,将来也许会兴风作浪,我现在也竭力地少和他往来。"[①]

《两地书》(四六)中说:"看厦大的国学院,越看越不行了。朱山根是自称只佩服胡适、陈源两个人的,而田千倾、辛家本、白果三人,似皆他所荐引。白果又善兴风作浪,他曾在女师大做过职员,你该知道的罢,现在是玉堂的襄理,还兼别的事,对于较小的职员,气焰不可当,嘴里都是油滑话。我因为亲闻他密语玉堂,'谁怎样不好'

[①] 鲁迅著《两地书》,人民文学出版社1973年9月第1版,1974年8月哈尔滨第1次印刷,第105页。

等等，就看不起他了。前天就给他碰了一个大钉子，他昨天借题报复，我便又给他碰了一个大钉子，而自己则辞去国学院兼职。我是不与此辈共事的，……"①

《两地书》（五八）中说："'现代评论'派的势力，在这里我看要膨胀起来，当局者的性质，也与此辈本合。理科也很忌文科，正与北大一样。"②

《两地书》（六六）中说："山根仍旧专门荐人，图书馆有一缺，又在计划荐人了，是胡适之的书记，但这回好像不大顺手似的。"③

鲁迅在厦门大学的经历，以往研究者只是较多使用《两地书》中的史料，这是一个单方面的史料，仅以此判断历史事实是不够的。鲁迅对厦门大学的评价，如果与顾颉刚、台静农给胡适的几封信对读，研究者大体可以看出当时较为真实的历史。

顾颉刚对当时厦门大学的评价也不高，但他对当时鲁迅生活处境和厦门大学教授间的矛盾和纠纷的评价，显然比鲁迅公允，就是对鲁迅本人，顾颉刚也出语平和。在私人信件中始终以"鲁迅先生"称之，而且是正面评价。他对胡适说："鲁迅先生受了广东中山大学之聘，向厦大辞职。他是很得学生信仰的，大家觉得他走了非常可惜，因此怨毒钟于刘楚春（刘树杞），说他的走是刘氏夺权的结果。"

《两地书》出版时，鲁迅曾对原信作过删节、修改甚至个别信件重写过。而顾颉刚、台静农给胡适的信是保存在胡适档案中的史料，是后来研究者公开的，与历史当事人无涉。从史源角度观察，公开出版的《两

---

① 鲁迅著《两地书》，人民文学出版社1973年9月第1版，1974年8月哈尔滨第1次印刷，第111页。
② 鲁迅著《两地书》，人民文学出版社1973年9月第1版，1974年8月哈尔滨第1次印刷，第146页。
③ 鲁迅著《两地书》，人民文学出版社1973年9月第1版，1974年8月哈尔滨第1次印刷，第165页。

地书》和《两地书》手稿不是一个类型的史料，其史料价值是不同的。

《两地书》公开出版时，把一些真人姓名隐去，用化名代之。鲁迅说："还有一点，是信中的人名，我将有几个改掉了，用意有好有坏，并不相同。此无他，或则怕别人见于我们的信里，于他有些不便，或则单为自己，省得又是什么'听候开审'之类的麻烦而已。"[①] 化名的起法，也极见鲁迅风格，他使用了一些训诂、谐音及对仗的思维，但基本是贬损的方法。如顾颉刚称"朱山根"，陈万里称"田千顷"，黄坚称"白果"，陈乃乾称"田难干"，黎锦明称"乌文光"，陈衡粹称"田平粹"，潘家洵称"辛家本"，等等。据川岛说，鲁迅在《故事新编》的《理水》中，也对当时厦门大学的生活有所影射。联想到鲁迅在同一本书中对高长虹的影射，可以判定鲁迅有把现实生活中的人事写入小说的习惯，或者说，鲁迅有借小说来嘲讽同行、同事的爱好。

国学院里面的波浪，使鲁迅对厦大"毫无留恋"，他决心要离开厦大。平心而论，林语堂是对得起厦大的。他为厦大引荐了一批中国第一流的人才，其功不可没。对朋友也是真诚的，无论是鲁迅，还是胡适的朋友，他都热心为之奔走，无怪乎鲁迅在自己的文字里，也如实地记录了他和林语堂的友谊。如鲁迅在给许广平的信中曾谈起："玉堂的兄弟及太太，都为我们的生活操心"，等等。与林语堂的友谊归友谊，鲁迅决定离开厦大，并劝林语堂最好也离开。

1926年12月3日，鲁迅正式向厦门大学校方递交了辞职书。12月19日，林语堂写下了《塚国絮语解》，表现了与鲁迅的心灵相通。12月31日，鲁迅"下午同矛尘访玉堂"，递交了正式辞呈。1927年元旦，林语堂又写出了《译尼采〈走过去〉——鲁迅先生离厦门大学》一文，用尼采笔下的萨拉土斯脱拉的"走过去"，来比喻鲁迅离开厦大的执着与决

---

① 鲁迅著《两地书·序言》，人民文学出版社1973年9月第1版，1974年8月哈尔滨第1次印刷，第4页。

心,也说出了他的悲伤和希冀。同一天,林语堂参加了厦大学生团体泱泱社为鲁迅举办的饯行活动。2日,林语堂与鲁迅一起来到了南普陀寺的小山岗上,同几个学生合影留念。可以看出,南普陀寺的小山岗上丛生着闽南特有的亚热带植物龙舌兰,周围点缀着像馒头似的洋灰坟墓,林语堂、鲁迅和泱泱社的崔真吾、朱斐等六人就以坟为合影的背景。后来,鲁迅的第一部杂文集《坟》,就是他在厦门大学任教期间编好的,《题记》和《写在〈坟〉后面》两文写于厦门。此杂文集与林语堂的《塚国絮语解》的文章都跟坟有关,"塚国",即坟国也。可见两人的心有灵犀。1927年1月15日,鲁迅致信林文庆,算是告别,"聘书两通并还"。午后,鲁迅离开了厦门。

其实,林语堂在厦门大学的处境,要比鲁迅困难得多。朋友们是自己聘请来的,朋友受到委屈,自己也不好受;朋友要走,自己却不能不站在学校的立场上来考虑,做妥当的处理;朋友之间出现不和,自己夹在中间,更是左右为难。林语堂再三挽留,已尽了自己的责任,而鲁迅的坚决要走,也是各种原因和他自己的个性所为。

鲁迅走后,林语堂知道,林文庆肯定会把责任推到自己头上,所以,自己在厦大也待不下去了。林语堂后来写自传说:"我在那奄奄欲睡的厦门大学惹起一场大风潮,直到我不能再在那里安身,就于民国十六年春间离开,投身加入武汉的国民政府服务。"

林语堂在厦门大学立志实现自己的理想和抱负,可遭遇的风潮和波浪几乎把自己吞没。在此后的人生旅途中,特别是再入教育领域时,厦大的教训深深地印在了脑中。

林语堂一家与厦大的因缘

林语堂的父亲林至诚对孩子的教育十分重视,虽然自己自学了一点知识,但不仅亲自授课,讲解古诗文,而且不惜卖掉祖宗的老宅供应孩子上学,这种精神十分难能可贵。他甚至鼓励孩子从小学好英文,阅读西方书刊,期盼子女将来能进入上海的圣约翰大学、英国的牛津大学和德国的柏林大学,可见林至诚对孩子的教育是如何高度关心和重视。林语堂在兄弟中排行第五,原名和乐,大哥和安,二哥和风,三哥和清,四哥和平,都有一个"和"字,不仅体现了儒家"和为贵"的传统文化理念,而且也反映了林至诚对"家和万事兴"的美好愿望,同时,道家的平和闲适、乐观旷达、知足常乐的生存态度在他这里得到了体现。六弟林幽(又名玉苑)。大姐林瑞珠(又名仪贞),粗通文字,嫁给了鼓浪屿一位商人。二姐林美珠(又名美宫),美丽活泼,聪明过人,曾就读于鼓浪屿的毓德女中,后因家境困难辍学,嫁给近邻西溪的一位乡绅,婚后第二年患鼠疫亡故。这弟兄姊妹八人中,四哥林和平早夭,还剩下六人。林语堂一家人大多数与厦大有着因缘,甚至到了第二代第三代,等等。

林语堂的大哥林景良(又名和安,字孟温),从厦门救世医院医科学校毕业后,曾在鼓浪屿荣华中学任国文教员。1926年林语堂来到厦门大学,为了支持五弟的事业,也来到了厦大,担任国学研究院编辑部的编辑。中年以后才举家迁回漳州开设"保元大药房",为群众看病。

二哥林玉霖(又名和风),早在林语堂来厦大之前就在厦大英文系任教。林玉霖在上海圣约翰大学毕业后,因成绩优异留校任教,后赴英国剑桥大学留学,实现了父亲的梦想,回国后到母校圣约翰大学和厦门大学任教。在厦门大学,他还受陈嘉庚的委托担任学校的监工,对厦大最早的群贤、集美、同安、囊萤和映雪五座教学楼的建筑进行监管。林语堂来到厦大后担任文科主任兼英文系教授,林玉霖改任学生指导长,并继续监管建设工地。林语堂离开厦大后,他也一度离开厦大,但抗战胜利后又返回厦大直到20世纪60年代退休。

三哥林憾庐(又名和清),他和大哥林景良一样,都是毕业于厦门救世医院医科学校。他体谅父亲的难处，知道父亲的经济状况无法把他和五弟一起送到上海圣约翰大学读书，尽管自己不喜欢学医，但还是把机会让给了五弟林语堂。他虽然没有机会进厦大工作，但在30年代的上海，帮助林语堂办刊物《人间世》《宇宙风》，特别是接编了《宇宙风》后不久抗战就开始了，林憾庐带着刊物先迁广州，后迁桂林，抱病编辑《宇宙风》，为抗战宣传尽了全力，1943年因心力交瘁而病逝，巴金为了纪念这位"忠诚的爱国者"，特以他为主人公创作了长篇小说《火》，成为抗战三部曲。

林语堂的六弟林幽，他和二哥林玉霖、五哥林语堂一样，毕业于上海圣约翰大学，后赴美国印第安纳州汉诺威大学留学，获英文与社会学科学士，回国后曾担任厦门大学英文系讲师。1926年林语堂来厦大后，他一度兼任国学院编辑部编辑。后来长期在上海和五哥林语堂一起从事文化工作，承担《人间世》《宇宙风》的编辑工作。

在林语堂兄弟五人中（林语堂四哥早夭），三人是圣约翰大学毕业，一人到英国留学，二人到美国留学，林语堂不仅在美国而且还在德国留学过，实现了父亲林至诚的梦想。在这兄弟五人中，有四人都曾在厦门大学工作过。不仅如此，第二代，第三代也与厦大结缘。

二哥林玉霖的孩子、林语堂的侄子林疑今，既是厦门大学外文系的知名教授，也是著名的翻译家和作家。1913年林疑今出生，在中学学习期间，林疑今就翻译过《西线无战事》。1934年毕业于上海圣约翰大学，获得学士学位，并以同届毕业生第一名的优异成绩获得"金钥匙奖"。毕业后赴香港任教，1936年赴美国留学，在哥伦比亚大学攻读英美文学，获文学硕士学位。1941年回国后，在中央银行经济研究处工作，协助编辑本单位出版的英文刊物。1947年开始先后在交通大学、沪江大学、复旦大学任教。1959年到厦门大学外文系任英美文学教研室主任和外文系主任等职。1992年因病在厦门病逝。

第七章　厦门

林疑今的长女林梦海、次女林梦如属于林家第三代。林梦海于1965年考入厦门大学化学系，毕业后到山东工作。1978年考入厦大化学系硕士研究生，毕业后留校任教。曾担任厦大化学系教授、博士生导师。林梦如一直在厦大图书馆工作。这姊妹俩是林玉霖的孙女、林语堂的侄孙女。

林语堂的三个孩子虽然没有在厦大工作过，但林语堂的二舅哥廖超照与厦大也有因缘。廖超照从上海圣约翰大学毕业后赴美国宾夕法尼亚大学攻读医学硕士研究生，回国后在厦门大学任校务主任，曾参与厦大医科的筹建，后因厦大医科停办，他转任厦大卫生处主任兼校医。20世纪80年代，廖翠凤的侄子廖永明也来到厦大任教。当年廖翠凤与林语堂结婚的廖家别墅，如今就住着近90岁的廖永明和他的老伴。[①]

林语堂一家与厦大源远流长的关系，实属文坛上的一段佳话，同时也说明林语堂一家对厦门大学做出了很大贡献。

[①] 林坚《芙蓉湖畔忆"三林"——林文庆 林语堂 林惠祥的厦大岁月》，厦门大学出版社2011年第1版第210页。

第八章　武汉和上海

汉口

廖翠凤曾对林语堂说过：有一次算命的说她是吉人天相，能逢凶化吉，她听了很高兴，她想，多年来林语堂没出事，也许就是因为她的关系。尽管这是一种迷信的说法，但林语堂事实上却多有机缘巧合。在北京最危险的时候，有朋友林可胜的帮助，他来到了厦门，化险为夷；在厦门身陷困境，无路可走的时候，又有了朋友来帮助，再一次使他脱离险境。此人就是林语堂在北京认识的陈友仁，此时他是武汉国民政府外交部部长。他正需要林语堂这样既志同道合，又能精通英语的人才来协助工作。于是，他再三来函邀请林语堂到武汉任职。林语堂在北京任《国民新报》英文编辑时，陈友仁是《国民新报》的记者，所以，两人早就成了莫逆之交。陈友仁（1875—1944），祖籍广东香山县（今中山市），出生于西印度洋群岛的特立尼达。西名尤金·陈，精通英文。1912年任北洋政府交通总长施肇基的法律顾问。1914年创办英文报纸《京报》，自任总编。1924年任孙中山秘书。1927年出任武汉国民政府外交部部长。

林语堂抵达汉口后，担任了国民政府外交部英文秘书，后来还兼任

第八章 武汉和上海

《中央日报》英文副刊主编。在外交部任职期间,林语堂革命热情非常高,并对国民政府抱有热烈的期望。1927年大部分西方列强强加给中国的殖民条约已经被废除,中国统一于中央集权的南京国民政府,尽管内战不断、外患吃紧,但中国的现代化和城镇化取得了前所未有的进步。林语堂一直期盼革命后产生一个年轻有活力的进步的中国,所以他把民族主义国民革命看成中国走向民主的途径。他当时住在鲍罗廷的对门,并未见过鲍罗廷和汪精卫,但他认识了宋庆龄。当年在参加孙中山遗体告别的长队伍里,林语堂只是老远看见了穿着孝服的宋庆龄,并且因为距离太远也未能看清,而现在亲自见到了她的容貌,也领略了她的为人做事风度,能当面讨教革命工作的一些问题,进一步产生了敬佩之情。宋庆龄不仅长得漂亮,而且在她身上充满了智慧、信念、知识和教养,充满了正义感和英雄气概。在柔和的外表下,有着一颗坚强勇敢的心。当武汉政府决定"分共"之时,宋庆龄于1927年7月14日发表了《为抗议违反孙中山的革命原则和政策的声明》,表现了坚定的革命立场和非凡的斗争精神。由于林语堂亲眼看到了宋庆龄的这一壮举,所以对宋庆龄推崇备至。他曾赞美宋庆龄说:"她是我所奉为中国女界第一人,无论从她是革命者,抑或是受现代教育的妇女,抑或是自然而生的女性,也不论从中国的或外国的标准来看。"[①]

　　客观地说,林语堂当时并不明白陈友仁处在斗争中的夹缝里,也不明白国共两党的是是非非。他本来对革命抱有希望和幻想,没想到政治里的问题瞬息万变和不可捉摸,并且还充满了血腥和残酷。林语堂开始产生了对革命的厌倦和新的看法,政治工作并非想象的那样单纯,他从同事身上发现干革命工作有另一种诀窍,跟搞学术完全不一样。搞学术可以自由发言,自由发表自己的主张,只要言之有理,论之有据即可。可是政治,却成了一个魔术弹或魔方。林语堂后来写《八十自叙》中谈

[①] 刘炎生著《林语堂评传》,百花洲文艺出版社1994年2月第1版第69页。

到了这个问题：

> "在外交部的短暂时期中，我发现这位同事已学会闭嘴，对任何人都彬彬有礼，文雅而态度自然。他在办公室，把时间都花在喝茶及看报纸上。我对自己说，这个人将来一定会成为一省的省长，结果果然不出我所料。我常想彻底地知道这种不说话的神秘，与闭嘴魔术和升官主义的关系。而我所得的结论是一个兵把他的血贡献给国家，但永不放弃他的荣誉；一个真正成功的官吏为他的国家放弃他的荣誉，但永不奉献他的血。一个兵的责任是只去做及去死，一个好政治家的责任是只去做而永不谈及它。他所做的只是爱他的国家。"①

经过外交部长陈友仁的多次交涉，国民政府收回了汉口、九江的英租界。针对胡适在日本东京发表"蒋介石与张作霖，他们俩都是与同一敌人作战——即共产党，并且赞助同一的主义——即最后的中国之自由"荒谬的谈话(上海《大陆报》5月7日)，林语堂于5月8日写了《天才乎——文人乎——互捧欤——自捧欤？》，对胡适的政见作了抨击。5月27日，林语堂写了《谈北京》，回顾了五四运动、"三·一八"惨案等，虽然在上海已经发生了"四·一二"反革命政变，但他仍然对国民革命抱着希望能够成功的热烈愿望。6月13日，林语堂在《中央副刊》发表了《萨天师语录》(一)，批评旧思想旧文化。林语堂说："世界上只有两种动物，一是管自己的事的，一是管人家的事的。前者属于吃植物的，如牛羊及思想的人是；后者属于肉食者，如鹰虎及行动的人是。……我常常钦羡我的同事们有行政和执行的奇才，他们会管别人的事，而以管别人的事为自己一生的大志。我总不感到那有什么趣味。……也许在本性上，如

---

① 刘志学主编《林语堂作品选(一)》《林语堂自传》，河北人民出版社1991年9月第1版第99页。

第八章　武汉和上海

果不是在确信上,我是个无政府主义者,或道家。"[1]林语堂认为自己是吃草的,而非是吃肉的,对政治视为畏途,从此再也不愿过政界生活了。

1927年7月宁汉合流,当陈友仁离开武汉后,林语堂也辞去了外交部秘书和《中央日报》英文副刊主编职务,离开了武汉,赴上海专事于写作。从4月20日上任,到9月上中旬离开武汉,林语堂不到五个月的仕途生活就这样结束了。[2]

上海愚园路

林语堂到上海时,当年北京大学老校长蔡元培正在筹办大学院及其下属机构中央研究院。蔡元培离开北大后,曾赴欧洲考察,历经三年。南京国民政府成立,他被任命为国民政府教育行政委员会委员。南京政府借鉴法国的教育制度,决定设立大学院,履行教育部的部分职能,同时设立中央研究院,具体从事自然科学和社会科学研究。1927年6月17日,蔡元培被任命为大学院院长,进行筹备。10月1日,大学院正式成立。11月20日中央研究院成立于南京,1928年3月迁往上海。蔡元培兼任代理司法部长。4月,又被正式任命为中央研究院院长。中央研究院是蔡元培全力以赴、苦心经营的一个文化机构,先设立理化实业研究所、社会科学研究所,在两年的时间里,先后建立起九个研究所,共聘任、兼任、名誉、特约研究员91人,国内所有最著名的人才和科学家都被邀请其中。林语堂来上海,恰好是蔡元培的用人之时,对林语堂,蔡元培是很了解的,所以林语堂得到了蔡元培的器重和赏识,他被任命为中央研究院的英文主编,兼该院国际出版品交换处处长。所谓英文主编是其名,实际是蔡元培的英文秘书。这是一个没有具体任务的职务,虽然清闲,

---

[1] 向弓主编《衔着烟斗的林语堂》,四川文艺出版社1995年5月第1版第215页。
[2] 大中著《鲁迅与林语堂》,河北人民出版社2003年12月第1版第60页。

但待遇不菲，月薪 300 元。在林语堂来中央研究院任职期间，鲁迅和江绍原也被任命为大学院的特约撰述员，月薪也是 300 元。一年后，大学院取消，恢复教育部，中央研究院独立出来，成为科研机构。大学院撤销后，鲁迅仍为特约撰述员，归中央研究院，直到 1931 年。

林语堂对蔡元培一向敬重，他在后来写自传时曾说："蔡元培，他是北京大学校长，把北京大学变成了全国的改造中心。我们大家都向他敬称'蔡先生'。在国民党元老当中，他是唯一真正了解西方的。他中了进士，又是翰林院的翰林，这是人所争羡的，他也是国民党党员，在成立兴中会时，他和中山先生很密切。在康有为、梁启超保皇党瓦解之时，他到法国、德国去求学。归国做北京大学校长之时，他把学术自由奉为第一要事，在北京大学里，教授的新旧派是兼容并包。他聘请旧派名儒刘师培、黄侃，大名鼎鼎的辜鸿铭。……著名的英国小说翻译家林纾，他仍然称白话文为'引车卖浆者之言'。他曾写过洋洋万言的长文为文言辩护。另一方面，蔡元培也为胡适、陈独秀、沈兼士和新青年那一派敞开了大门。蔡元培平易近人，不仅仅于细节。蔡夫人曾经说：'米饭煮得好他也吃，煮焦了他也吃。'但是对重要的问题则严格认真，绝不妥协。我记得反对凡尔赛和约割让山东半岛给日本时，蔡元培站起来说话，他的声音很柔和，他说：'抗议有什么用？我是要辞职的。'第二天，他神不知鬼不觉的，搭上蓝色的京沪快车离开了北京。"[1]

林语堂和蔡元培都住在上海愚园路，每天上班同坐一辆车，一路说着话，不知不觉就到了设在法租界亚尔培路三百三十一号（今陕西南路一百四十七号）的中央研究院。林语堂的办公室在二楼，虽然房间不大，但由于专放元明善本书，所以给了林语堂一个研习中国古代文化的好机会。他的工作也不是很忙，上午办公，下午就可以专心读书了。

---

[1] 刘志学主编《林语堂作品选》（一）《林语堂自传》，河北人民出版社 1991 年 9 月第 1 版第 117–118 页。

由于《语丝》搬到了上海出版，且鲁迅答应了李小峰的要求而进行编辑，所以，林语堂写的一些文章就在《语丝》上不断发表。《语丝》第四卷共出 52 期，林语堂就发表了 11 篇，主要有《萨天师语录》（之二、三、四、五）、《哈第论死生与上帝》《论静思与空谈》《论创作与批评》《给孔祥熙部长的一封公开信》《〈翦拂集〉序》等和一些语言学论文。林语堂喜欢对语言学的研究，也喜欢对中文打字机的设计制造研究。他还应上海东吴大学法律学院院长吴经熊的邀请，在东吴大学担任英文教授一学年，这是他在上海十年中唯一的执教经历，他利用业余时间编写英语教材，也为后来编辑教科书打下了基础。又由于林语堂和鲁迅同在蔡元培主持下的研究院工作的机会，所以两人的关系也会密切许多，为以后在"中国民权保障同盟"共事创造了客观条件，这与蔡元培的慧眼识人才分不开的。

《子见南子》

林语堂一生写了唯一的一个剧本《子见南子》，引起了一场轩然大波。《子见南子》是林语堂的独幕悲喜剧，这个剧本发表在鲁迅和郁达夫合编的杂志《奔流》第一卷第六期上，时间是 1928 年 11 月 30 日。《子见南子》的故事取材于《论语》和《史记》，应该说是一出新编历史剧。

孔子的学说已成为儒家的经典，孔子作为儒学的祖师爷，在中国已经有了几千年的历史。尤其是他后来被称为"大成至圣文宣王"，已经变成了一个偶像。在五四运动中，孔子作为新文化运动攻击的对象，在全国已经被赶下了历史的舞台。《子见南子》的诞生，正是社会上尊孔复古的潮流又要开始抬头的时候。但林语堂一直站在新文化的立场，非常痛恨借孔子的旗号进行复古。林语堂既反对复古，又有自己的孔子观，即孔子是一个近乎人情的幽默家，是一个有着七情六欲的人！所以林语堂从人学的角度，对孔子进行研究，他一生写过许多有关孔子的专题文章，并且第一个把《史记》中的《孔子世家》翻译成英文。《子见南子》只是林语堂"孔子观"的形象说明和艺术外化的结果。林语堂讽刺和揶揄的不是几千年前的孔子，而是20世纪20年代中国社会的封建遗老，借以讥刺当时的尊孔读经的复古思潮。实际上，林语堂对孔子颇有好感，他从孔子身上发现了幽默在中国古代文化中的根源。《子见南子》通过艺术形象告诉大家：林语堂的孔子观的核心是反对被宋儒歪曲了的孔子，恢复孔子本来的面目。

《子见南子》说的是孔子在卫国时拜见了卫灵公的爱妃南子，遭到了孔子的学生子路的反对。因为南子的名声很不好，不仅参与政治阴谋，而且行为放荡。子路认为老师孔子不应该去见这样的人。孔子以为南子的行为是她自己的事，自己去见她，只不过按礼办事而已。再则，圣人道大德全，无可无不可。为什么不能去见她呢？再则，卫国一向被看成奢靡情乱之国，不合儒家的礼仪规矩，孔子携弟子去见南子，就是希望帮助卫国恢复礼仪。令人遗憾的是，孔子不仅没有说服南子，反而被南子征服了。通过与南子的接触，孔子改变了对她的看法，也对自己的思想观念产生了怀疑。孔子意识到，南子不仅不是淫乱的荡妇，而是充满了活力和生命气息的富有个性解放的美丽女子，南子的观点既具有现代意识，又合乎人情事理。

在林语堂的笔下，剧本还描写了卫国的歌舞。南子的音乐舞蹈不仅不伤风败俗，而且美妙动人，令人怦然心动，即使孔子和他的弟子也不能不受其感染。林语堂对孔子的认识与众不同：林语堂是喜欢孔子的，尤其喜欢他的幽默可爱。所以在剧本中写出了一个充满生活气息的活脱脱的孔子。剧中的孔子，已不是一个高高在上的神人，而是有血有肉、有爱有恨的普通人。这就是林语堂心中的孔子。

《子见南子》一发表，孔氏家族大为不满，但各地学校纷纷排演，受到了观众们的欢迎。1929年6月8日,山东省立第二师范学校在游艺会上联合演出了《子见南子》,结果,引起了一场不小的麻烦。

此剧是在孔氏的聚居地曲阜上演的。孔子的扮演者也是孔子的后裔。按一般的来说,此剧并没有侮辱孔子的意思,根本用不着兴师动众。可是,孔祥藻是当地的大青皮,再加上一个道貌岸然、品行恶劣的孔教会会长孔繁朴,两人串通一气,在背后怂恿、操纵,搞了一个60户族人上书教育部,控告山东省立第二师范学校校长宋还吾,指责他指使学生上演《子见南子》一剧,"侮辱祖先宗",请求查办。后面署了21人的名字:

孔传堉、孔继选、孔广璃、孔宪桐、孔继伦、孔继珍、孔传均、孔广珣、孔昭蓉、孔传诗、孔昭清、孔昭坤、孔庆霖、孔繁蓉、孔广梅、孔昭昶、孔宪钊、孔广成、孔昭栋、孔昭鍠、孔宪兰

工商部部长孔祥熙闻得此信,立即支持他们的控告,力主严办,并亲自打电话到教育部过问此事。教育部部长蒋梦麟接了孔祥熙部长的电话后,对此置之不理也不好,因此,他派参事朱葆勤会同山东省教育厅督学张郁光,到曲阜了解调查此事。山东省省立第二师范校长宋还吾也写了答辩书,据理力争,向教育部说明此事:"《子见南子》一剧,事诚有之。查'子见南子',见于《论语》……总观原呈:满纸谎言,毫无实据。谓'侮辱孔子',欲加之罪,何患无辞,纵使所控属实,亦不出言论思想之范围。尽可公开讨论,无须小题大做……"第二师范学生会也发出通电,否定孔传堉、孔繁朴等人的控告。教育部部长蒋梦麟、监察院院长蔡元培8月去青岛时路过济南,也表示二师师生排演《子见南子》新剧,并无侮辱孔子的意思。朱葆勤和张郁光调查的结果是,孔传堉等人的呈文与事实不符。

鲁迅很喜欢《子见南子》,他也很关注《子见南子》一剧引起的这场

风波。他曾将有关材料加以汇编，冠于《关于〈子见南子〉》的题目，刊载于《语丝》第5卷第24期。鲁迅在《结语》中说："'另有任用'，其实就是'撤差也'。这即所谓'息事宁人'之举，也还是'强宗大姓'的完全胜利也。"这场风波最后还是以宋还吾"调厅另有任用"而结束。

林语堂也曾写了《关于〈子见南子〉的话》，对于《子见南子》引起的这样一场风波，表示实在"滑稽"得很，并驳斥了赵普船对《子见南子》的指责，认为自己创作此剧对于孔子的描写是无可厚非的。剧中的孔子毕竟是一个艺术形象，如果把他与生活中的孔子完全等同，是完全没有必要的。况且，仁者见仁，智者见智，对孔子的理解也可以从多个角度去认识。

《子见南子》的官司输了，但应该说林语堂赢了，因为他的名字一下子响彻了十里洋场的上海，还波及全国，使他的声名大振。《中国评论周报》英文版还请他做专栏作家，撰写一些评论短文。

南云楼事件

林语堂与鲁迅第一次交往的具体时间和原因，现已不可考，大约是在1925年鲁迅向林语堂约稿以后。应该说，林语堂与鲁迅无论在北京或厦门都是交往比较密切的。刚开始，林语堂赞成周作人的"费厄泼赖"精神，他写了《插论语丝的文体——稳健、骂人，及费厄泼赖》主要针对思想而不是针对个人。当鲁迅发表了《论"费厄泼赖"应该缓行》后，林语堂赞同了鲁迅的观点，并且还画了一幅漫画《鲁迅先生打叭儿狗图》发表在1926年的《京报副刊》上，后来林语堂陆续写出了《泛论赤化与丧家之狗》《悼刘和珍杨德群女士》《讨狗檄文》《"发微"与"告密"》《打狗释疑》等文章，积极配合了鲁迅对北洋军阀及其"正人君子"们的斗争。在厦门，林语堂对鲁迅从工作到生活都做了自己的努力，鲁迅也表示感

第八章　武汉和上海

激和感谢。初到上海,两人都在中央研究院,又有了进一步的接触。当林语堂因写《子见南子》引起风波之时,鲁迅写下了《关于〈子见南子〉》,表示对林语堂的支持。那么,两人第一次"疏离"的真正原因是什么呢?

事情得从北新老板李小峰对鲁迅的欠薪说起。李小峰在北京创办北新书局,鲁迅的著作大多都是交给北新书局出版的。李小峰也是鲁迅教过的学生。当孙伏园脱离《晨报》副刊后,在鲁迅、周作人、林语堂等人的支持下,李小峰就做了《语丝》的发行兼管印刷的出版业者。北新书局的发达,主要是靠了鲁迅等人的著作起家的。20世纪20年代末,鲁迅与李小峰在版税上产生了矛盾,鲁迅要诉讼,李小峰到处找熟人做工作,如把郁达夫请来,把川岛请来,当调解员。经过几次交涉、调解,鲁迅看在朋友的面子上,答应不再提起诉讼。北新书局的李小峰也答应把历年积欠的两万余元分十个月还给鲁迅。1929年8月28日,李小峰请来了鲁迅夫妇、林语堂夫妇、郁达夫夫妇等到上海的南云楼吃晚饭,其实也是私了的意思,鲁迅虽然赴宴,但这并不意味着已经彻底改变了对李小峰的看法。宴会临结束时,不知因林语堂说了一句什么话,鲁迅站起来训斥林语堂,林语堂也毫不示弱,反唇相讥,于是闹翻了。对于当时的具体原因和情况,当事人各有自己的说法,但有一点是肯定的,(一)鲁迅是真生了气,从此好长时间鲁迅的日记里没有林语堂的名字。(二)这可能是一个误会。

时隔多年后,林语堂在1966年7月18日写《忆鲁迅》中说到了此事:"有一回,我几乎跟他闹翻了。事情是小之又小,是鲁迅神经过敏所致。那是有一位青年作家,名张友松。张请吃饭,在北四川路那一家小店楼上。在座记得有郁达夫、王映霞、许女士及内人。张友松要出来自己办书店或杂志,所以拉我们一些人。他是大不满于北新书店的老板李小峰,说他对作者欠账不还,等等,他自己要好好的做。我也说两句附和的话。不想鲁迅疑心我在说他。真是奇事!大概他多喝一杯酒,忽然咆哮起来，我内子也在场。怎么一回事？原来李小峰也欠了鲁迅不少的账，也与李小峰办过什么交涉，我实不知情，而且我所说的并非回护李小峰的话。那时李小峰因北新书店发了一点财，在外养女人，与新潮时代的李小峰不同了（我就喜欢孙伏园始终潇洒）。这样，他是多心，我是无猜，两人对视像一对雄鸡一样，对了足足一两分钟。幸亏郁达夫做和事佬，几位在座女人都觉得'无趣'。这样一场小风波,也就安然度过了。"[①]

由于时间太久，林语堂的回忆难免有张冠李戴之处，这次请客是李小峰，而不是张友松。林语堂误记成张友松了。按林语堂的说法，"风波"是因鲁迅的"多心"和"神经过敏所致"，而他自己是"无猜"。那天，鲁迅心情不好，又多喝了几杯，是由李小峰欠账引起，林语堂并不知道。鲁迅怀疑林语堂袒护李小峰，所以酿成风波。

郁达夫是南云楼"风波"的见证人和"和事佬"，在9月19日给周作人的信中提到了此事："近事之足资谈助者，是鲁迅与北新算版税，与鲁迅和语堂反目两事。前者是鲁迅应有的要求，后者是出于鲁迅的误解。这两事，我与川岛都在场作中间人，大约川岛总已经和你讲过，细事不说了。"[②]

林语堂与鲁迅的"闹翻"不仅仅因为南云楼事件。冰冻三尺非一日之寒。他们两人在北京时期，面对的是北洋军阀统治，有着共同的对敌目标，在厦门时期就已出现不同看法。林语堂对语丝派和现代评论派的人都一视同仁，而鲁迅对现代评论派的人则耿耿于怀。另外，两人在性格、气质、人生观、文艺观和思想上都存在着差异，"南云楼"事件只是一个导火索，把鲁迅与林语堂之间的"相得"结束了，开始了两人的第一次"疏离"。

[①]《林语堂散文经典全编》，九州图书出版社2004年5月第1版第3卷第506页。
[②]《郁达夫全集》，浙江人民出版社1992年12月第1版第11卷第172页。

第八章　武汉和上海

版权案

在20世纪二三十年代的中国文坛，林语堂的高收入是十分引人注意的。林语堂在上海属于自由职业者，由于收入颇丰，过着优裕的生活。而林语堂的主要来源是：开明书店的每月700元左右；中央研究院月薪300元；编辑《论语》、《人间世》和《宇宙风》每月收入不下1000元；《天下》创刊后的编辑费，等等，再加上在中外报刊上零星投稿所得的稿酬，每月收入2000大洋。所以说，林语堂在上海简直成了一个暴发户。文人通过自己的劳动而有钱，在中国现代作家中，林语堂是首屈一指的。有了钱，家庭生活也就变得好起来了。家里的用人也多了：黄包车夫永发、专门照顾小女儿的黄妈、听差阿经、橱子老周、洗烫衣服的周妈等。①

1929年前后，林语堂因编写英文教科书而成为"版税大王"的同时，却卷进了一场有关版权问题的诉讼案。林语堂的运气，正如他自己所说，一生都运气好，这次麻烦又一次证明了他的话的正确性。具体情况是这样的：

上海开明书店老板章锡琛从商务印书馆《模范英语读本》赚钱的事实中受到启发，也准备在英文教科书市场上插一脚。章锡琛一开始委托方光焘编写，可方光焘忙于学校的教课，把编书的事一拖再拖，搁浅在那里了。有一次，林语堂与孙伏园在一起谈论文化人赚钱的事，孙伏园说编教材最赚钱。孙伏园说，周越然没出过国就能编英语书，可你是出过国的，如果编一本英语教科书，肯定能超过他的本子。通过孙伏园联系，章老板立即同意：一来是自己早有此意，二来是林语堂是留学以语言学驰名的莱比锡大学，并获得博士学位，请这位喝过洋墨水的林语堂来编写一套初中英文课本，在质量上肯定能超过从未出过国的周越然的读本。

林语堂很快与开明书店签订了协议。林语堂编的这套书由读本、文

---

① 林太乙著《林家次女》，西苑出版社1997年11月第1版第61页。

法和英文文学作品选集三部分构成，经过认真努力的编撰，终于搞成功了。送教育部审定后，于1929年出版，林语堂的本子以质量取胜，立即打开了销路，开明书店也因此而异军突起于上海出版界。林语堂本人又多了一条经济来源的渠道，随着林氏的《开明英文读本》印数和销量的直线上升，林语堂成了"版税大王"。

看到开明书店的崛起，仅次于商务和中华的世界书局，经理沈知方头脑灵活，马上也要编写一套《标准英语读本》，以挤垮开明书店。沈知方请来了大学刚刚毕业的林汉达从事这项工作，结果林汉达编的《标准英语读本》出来后销路也很好。世界书局由于资金雄厚，力量强大，它为了进一步开拓市场，进行了大量的宣传，给开明书店造成了不小的压力。正当开明书店老板章锡琛无可奈何之时，有人告诉他："世界书局的《标准英语读本》有抄袭《开明英文读本》的嫌疑。"这一下，使章锡琛看到了希望，他马上找来了林语堂商量此事，并且立即让人将世界书局的《标准英语读本》买了，送林语堂核实。

林语堂一向反感文人的抄袭行为，经过自己仔细核实后发现，林汉达的《标准英语读本》在许多地方抄袭了《开明英文读本》。为此，开明书店老板章锡琛给世界书局经理沈知方写信，要求谈判解决此事，但遭到了拒绝。开明书店老板又委托律师袁希濂向世界书局提出严重警告，指责世界书局的《标准英语读本》侵犯了开明书店的著作权，强烈要求世界书局停止发行，并赔偿经济损失。而世界书局把责任完全推到作者林汉达一人身上，对开明书店不予理睬。

林汉达在编辑《标准英语读本》时的确参考了林语堂的《开明英文读本》，所以，事情已经这样，林汉达只好自己出面，希望得到林语堂的谅解。但林语堂都将其拒之门外，林汉达只好留下一个便条，向林语堂表示歉意。殊不知，这倒给林语堂和章锡琛留下了一个把柄，成了一个铁的证据。开明书店把林汉达的留言和章锡琛的谈话内容等制版，编写了一则广告,标题是《世界书局〈标准英语读本〉冒效〈开明英文读本〉之铁证》,在上海各大报刊登了出来。

世界书局非常生气,以重金聘请了名噪一时的女博士郑毓秀律师,控告开明书店的诽谤罪。结果,开明书店成了被告。第一次开庭,法官明显偏袒原告,没有给被告律师袁希濂任何申辩的机会。袁希濂知道世界书局有李石曾为后台,律师郑毓秀的后台也很硬,只好对开明书店"敬谢不敏"。开明书店没有办法,如果败诉,那将非破产不可。在这严峻之际,只好背水一战,一方面继续做广告进行宣传战;另一方面,越过上海当局,直接上书南京教育部,因为教科书归教育部审定。当过六个月的秘书,现在又是中央研究院院长蔡元培的秘书——林语堂岂是等闲之辈,所以他知道如何写呈文,如何落笔击中对手的要害。正当南京教育部编审处对林汉达的读本审查的节骨眼上,林语堂上书教育部,请求保障他的著作权。如果没有林语堂的上书,教育部编审处也许不会反复认真审阅世界书局的《标准英语读本》,但现在既有指控,所以就要再三斟酌,以显示编审处的工作是认真负责的。编审处经过多次辩论,多数人认为林汉达的《标准英语读本》有抄袭冒效行为。也有人认为,你林语堂可以引用外国著作,林汉达也可以引用。要说抄袭,两人都在抄袭外国著作。两种意见,各执一词,无法统一,最后只得通过表决来定夺。表决的结果是:世界书局的《标准英语读本》禁止发行。林语堂和开明书店赢了。

上海法院知道南京教育部的决议后,感到无力挽回大局,只好以诽谤罪判决开明书店罚金30元,匆匆结案,以在面子上过得去。开明书店不服,声言要上诉,同时以教育部判决为依据大作宣传。在开明书店的巨大压力下,世界书局才找人进行调解,以赔偿损失和将《标准英语读本》纸型交给开明书店销毁为条件,这场官司才算真正结束了。

官司赢了,林语堂的名气更大了,腰包更鼓了。林语堂为开明书店编写了一个英文教科书系列,除了那三本一套的《开明英文读本》外,还有《英文文学读本》(上下册)、《开明英文文法》和《开明英文讲义》(三册，林语堂与他的弟弟林幽合编)，另外，开明的英语唱片、正音片，全套四张，共八课，也由林语堂编写其课本。林语堂编写的教材，不仅质量高，而且很有特色，所以中学采用得多，发行量大，因此林语堂的经济收入与名声轰动上海。当然，也有人取笑他是靠教科书起家的暴发户。

第九章　上海（一）

《论语》

　　林语堂在20世纪30年代以"幽默"大师而著称，他是最早把"幽默"一词传入中国。杂志《论语》、《人间世》和《宇宙风》都和他有着密切的关系。

　　《论语》创刊于1932年9月16日，是半月刊，16开本。由上海时代书店出版，先后由中国美术刊行社、时代图书公司等负责发行。第1至26期由林语堂主编，以后改由陶亢德、邵洵美先后主编。

　　关于《论语》的创办过程，时代书店总经理章克标在《闲话〈论语〉半月刊》《时代书店所经营的三种杂志》等文中都有详细的叙述。他曾说："我们在邵洵美家客厅里，晚上闲谈时，大家商定要出版一个刊物。开始除邵、林外，只记得有李青崖、全增嘏、沈有乾、林徽音[①]及画家张光宇三弟兄等；而潘光旦、叶公超许多人，都是后来邀请来的。这样，差不多是10个人。《论语》这个刊名，是我提出来的，满场一致赞成。林语堂负责编辑，也是大家公推的，因为只有他有比较多余的时间可用；别人都有职务在身，只能用业余时间。他也十分热心，愿意负责。开头也并没有讲到稿酬和编辑费，当时一般同人杂志都是这样，只要能出版就好，别的则非所计也……"章克标因为是时代书店总经理，看到大家对新创刊的刊物连个名字都没定下来，就对林语堂有点恼火，他说："你林语堂也太猖狂了，可是你自己也提不出好刊名来。看来这个刊物只有叫《林语堂》，你才满意吧。"（章克标的《闲话〈论语〉半月刊》），章克标从林语堂的"林语"两字的谐音想到了孔子的《论语》，所以就脱口而出："就用《论语》的刊名！"章克标（1900—2007）字恺熙，别名章建之，笔名岂凡、许竹园、杨南天、杨恺等，光绪廿六年（1900）生。浙江海宁庆云人。1918年毕业于嘉兴省立二中，同年赴日本留学。翌年考入东京高等师范学校，攻读数学科。1926年在上海与滕固、方光焘、张水淇、黄中等十多人结成狮吼社，出版同人杂志《狮吼》（月刊、半月刊），开办金屋书店。1930年前后曾任上海开明书店编辑两年。1932至1935年任上海时代图书出版公司总编辑兼代经理，与林语堂、邵洵美、李青崖、全增嘏等创办《论语》，提倡幽默、闲适的艺术风格。

  林语堂在创刊号上发表了《〈论语〉缘起》。他说："《论语》社同人，

[①] 参加《论语》创刊的究竟是林徽因还是林微音？我在所见到的林徽因传记和资料中未发现写林徽因在上海的生活，所以我在另一部著作《东西文化放浪行——林语堂》，第77页中说的是"林微音"。其根据有二：一是林徽因原先写作林微音，又没有在林徽因的材料中找到她在上海的生活情况，仅凭章克标一人的文章就断定是林徽因，我怀疑是否把"微"字写成了"徽"字？二是20世纪30年代上海确实有个作家叫林微音的。现在我终于找到了林徽因在上海的生活证据，是陈福亮著的《风雨茅庐——郁达夫大传》，中国广播电视出版社2004年1月第1版第896页："柳亚子是南社的创始人，郁曼陀也是南社屈指可数的精于诗画的社员。林徽因那时正在上海，她的父亲林长民原是郁曼陀的顶头上司，担任过北洋政府的司法部长。"此处引文见章克标的《林语堂在上海》（子通主编的《林语堂评说七十年》,中国华侨出版社2003年1月第1版第119页）。

鉴于世道日微，人心日危，发了悲天悯人之念，办一刊物，聊抒愚见，以贡献于社会国家。"在《论语》第三期上发表了《我们的态度》，进一步申述刊物的宗旨："我们不想再在文字国说空话，高谈阔论，只睁开眼睛，叙述现实。若说我们一定有何使命，是使青年读者，注重观察现实罢了。人生是这样的舞台，中国社会，政治，教育，时俗，尤其是一场的把戏，不过扮演的人，正正经经，不觉其滑稽而已。只需旁观者对自己肯忠实，就会见出其矛盾，说来肯坦白，自会成其幽默，所以幽默文字必是写实主义的。我们抱着写实主义看这偌大国家扮春香闹学的把戏，难免好笑。我们不是攻击任何对象，只希望大家头脑清醒一点罢了。"说明林语堂编这个刊物，还是把引导读者"观察现实"、把对内容的要求放在第一位，形式上的幽默，乃是"这偌大国家办春香闹学的把戏"所带来的，我们只要坚持用"现实主义"的眼光去看就行了。一言以蔽之，林语堂编这个刊物，跟先前对《语丝》的喜爱是一样的，都是"用自己的钱，说自己的话"。对《论语》跟《语丝》的这个内在的一致性，曹聚仁已经指出："林语堂提倡幽默，《论语》中文字，还是讽刺性质为多。即林氏的半月《论语》，也是批评时事，词句非常尖刻，大不为官僚绅士所容，因此，各地禁止《论语》销售，也和禁售《语丝》相同。"① 近人陈子善先生说："显而易见，林语堂创办《论语》的原意固然是要提倡幽默，但也不排斥针砭时弊，对社会国家'聊抒愚见'。创刊号上紧接着《缘起》的一篇文章就是'语堂'的《悼张宗昌》，极尽嘲讽挖苦之能事，即为一个有力的佐证。这种态度与《语丝》时期的'任意而谈，无所顾忌'颇有几分相似。因此，如果说昔日语丝派的中坚林语堂想在《论语》上部分重现《语丝》的光彩，至少在《论语》创办后的一段时间里应是如此。"② 先看看林语堂的文章，如第一期里就有《悼张宗昌》《中政会先生未学算

---

① 曹聚仁著《文坛五十年》，东方出版中心1997年6月第1版第271页。
② 陈子善著《文人事》，浙江人民出版社1998年第1版第39页。

法》《牛兰被审》《中国是没有救药的了》《吴佩孚的名教救国论》等文，都是针砭时弊的。在第四期中，《吴家主席》《汪精卫出国》等文是讽刺南京政府要人的，本期有许多文章对执政党的政策做了讽刺，等等。

鲁迅在《论语》上也发表了许多文章，如《论语》第八期的《帮忙文学与帮闲文学》，这是鲁迅于1932年11月22日在北京大学第二院的一次演讲，由柯桑记录，最初发表在12月17日天津《电影与文学》创刊号上，《论语》给予转载。《论语》第十一期有《学生和玉佛》《航空救国三愿》，后一篇亦属于转载。在后来林语堂主编的各期中，还有《谁的矛盾》、《从讽刺到幽默》、《从幽默到正经》、《玄武湖怪人》、《由中国女人的脚，推定中国人之非中庸，又由此推定孔夫子有胃病》、《现代史》、《王化》、《两封通信》（复魏孟克）、《"论语一年"》、《踢》等。还刊登了宋庆龄、茅盾等人的好多文章，如宋庆龄的《广州脱险记》；茅盾的《也算是现代史罢》、《老乡神》和《汉奸》。此外，还刊登了老舍、郁达夫等人的不少小说和散文。

《论语》不仅登载了运用各种形式对南京政府作了讽刺的各种文章及登有大量具有讽刺性的现实材料，而且也刊登过一些思想倾向复杂和"为笑笑而笑笑"的文字，所以，为当时的左翼和右翼都有所不满。

论语派是因林语堂等人主编《论语》杂志而得名的文学流派。《论语》的诞生没有党派的政治背景，是一群以不左不右为标榜的自由主义知识分子的雅兴所致，在政治上力求保持中立的姿态。主要有林语堂、全增嘏、潘光旦、李青崖、邵洵美、章克标几位共同发起和赞助的，以林语堂为核心人物，以编辑陶亢德、徐訏为中坚，以经常撰稿而倾向相似的章克标、邵洵美、全增嘏等人组成。《论语》第二期的封面上，刊出了一份长期撰稿人的名单：

章克标、刘英士、全增嘏、沈有乾、潘光旦、李青崖、孙嘶鸣、邵洵美、郁达夫、章衣萍、林幽、邵庆元、孙福熙、孙伏园、俞平伯、刘半农、章川岛、谢冰莹、岂凡、陆晶清、赵元任、韩慕孙、季露、宰予。

从这张名单上可以看出,创刊之初,《语丝》的旧人是《论语》的台柱,同时撰稿人尚嫌不足,章克标列名之外,又以"岂凡"之名列入,林语堂用的是"宰予"的笔名。

论语派带有明显的资产阶级自由主义者的思想倾向,体现了20世纪30年代一部分以"中间派"自居的文化人的政治立场与人生态度;从文化取向上看,论语派主要是从西方文化视角反观中国传统文化,在文学创作中将西方的表现主义与中国明清小品的书写性灵、西方的幽默观与中国封建士大夫式的闲适笔调等杂糅为一体,呈现出两种文学观变形组合的特异形态。论语派作家各有自己的文章风格,但又共同体现了"幽默""闲适""性灵"的论语派特征。

中国民权保障同盟

中国民权保障同盟是1932年12月成立的。在它成立之前中国发生了两件事。第一件事是1930年2月胡适出版了《人权论集》;第二件事是1931年6月共产国际在中国的秘密工作人员牛兰被捕和随后宋庆龄等人营救他的活动。

《人权论集》,上海新月书店出版,辑印胡适、梁实秋、罗隆基三人发表在《新月》月刊上的关于拥护人权的几篇文章。由胡适编辑成书,他并写了一篇序言。全书的"主题词"是:"快快制定约法以保障人权!"序言表示:"我们所要建立的是批评国民党的自由和批评孙中山的自由。上帝我们尚且可以批评,何况国民党与孙中山?"这在当时是一本颇有影响的书。书中指名道姓地批评了国民党的创始人和孙中山。胡适在《〈人权与约法〉的讨论》一文中说:"不但政府的权限要受约法的制裁,党的权限也要受约法的制裁。如果党不受约法的制裁,那就是一国之中仍有特殊阶级超出法律的制裁之外,那还成'法治'吗?"

1931年6月15日,共产国际在中国的秘密工作人员牛兰和他的妻子在上海四川路235号住处被公共租界巡捕房逮捕。牛兰的真实名字叫雅科夫·鲁德尼克,其妻子叫达吉雅娜·玛依仙柯,上海共产国际联络部负责人。牛兰被捕,苏联立刻进行营救活动,一方面发动各国有影响的知名人物向中国发出抗议和营救的电报,对中国政府施加压力。另一方面,也计划采取更直接的营救措施。据伊斯雷尔爱泼斯坦著《宋庆龄——二十世纪的伟大女性》一书中透露:宋庆龄1931年7月"还在柏林或返国途经莫斯科时,就已有人告诉她关于牛兰夫妇的危难并请她援助"。宋庆龄回国后亲自出面同蒋介石本人谈判:要求中国释放牛兰夫妇。这一营救牛兰的目的没有达到,宋庆龄又采取了一项新的行动。1932年7月1日,南京国民政府以"危害民国"罪审讯牛兰。7月2日,牛兰以绝食相抗。11日,宋庆龄偕同牛兰夫妇的辩护律师陈瑛意到江宁地方法院看守所探视牛兰夫妇,劝他们进食。同日,她与蔡元培、杨杏佛、斯诺等组织牛兰夫妇上海营救委员会,宋庆龄亲自任主席。

五个月之后成立的中国民权保障同盟,实际上就是由这"牛兰夫妇上海营救委员会"扩大改建的。除了原来营救委员会的成员大都成了同盟的盟员之外,还尽量吸收了一批重量级的文化教育界的知名人士入盟,更加重了这一组织的分量。除了仍旧把营救牛兰夫妇作为实际上的首要任务之外,还加上了营救其他政治犯的任务,加上维护一般人权的口号,以争取更多的同盟者。1932年12月17日,宋庆龄、蔡元培、杨诠(杏佛)、黎照寰(曜生)、林语堂等筹备委员会发表宣言,决定成立中国民权保障同盟。同盟成立宣言中明确宣布了自己的三项任务:(一)争取释放国内政治犯,反对目前到处盛行的监禁、酷刑和处决的制度。本同盟首要的工作对象是大量的无名囚犯。(二)予政治犯以法律的辩护及其他援助,调查监狱的状况和公布国内剥夺民权的事实,以唤起舆论的注意。(三)协助关于争取公民权利,如出版、言论、集会和结社自由的斗争。

1932年12月18日上海《申报》刊出了宋庆龄、蔡元培、杨铨(杏佛)、黎照寰、林语堂等人以筹备委员会名义发表的《发起中国民权保障同盟宣言》。

12月29日下午"同盟"在上海南京路华安人寿保险公司大夏(今华侨饭店)八楼举行中外记者招待会,宣布"中国民权保障同盟"正式成立。宋庆龄(时任国民党中央执委)因病未出席,由蔡元培(时任国民党中央监委、中央研究院院长)主持,并代为宣读了宋庆龄的书面讲话,指出:"我们的组织的宗旨在于支援为争取结社、言论、出版、集会自由等民主权利而进行的斗争……本同盟首先关切的是援助那些拥塞在监狱中的大量无名无告的政治犯。你们新闻界当然知道有无数同胞被非法逮捕与监禁,知道那中世纪的残余——秘密军事法庭的存在。"杨诠(时任中央研究院总干事)报告会务,宣布了"同盟"全国执行委员会名单:主席宋庆龄,副主席蔡元培,总干事杨诠,宣传主任林语堂。会上还宣布各地将成立分会。

1933年1月17日中国民权保障同盟上海分会在中央研究院召开成立大会。大会由蔡元培主持,邹韬奋记录。到会者还有杨杏佛、林语堂、伊罗生(英文《中国论坛》杂志记者)、史沫特莱(Agnes Smedley,第三国际联络员,德国《法兰克福报》驻华记者兼宋庆龄英文秘书)、许申、吾汉祺、陈彬和、林众可、郭蔚然、胡愈之、鲁迅、周建人、王造时、郑太朴,共计16人。宋庆龄、蔡元培、杨杏佛、林语堂、伊罗生、邹韬奋、陈彬和、胡愈之、鲁迅9人被选为执行委员会。3月18日,上海分会举行大会,改选执委会,原属总会的执委退出。除鲁迅、陈彬和留任外,其余全部退出,又推选郁达夫、洪深、吾迈、沈钧儒、王造时、钱华、宁明予等7人加入,再加上留任的2人,上海分会执委也是9人。

1933年1月30日下午4时,中国民权保障同盟北平分会在南河沿欧美同学会举行成立大会,选举胡适、成舍我、陈博生、徐旭生、许德珩、任叔永、蒋梦麟、李济之、马幼渔等9人为执行委员。

"同盟"成立后,在宋庆龄、蔡元培、杨杏佛、林语堂的领导下,为保障人民的民主自由权利,营救政治犯,反对国民党的非法拘禁和杀戮,开展了多项活动。

林语堂参与的中国民权保障同盟的活动,引起了南京政府的恼恨和制裁。他们不敢把宋庆龄和蔡元培干掉,但蒋介石决定杀掉总干事杨杏佛,杀鸡儆猴,这次刺杀杨杏佛的主要目的是扼杀民权保障同盟,杨杏佛是宋庆龄的亲密助手,自然成了牺牲品。

1933年6月18日,杨杏佛与其子杨小佛驾车外出,被埋伏的特务枪杀于上海亚尔培路。杨杏佛正在自由与民主道路上纵马驰骋、大展身手之时,几声枪响,结束了这位民权斗士的可贵生命。同时,林语堂敦促宋庆龄,为了全体成员的安全,"同盟"立即停止了活动,实际上也结束了它的历史使命。林语堂自己也受到威胁,要成为下一个目标。[1]

杨杏佛被刺后的吊唁仪式共举行了两次。第一次是1933年6月20日的入殓仪式,林语堂因为在家门口被人监视,未敢出门去参加,因为传说林语堂是第二个被杀的对象。鲁迅、宋庆龄和蔡元培等都参加了这次杨杏佛的入殓仪式。据冯雪峰回忆录中说,鲁迅那天没有看到林语堂在场,于是对冯说:"这种时候就看出人来了,林语堂就没有去;其实,他去送殓又有什么危险!"鲁迅这句原话他自己没有写下来,这是冯雪峰的回忆,即使不是原话大概也是这个意思。第二次是7月2日的出殡仪式。据1933年7月3《申报》报道,林语堂参加了7月2日的出殡仪

---

[1] 钱锁桥著《林语堂传——中国文化重生之道》,广西师范大学出版社2019年1月第1版第159页。

式。鲁迅参加的是第一次仪式，就认为林语堂胆小不敢参加杨杏佛的葬礼，而对林语堂大为不满，这实在是冤枉了林语堂。

中国民权保障同盟实际上是由蔡元培、林语堂、胡适等自由派知识分子和宋庆龄、史沫特莱、鲁迅等左翼革命派组成的联盟，本身就是一个十分尴尬的结合，从1932年12月至1933年6月一共存在了半年时间。其间因意见不同，胡适被开除同盟。林语堂向右翼争人权，又向左翼抗争，尤其是创办了《论语》《人间世》等杂志，提倡幽默、闲适和性灵小品在20世纪30年代获得了成功，成为左翼文人所无法忍受的。

萧伯纳来上海

1933年2月17日，萧伯纳在环游世界途中来到上海停留一天。他之所以来上海，主要是想见一见宋庆龄等人。由于中国文化界人士颇为仰慕他，因而受到了热烈而隆重的欢迎。林语堂就是最热心的一个。萧伯纳（George Bernard Shaw，1856—1950），直译为乔治·伯纳·萧，爱尔兰剧作家，1925年"因为作品具有理想主义和人道主义"而获诺贝尔文学奖。他是英国现代杰出的现实主义戏剧家，是世界著名的擅长幽默与讽刺的语言大师。萧伯纳与宋庆龄一起，是"国际反帝同盟"的名誉主席，他对中国人民一直怀有深厚的感情。1925年上海"五卅惨案"发生后，他拍案而起，曾联合各国著名人士发表宣言，严厉谴责英帝国主义的残暴行径，支持中国人民的反帝爱国运动，此后一直密切关注着中国的民族独立和抗日救亡运动。"九·一八"事变以后，"国际反帝同盟"曾委托一批世界文化名人拟到中国访问，其中就有萧伯纳的名字。

1933年初，在宋庆龄、蔡元培、杨杏佛、林语堂发起的中国民权保障同盟总会的邀请下，77岁高龄的萧伯纳偕夫人将乘英国"不列颠皇后号"轮船漫游世界，并从香港到上海作短暂访问。消息一传出，上海文化界的反应空前热烈，各大媒体竞相刊登萧伯纳来沪的消息及其作品，而上海的几乎所有重要的作家也都纷纷撰文予以评说，掀起了一股"萧伯纳热"。2月2日，《申报·自由谈》发表郁达夫的《萧伯纳与高尔斯华绥》："我们正在预备着热烈欢迎那位长脸预言家的萧老。"上海的生活书店也大登广告，推销有关萧伯纳的书籍。2月9日，《申报·自由谈》又发表玄（茅盾）的文章《萧伯纳来游中国》；2月15日起连载宜闲（汪倜然）翻译的中篇小说《黑女求神记》。而萧伯纳抵沪的当天和次日，《申报·自由谈》还连续两天刊出"萧伯纳专号"，其中有何家干（鲁迅）的《萧伯纳颂》、郁达夫的《介绍萧伯纳》、林语堂的《谈萧伯纳》、玄（茅盾）的《关于萧伯纳》、许杰的《绅士阶级的蜜蜂》和杨幸之的 *Hello Shaw*，等等，在高度评价萧伯纳的文学成就、批评国内对萧伯纳译介不够的同时，对萧伯纳此次到沪的现实意义发表了各自的见解。

1933年2月17日，中国电影文化会及上海剧团联合会代表洪深、戏剧协会代表应云卫和上海各界青年400多人手持旗帜，高举"Welcome to our Great Shaw"的标语，齐聚税关码头，等候萧伯纳的光临。民权保障同盟会的林语堂、邵洵美等人以及中外新闻记者20多人，也在欢迎的人群之列。

中午，宋庆龄在莫利爱路29号寓所（今香山路7号孙中山故居）设宴为萧伯纳洗尘，接待这位不远万里来沪的贵宾，参加欢迎午宴的均为一时之选，有蔡元培、杨杏佛、林语堂、伊罗生和美国女记者史沫特莱等。鲁迅赶到孙宅时，午宴已进行了一半。

午宴后，宋庆龄等一行人陪着萧伯纳在院子里散步。当时上海的天气几天来一直不好，可现在居然出了太阳。"萧先生真是好福气，"有人说，"在多云喜雨的上海见到了太阳！""不，"萧伯纳机智地反驳，"应该说这是太阳福气好，能够在上海见到萧伯纳！"一番诙谐的对话引得众人大笑不已。随后，这几位中外文化精英留下了一张珍贵的合影——

鲁迅站在最左侧，蔡元培居中，两人都穿着长袍；林语堂站在鲁迅与蔡元培的中间偏后的位置；宋庆龄以她一贯的姿势立在台阶上，端庄雍容，头微微偏着，露出几乎不容易察觉的一笑（杨杏佛不在其中，可能为他们摄影）。萧伯纳还分别与宋庆龄以及蔡元培、林语堂、鲁迅在孙宅花园草地上合影。

　　萧伯纳匆匆结束了他短暂的上海之行，而上海文化界围绕萧伯纳的报道和评论却仍在继续，林语堂于1933年3月1日的《论语》第12期上特地作了迎萧专号，几乎整期的篇幅刊登了蔡元培、鲁迅、宋春舫、邵洵美、洪深和主编林语堂对萧伯纳访沪的各种感想；其中有蔡元培、鲁迅、林语堂和邵洵美等人的迎萧文章，而林语堂一人就有五篇：《萧伯纳与上海扶轮会》《萧伯纳与美国》《水乎水乎洋洋盈耳》《欢迎萧伯纳文考证》《再谈萧伯纳》。此外，还刊有镜涵的《萧伯纳过沪谈话记》、宋春舫译的《萧伯纳敬告中国人民》、开洋的《泰晤士报记者与萧伯纳谈话记》等。由此看见，林语堂为欢迎萧伯纳访问上海并扩大他的影响，做出了积极的贡献。

第十章　上海（二）

"幽默"与"闲适"

《论语》创刊时，林语堂在《答青崖论幽默译名》中说过，该刊以"提倡幽默为目标，而杂以谐谑"。林语堂认为幽默格调是有所不同的，如庄子是阳性的幽默，以其议论取胜；陶潜是阴性的，以诗化自适著称，在中国文学史上这种闲适怡情之幽默，不绝见于诗文。林语堂认为闲适格调，要作者"先有深远之心境，而带一点我佛慈悲的念头，然后文章火气不大盛"。他还要求闲适格调要自然清淡，要求"闲适笔调"，即"个人笔调"。林语堂在《论小品文笔调》里认为此种笔调亦称"闲淡体""娓语体""笔墨极轻松，真情易于吐露，或者谈得畅快忘形，出辞乖戾"，并且认为笔调是多种多样的，"或平淡，或奇峭，或清新，或放傲"，不过，他极力提倡"味愈醇，文愈熟，愈可赏"。总之，幽默文学的理论主张以性灵为命脉，以闲适为格调，以谑而不虐为手段，表露人生的滑稽相。

论语派自称是"旁观者""超脱派"。一方面不满国民党的统治，另一方面对左翼文学持否定、非难态度。

先看讥评时政的文章。论语派嘲笑国民党政府对日本帝国主义的侵略采取不抵抗主义的态度和政策。林语堂在《如何救国示威》里指出，国民党所谓长期抵抗，枕戈待旦等都是言之成理，只怕不能实行，他嘲讽道："某将军提出跳舞救国法""戴季陶提出金光明道场咒救国法"，何建的"读经救国法"等。他还写了《奉旨不哭不笑》《诵经却倭寇》《国事亟矣》《梦影》等文，也是揶揄国民党不抵抗主义的。《等因抵抗歌》写道："照得长期抵抗，业经要人提倡。前准努力杀贼，内开我心忧伤；等因枕戈待旦，奉此薪卧胆尝；相应礼义廉耻，理合慷慨激昂。是否打得日本，伏维计议从长。"第十二期上的《吊热河失陷孙殿英部退败原因》里写了一副对联：

旬间失六十万方里热汤滚得快打破古今纪录
三日分个半斤饼干冷口齿已寒滑尽天下大稽

可谓绝妙地讽刺了国民党部队给养不良和不战而退的情形，放弃大片国土的行径。

林语堂对南京政府要人的可鄙言行也进行了讽刺，如《论政治病》，揭露权贵们下台时都以养病为遁词，"贪食无厌"，实为"政治病"。还讽刺了南京政府禁止言论自由，如《文章五味》《谈言论自由》等。

林语堂对封建文化的揭露是十分有力的。如《半部韩非知天下》《梳、篦、剃、剥及其他》等文，把封建道德的虚伪与官僚的作恶连在了一起。林语堂说："中国之官，只是读书土匪。中国文化之溃灭，及读圣贤书之人之可杀，已充分暴露。"

林语堂和陶亢德主编《论语》时，林语堂确实发表了不少对南京政府有所讽刺和抨击的文字，表现了他所具有的在政治上的进步性和思想上的正义感，也表现了他独立于党派之外的自由人的立场。

论语派的文章更多的是批评人们交往中的不良倾向作风和充满闲

适、笔调轻松的书写个人感受的作品。如林语堂的《怎样写〈再启〉》《冬至之晨杀人记》《论西装》《怎样买牙刷》《论握手》《中国究竟有臭虫否？》《脸与法制》《得体文章》《上海之夜》《萨天师与东方朔》等。从体裁上来说，《论政治病》属于论说体；《上海之歌》属于抒情体；《答平凡书》属于书信体；《杂说》属于杂文体；等等，这些作品没有一定的格式，并且各具特色。当然，也有一些表现了对左翼文学不满的文章。总体来说这样的文章还是不多的。

林语堂在20世纪30年代《论语》时期，进一步倡导幽默，一是为了增加中国文学的品种和格调，有益于丰富中国人的心灵生活；二是为了运用幽默艺术来反映或批评人生。不光林语堂写关于幽默的文章和阐述关于幽默的看法，在《论语》上也曾发表过周谷城的《论幽默》、钱仁康的《论幽默的效果》、徐碧晖的《鲁迅小说与幽默艺术》、炳文的《史太林的幽默》、汪稠然译的《论幽默》、徐懋庸译的《笑之社会性质与幽默艺术》。鲁迅、林语堂、老舍、姚颖、陶亢德、徐訏、何容、大华烈士等人的作品都具有不同程度的幽默感，尤其是林语堂对幽默艺术作了多方面的探讨，形成了较为系统的幽默理论，为我国幽默理论的建设做出了重要贡献：他首创了幽默概念；对西方的幽默理论和幽默小品文具有精当的认识；不断探讨中国幽默文化的传统，认为幽默是人生的一部分，是一个国家的文化发展到一定程度才会出现的现象，如唐之传奇、宋之平话、元之戏曲、明清之小说都有幽默成分；建立了幽默理论体系，为了说明幽默的本质特征，林语堂还把它与讽刺滑稽和游戏文字做了比较；阐明了幽默与人生的关系，他提倡幽默，绝不是为幽默而幽默，更不是为笑笑而已；要充分认识幽默的功能，林语堂在《论幽默》里指出："无论哪一国的文化，生活，思想，都是用的着近情的幽默的滋润的。没有幽默滋润的国民，其文化必日趋迂腐，文学必日趋干枯，而人的心灵必日趋顽固"；幽默不是靠说说而已，它需要人的创造；等等。遗憾的是，

第十章　上海（二）

由于种种原因，林语堂提倡幽默一直未能得到评论界的公允评价。除此之外，林语堂还提倡闲适；提倡性灵；提倡小品文；提倡语录体和提倡俗字（简体字）等，其在文化上的功绩是卓著的。所以，林语堂和以他为首的论语派，绝不是什么反动的文艺派别，不能因为鲁迅等左派文人的反对，就随便否定。今天应该进行好好总结其经验教训，更好地发展中国传统文化和现代文化的有机结合了。

依定盘路四十三号 A

20 世纪 30 年代的林语堂，在上海搬过几次家。最初住在善忠路（今常熟路）一套公寓里，后来搬进依定盘路（今江苏路）四十三号 A 的花园洋房，直到 1936 年离开上海。

这个花园洋房有一个面积不小的园子，里面有各种树木，又种着各种蔬菜，还有供孩子玩耍的秋千、滑梯等。

林语堂的书房在楼下一层，林语堂先生把自己的书房称之为"有不为斋"。为什么叫作"有不为斋"呢？林先生有一番解释。他说，1898 年时的维新党人康有为，这个人既是"有为"，那么一定在另一些方面会"有不为"。如孟子所说，有所不为然后可以有为，正可证明物极必反的道理。但是人总有他有所不为的事。林语堂先生对自己的"有为"，我们未尝见到说明，但对于有哪些"不为"，做了公然的宣布：

"我不会穿西装革履到提倡国货大会演说，也不曾坐别克汽车，到运动会鼓励赛跑，并且也不曾看得起做这类事的人。

我极恶户外运动及不文雅的姿势，不曾骑墙，也不会翻筋斗，不论身体上，魂灵上，或政治上，我连观察风势都不会。

我不曾写过一篇当局嘉奖的文章，或是撰过一句士大夫看得起的名句，也不曾起草一张首末得体同事认为满意的宣言。

也不曾发，也不曾想发八面玲珑的谈话。

……

我喜欢革命，但永不喜欢革命家。

……

我极恶小人，无论在任何机关，不曾同他们钩心斗角，表示我的手腕能干。我总是溜之大吉，因为我极恶他们的脸相。

……"①

原来，作为一个有智慧的人，"有为"是普遍存在的，而"有不为"却很难做到。必须像林语堂那样，"连看风也不会"才行。因为连见风使舵都不会，当然也就不会骑墙居中，或者忽左忽右，更不会去翻什么筋斗了。

"有不为斋"四面是书，墙壁上挂着林语堂自觉满意的一副对联："两脚踏东西文化，一心评宇宙文章"。此对联虽为林语堂自己所撰，但梁启超为他亲自书写，其笔力遒劲，气韵生动和境界高远，使整个房间熠熠生辉。古雅的家具、美丽的地毯，墙上还挂着李香君的画像，给人一种儒雅舒服的感觉。林语堂对自己的书斋也比较满意，他不喜欢过分整洁，总觉得有七分整洁，三分零乱，才显得舒服方便，所以他喜欢在自己的书斋里吸烟，房间里经常烟雾缭绕。他在《吸烟与文化》中说："吾死时，得友人撰墓志曰：'此人文章烟气甚重。'吾愿已足。"

除了好友来谈，林语堂不愿别人随便进来，尤其在写作的时候，即使女儿也不成，女儿只好偷偷地从门缝里看一眼，偶尔进来一次也不能出声。爱人廖翠凤一般不进来，有时进来送水或别的吃的也是蹑手蹑脚，

---

① 林语堂著《有不为斋解》,《林语堂散文经典全编》(第3卷),九州图书出版社2004年5月第1版,2007年第4次印刷,第133–134页。

第十章 上海（二）

轻进轻出，不能影响他的写作。当然，也不是任何人都不能进来，"有不为斋"的客人还是有的，如邵洵美、陶亢德、周黎庵、谢保康等。林语堂的兄弟如二哥林玉霖、三哥林憾庐、六弟林幽也常来，二哥来得最多。廖家的亲戚和林语堂其他的朋友也会到这里来。二哥林玉霖原来在圣约翰大学任教，后来常换地方，有时还失业，性格急躁，与妻子的关系也挺紧张，常上这里来倾诉一番。三哥虽然生得较瘦，背也有点驼，但他性格比较好，喜欢笑，虽然学的是医学，但喜欢文学，常常自吟自酌得非常投入，后来还真参加了文学的编辑工作。林幽最大的特点是爱笑，也爱讲笑话，林幽与林语堂一样喜欢科学和发明创造，如他发明的自来墨水毛笔、双脚平行圆规等一些小东西。

林语堂是一个非常热爱生活的人，他除了读书外，喜欢听西洋音乐，也学着弹几下钢琴，还经常学唱中国当时流行的歌曲，更喜欢看考尔门的戏和卓别林演的电影。后来他的爱好扩大了，如发明中文打字机、旅游、钓鱼、下棋、洗足和喜欢美食等，当然抽烟是他的最大爱好之一。据说"饭后一袋烟，赛过活神仙"就是他发明的，后来成了烟草公司老板的广告词，流传至今。

林语堂家有自备的厨师，拿手菜是"八宝鸭"。廖翠凤也是做饭的能手，所以，"有不为斋"接待过上海的大部分文化名人，如鲁迅、郁达夫、邵洵美、钱杏邨、桂中枢、朱少庸、全增嘏、徐懋庸、唐弢、赛珍珠女士、施蛰存、赵家璧、章克标、简又文、陶亢德、徐訏、周黎庵、刘大杰等。"有不为斋"特有的情调和殷勤好客的主妇，促进了林语堂社交活动的良性循环。"有不为斋"还是东西文化碰撞的场所，如温源宁、吴经熊都是留学欧美的留学生，他们的英语都非常地道，在一起交流都可以直接用英语进行。温源宁（1899—1984），广东陆丰人。英国剑桥大学法学硕士。1925年起，历任北京大学西方语言文学系教授兼英文组主任、清华大学西洋文学系教授、北平大学女子师范学院外国文学系讲师等职。1935年起,与林语堂、全增嘏、姚克等合编英文文史月刊《天下》。吴经熊(1899—1986)。一名经雄,字德生。1899年3月28日,出生于浙江省宁波府鄞县(今宁波市鄞州区)。1921年,获美国密歇根大学法学院法学博士学位,后受资助开始游学于欧洲。他曾在法国巴黎大学、德国柏林大学等欧洲著名学府从事哲学和法学的研究。1935年,吴经熊创办了《天下月刊》。还有新月诗人邵洵美也是"有不为斋"的常客。邵洵美(1906—1968),诗人,散文家,出版家,翻译家。其诗集有《天堂与五月》《花一般的罪恶》。林语堂的"有不为斋"成了自由主义知识分子的重要聚会之地。

"探险"与"壮游"

林语堂说:"读书本来是至乐的事。"[①]他对读书十分重视,为此,他写了《读书的艺术》和《论读书》等文。

林语堂的读书视野非常开阔,他广泛涉猎古今中外各方面的著作。他选择读书习惯也与众不同,他喜欢读最上乘和最一般的书,而不喜欢第二流的作家。他从最上乘的作品,比如孔子、老子、庄子、柏拉图那里寻找人类思想的源头,从最通俗最一般的民间歌谣、苏州船户的小曲中获取生动而新鲜的艺术原料,所以,他说:"老子的道德经和苏州船户的歌曲,对我均为同等。"

林语堂自夸他"读一本书得益比别人读十本的为多"。这是因为林语堂自幼能刻苦读书,能得心应手地掌握"读书的艺术",发挥自己博闻强记的天赋,把学到的零星知识融会贯通。他主张自由看书,无论什么书有兴趣就看,人人必须自寻其相近的灵魂。林语堂很推崇杜威的一句名言:读书是一种探险,如探新大陆,如征新土壤;他也赞成佛兰西的另

---

① 林语堂著《读书的艺术》,《林语堂散文经典全编》(第1卷),九州图书出版社2004年5月第1版,2007年第4次印刷,第2页。

第十章 上海（二）

一句名言：读书是"魂灵的壮游"，随时可以发现名山巨川，古迹名胜，深林幽谷，奇花异卉。

在号称"幽默年"的1933年，他以一个成功的读书人的姿态，曾多次应邀向圣约翰大学、光华大学、复旦大学、大夏大学的学生介绍他的"读书的艺术"。他先强调"读书的主旨在于排脱俗气"，他引用了黄山谷的"人不读书便语言无味，面目可憎"的典故。然后点明：读书艺术的要害全在一个"味"字上。

林语堂总结归纳的那套读书经验，虽有不少智慧的结晶，但也不无夸张之处，剔除那些故作惊人之语，倒也不乏真知灼见。他认为凡读书成名的人，只有乐没有苦，兴味一来，不论任何环境都手不释卷，这才是读书人。所以他盛赞顾千里不避暑气炎热，裸体读经，欣赏欧阳修不论在马上或厕所里，文思一来，非作文章不可的癖嗜。在课堂、马路、洋车上、厕所里、图书馆、理发室等任何地方都可以读书的人，才是林语堂心目中的真正的读书人。

读书对于热爱读书的人是一种乐趣，虽然口味不同，但其中享受到的趣味并无二致。而对于不爱读书之人也可能是一种刑罚。林语堂先生在开篇中写道："当我们把一个不读书者和一个读书者的生活上的差异比较一下，这一点便很容易明白。那个没有养成读书习惯的人，以时间和空间而言，是受着他眼前的世界所禁锢的。他的生活是机械化的，刻板的；他只跟几个朋友和相识者接触谈话，他只看见他周遭所发生的事情。他在这个监狱里是逃不出去的。可是当他拿起一本书的时候，他立刻走进一个不同的世界；如果那是一本好书，他便立刻接触到世界上一个最健谈的人。"读者往往被书籍带进一个思想和反省的境界里去，而这个过程亦是一个自我完善和成长的过程。"那么，什么是读书的真艺术呢？简单的答案就是有那种心情的时候便拿起书来读。一个人读书必须出其自然，才能够彻底享受读书的乐趣。"读书的艺术可谓仁者见仁，智者见智，而我们今年所倡导的读书活动主旨，恰恰契合了这一读书的艺术。

《读书的艺术》目的明确，这篇文章的特点很鲜明，林语堂十分善于运用谈心和说理叙事的方法，一层一层采取推进地表现"读书的艺术"。文章的开头，林语堂是以一名老师与学生谈心的口吻起句，就个人所认为理想的方法，与诸位学生通常的读书方法比较研究一下。口气轻松亲切，直接提出想要说的话题。林语堂指出，读书没有合宜的时间和地点。一个人有读书的心境时，随便什么地方都可以读书。如果他知道读书的乐趣，他无论在学校内或学校外，都会读书，无论世界有没有学校，也都会读书。不难发现，林语堂在说理的过程中，紧紧抓住了问题的要害，他抨击了当时特别严重的、传统的死读书的学习方法，大力提倡主动的、自觉的、科学的新型读书观。逻辑性极强，加以入情入理的叙述与分析方法，便表现得侃侃而论，娓娓道来，的确有一种亲切感人的渗透力。林语堂在讲述读书的本意与读书之乐趣时，引用一些名人名言：宋代的诗人和苏东坡的朋友黄山谷所说的话最妙。他说："三日不读，便觉语言无味，面目可憎。"他的意思当然是说，读书使人得到一种优雅和风味，这就是读书的整个目的，而只有抱着这种目的的读书才可以叫作艺术。一个人如果抱着义务的意识去读书，便不了解读书的艺术。这种具有义务目的的读书法，和一个参议员在演讲之前阅读文件和报告是相同的。这不是读书，而是寻求业务上的报告和消息。此外，林语堂在文章中还适时、适量地加入了一些幽默的语言，使文章在严肃之中不乏轻松，缜密之中时有笑语。

林语堂在《论读书》中同样讨论了读书的兴趣、方法等问题。如他谈到在学校读书的情景时说："在学校读书有四不可。（一）所读非书。学校专读教科书，而教科书并不是真正的书。今日大学毕业的人所读的书极其有限。然而读一部小说概论，到底不如读《三国演义》《水浒传》；读一部历史教科书，不如读《史记》。（二）无书可读。因为图书馆存书不多，

第十章 上海（二）

可读的书极有限。（三）不许读书。因为在课室看书，有犯校规，例所不许。倘是一人自晨至晚上课，则等于自晨至晚被监禁起来，不许读书。（四）书读不好。因为处处受训导处干涉，毛孔骨节，皆不爽快。"那么，怎样才算是真正的读书呢？他说真正的读书是自由的读书："无论是在校，离校，做教员，做学生，做商人，做政客有闲必读书。这种的读书，所以开茅塞，除鄙见，得新知，增学问，广识见，养性灵。人之初生，都是好学好问，及其长成，受种种的俗见俗闻所蔽，毛孔骨节，如有一层包膜，失了聪明，逐渐顽腐。读书便是将此层蔽塞聪明的包膜剥下。能将此层剥下，才是读书人。点明读书要能破俗见陋习，复人之灵性。对死读书本固持陈念之人一段讥讽，令人心惊警惕。盖我们也未尝不有鄙俗之时。并且要时时读书，不然便会鄙吝复萌，顽见俗见生满身上，一人的落伍、迂腐、冬烘，就是不肯时时读书所致。所以读书的意义，是使人较虚心，较通达，不固陋，不偏执。一人在世上，对于学问是这样的：幼时认为什么都不懂，大学时自认为什么都懂，毕业后才知道什么都不懂，中年又以为什么都懂，到晚年才觉悟一切都不懂。"读书是最自然的事，"所以读书不可勉强，因为学问思想是慢慢胚胎滋长出来。其滋长自有滋长的道理，如草木之荣枯，河流之转向，各有其自然之势。逆势必无成就。树木的南枝遮荫，自会向北枝发展，否则枯槁以待毙。河流遇了矶石悬崖，也会转向，不是硬冲，只要顺势流下，总有流入东海之一日。世上无人人必读之书，只有在某时某地某种心境不得不读之书。"

林语堂的《论读书》与《读书的艺术》在内容上有许多观点相同。除此之外，他写了《论恶性读书》《古书有毒辩》《"五十以学〈易〉"辩》《论文》《舒白香的山中日记》《从梁任公的腰说起》《介绍〈曲城说〉》《读〈邓肯自传〉》《闲话〈查泰莱夫人的情人〉》《论晴雯的头发》等关于读书的文章。总之，林语堂认为读书不要装腔作势、读书须有胆识，有眼光，有毅力，有兴趣，"须放开心胸，仰视浮云，无酒且过，有烟更佳！"

第十一章　上海（三）

《人间世》

1933年11月1日出版的《论语》第28期刊登了林语堂的《与陶亢德书》，信中含蓄地透露了自己要脱离《论语》的意思。从这第28期开始，《论语》实际上已由陶亢德接编，但林语堂仍是《论语》的主要撰稿人。

林语堂之所以脱离《论语》，另起炉灶，人们有种种猜测。有人以为这是林语堂和邵洵美之间产生了矛盾，也有人以为是林语堂和章克标之间产生了矛盾。究竟是怎么回事？外人议论纷纷，虽不知详细内情，但当时的社会舆论还是倾向于林语堂的。林语堂与时代书局产生了矛盾，导致了《人间世》的出世。

《人间世》半月刊是林语堂、陶亢德在上海创刊于1934年4月5日，由于编辑部门与出版部门的意见龃龉，于1935年12月停刊。《〈人间世〉发刊词》公开阐明了自己的办刊方针："盖小品文，可以发挥议论，可以畅世衷情，可以描绘人情，可以形容世故，可以札记琐屑，可以谈天说地，本无范围，特以自我为中心，以闲适为格调，与各体别，西方文学所谓个人笔调是也。"所以，"以自我为中心，以闲适为格调"成了《人

第十一章 上海（三）

间世》的主调，也成了林语堂留给中国现代文学史的带有自己独特风格的名言。《发刊词》还界定了小品文的内容："包括一切，宇宙之大，苍蝇之微，皆可取材，故名之为人间世，除游记诗歌题跋赠序尺牍日记之外，尤注重清俊议论文及读书笔记，以期开卷有益，掩卷有味，不仅吟风弄月，而流为玩物丧志之文学……""宇宙之大，苍蝇之微"一句不知被左翼文学家嘲笑了多少遍。比《发刊词》更惹是非的，则是周作人的那两首五十自寿诗。因为林语堂与周作人的气味相投，关系不错，所以这次创办《人间世》就把周作人最早提倡的"闲适"和"性灵"的小品文，作了《人间世》的主调，《人间世》创刊之际，恰逢周作人五十寿辰，林语堂就用周作人的五十寿辰来为《人间世》做广告。1934 年 1 月 15 日是周作人的五十寿辰，为了庆贺自己的年过半百，1 月 13 日，周作人就写了一首"牛山体"的七律诗：

前世出家今在家，不将袍子换袈裟。
街头终日听谈鬼，窗下通年学画蛇。
老去无端玩古董，闲来随分种胡麻。
旁人若问其中意，且到寒斋吃苦茶。

15 日又写了一首：

半是儒家半释家，光头更不着袈裟。
中年意趣窗前草，外道生涯洞里蛇。
徒羡低头咬大蒜，来访拍桌拾芝麻。
谈狐说鬼寻常事，祗欠功夫吃讲茶。

对这两首自寿诗，周作人非常欣赏，手书多份赠送朋友。林语堂接到后，正在筹备《人间世》，他灵机一动，决定把周作人的自寿诗再抄送给当时文化界有影响的名家，向他们索取唱和诗，登载《人间世》上，果然，苍天不负苦心人，成绩都是给那些能抓住机遇的人准备的，《人间世》创刊后，一炮打响。1934年《人间世》创刊号上登载了周作人的自寿诗，旁边还配以周作人的巨幅照片，同时登载了林语堂、刘半农、沈尹默的唱和诗，且都是以手迹刊出。《人间世》第二期又刊出了蔡元培、沈兼士、钱玄同、胡适等人的多首唱和诗。经过林语堂这么一策划、渲染，周作人的五十自寿诗轰动一时，竟至满城争诵。

周作人在他的自寿诗里，以闲适、风雅为基调，向世人展现了他"平和冲淡"之后"苦涩"的生活，虽略有自嘲而讽世的意味，但总是一种雅致的消沉，为周作人所自得和自命的。周作人自寿诗中的那种人生况味，是他们那一代个人主义自由思想者所共有。周作人的"畏友"钱玄同诗云："但乐无家不出家，不皈佛法没袈裟。腐心桐选祛邪鬼，切齿纲伦斩毒蛇；读史敢言无舜禹，谈音尚欲析遮麻。寒宵凛冽怀三友，蜜橘酥糖普洱茶。"不数日，他再和知堂一首云："要是咱们都出家，穿袈是你我穿袈。大嚼白菜盘中肉，饱吃洋葱鼎内蛇；世说专谈陈酉鞑，藤阴爱记烂芝麻。羊羹蛋饼同消化，不怕失眠尽喝茶。"胡适的和诗其一《和苦茶先生打油诗》云："先生在家像出家，虽然弗着啥袈裟。能从古董寻人味，不惯拳头打死蛇。吃肉应防嚼朋友，打油莫待种芝麻。想来爱惜绍兴酒，邀客高斋吃苦茶。"其二《再和苦茶先生，聊自嘲也》："老夫不出家，也不着袈裟。人间专打鬼，臂上爱蟠蛇。不敢充幽默，都缘怕肉麻。能干大碗酒，不品小盅茶。"蔡元培平时不写诗，但这一回竟然诗兴大发，接连寄了三首和诗。其一："何分袍子与袈裟，天下原来是一家；不管乘轩缘好鹤，休因惹草却惊蛇。扪心得失勤拈豆，入市婆娑懒绩麻。园地仍归君自己，可能亲掇雨前茶。"蔡元培第三首题云《新年用知堂老人自寿韵》："新年儿女便当家，不让沙弥袈了裟。鬼脸遮掩徒吓狗，龙灯画

第十一章　上海（三）

足似添蛇。六幺轮掷思赢豆，数语蝉联号绩麻。乐事追怀非苦话，容吾一样吃甜茶。"这首诗包含了他对周作人内心世界的体悟和他对周作人个人趣味的深刻理解。

林语堂的唱和诗题目是《和京兆布衣八道湾居启明老人五秩诗原韵》，全文如下：

京兆绍兴同是家，布衣袖阔代袈裟。
只恋什刹海中蟹，胡说八道湾里蛇。
织就语丝文似锦，吟成苦雨意如麻。
别来但喜君无恙，徒恨未能与话茶。

周作人的诗含有讽世之意，内隐着不平，但由于曲笔隐晦，所以此种微词为一般读者所不明了①。再加上名流唱和，倒反而变成了近于肉麻的相互吹捧和自我吹嘘。林语堂没想到这一幽默的雅事，招来了一阵对《人间世》和自寿诗的激烈批判，这是林语堂所始料不及的。首先发难的是野容（廖沫沙），他在4月14日《申报·自由谈》发表了《人间何世》，文章一开始就把矛头对准了林语堂："主编《论语》而有'幽默大师'之称的林语堂先生，近来好像还想谋一个兼差，先前是幽默，而现在继之以小品文，因而出版了以提倡小品文相标榜的《人间世》。有了专载小品文的刊物，自然不能不有小品文'大师'，这是很逻辑的登龙之道吧。"接着又把矛头对准了周作人，他说当他揭开了《人间世》封面，见到一幅周作人的放大了的肖像，还以为是错买了一本摩登讣闻呢！野容在引用了周作人1月13日写的第一首自寿诗后，也写了一首带有讽刺手法的打油诗："先生何事爱僧家？把笔题诗韵押裟。不赶热场孤似鹤，自甘凉

---

① 鲁迅1934年4月30日致曹聚仁函，《鲁迅选集·书信集》，山东文艺出版社1991年9月第1版第263页。

血懒如蛇。选将笑话供人笑，怕惹麻烦爱肉麻。误尽苍生欲谁责？清谈娓娓一杯茶。"《人间何世》对幽默、小品文作了毫不留情的否定。鲁迅虽也表达了"我不爱幽默"的立场，但在4月30日给曹聚仁的信和5月6日给杨霁云的信中，都肯定了周作人自寿诗有"讽世之意"使林语堂得到了一些安慰，并且鲁迅在4月30日《申报·自由谈》上发表了《小品文的生机》一文，表达了对林语堂的理解。

这时，章克标的《文坛登龙术》出版，这是一本用讽刺笔法写成的散文随笔，从文人应具备何种资格、气质、修养到如何生活社交、著作出版、如何宣传等，以辛辣的笔锋揭露和讽刺了文坛上种种恶劣的手段和行径，为读者展现了20世纪30年代中国文坛内幕的一角，所以，《文坛登龙术》引起了文坛上各路文士们的注意。林语堂怀疑野容就是章克标的化名，用《文坛登龙术》来报复《人间世》抢走《论语》的读者。

《人间世》发刊时，林语堂也是对各派作家采取了兼容并蓄的态度。创刊号上公布的特约撰稿人有49人之多，当年的知名作家大都罗列在内。如蔡元培、周作人、刘半农、徐懋庸、朱光潜、黄庐隐、郁达夫、废名、傅东华、丰子恺、阿英、徐訏、李青崖、简又文、陈子展、刘大杰、全增嘏等各种不同政治倾向的作家或学者。《人间世》畅谈小品文的特性。林语堂为此亲自撰写了《人间世·发刊词》《说小品文半月刊》《论小品文笔调》《说个人笔调》《论玩物不能丧志》《说自我》《关于本刊》《小品文之遗绪》《再谈小品文之遗绪》等多篇文章，其主要内容论说了：（一）小品文取材的广泛性："宇宙之大，苍蝇之微"；（二）小品文的特点："以自我为中心，以闲适为格调"；（三）小品文的性质："以期开卷有益，掩卷有味"；（四）小品文的笔法："提倡小品文笔调"。林语堂还借鉴西方小品文和我国古代的小品文的传统，做到"融汇古今，贯通中西"。他还在1934年建议重印《袁中郎全集》，该书由刘大杰编订，林语堂校勘，胡適、郁达夫、阿英和刘大杰等人分别作序。此书出版后，颇受社会文化界人士的欢迎。仅在一年多时间里，便有了五种翻印本，出版数量达五万部以上。

《人间世》由于刊登了不少的小品、杂文和游记，这些文章中有的反映了对现实人生的不满和感慨，有的畅谈了读书的艺术，有的是对人物的传记和印象记，具有知识性、趣味性、真实性和史料性，且还具有朴实、清新的特点，因此，受到了读者的欢迎。所以，有人说1933年是"幽默年"，而1934年则是"小品文年"。当然《人间世》也存在着一定的局限性。当左翼作家对《人间世》表达不满时，林语堂写了《方巾气研究》和《母猪渡河》，分别发表在《申报·自由谈》和《人间世》上，把骂"幽默"的人，比喻成蠢猪。

疏离鲁迅

1932年，林语堂创办《论语》杂志倡导"幽默"，一时幽默成风，以至于1933年被称作"幽默年"。宋庆龄和蔡元培组织的"中国民权保障同盟"，林语堂是同盟的宣传主任，鲁迅是委员，这两人"化干戈为玉帛"，重新携手，联系也多起来。但是是否存有表面的和好？这就难说了。对于鲁迅来说，肯定心存芥蒂，这是不言而喻的。对于林语堂提倡的小品文，两人的看法也存在不小的距离。如鲁迅说："老实说罢，他所提倡的东西，我是常常反对的。先前是对于'费厄泼赖'，现在呢，就是'幽默'。我不爱'幽默'，并且以为这是只有爱开圆桌会议的国民才闹得出来的玩意儿。"[①] 鲁迅认为："生存的小品文，必须是匕首，是投枪，能和读者一同杀出一条生存的血路的东西；但自然，它也能给人愉快和休息，然而这并不是'小摆设'，更不是抚慰和麻痹，它给人的愉快和休息是休

---

① 鲁迅著《南腔北调集》，人民文学出版社1980年7月第1版第157页。

养,是劳作和战斗之前的准备。"①鲁迅主要是站在文学的社会政治功能上来认识小品文的,不能说没有其合理性;但林语堂是从文学本身的艺术性来倡导,目的是培养人的浩然正气来肯定小品文的价值,也自有其合理性。其实,小品文的价值,在国家安定时自不必说,即使在战争中在国家危亡中也自有其意义,因为人民也需要平正健全的心态。焦虑不安、苦闷彷徨等神经变态正是小品文精神所批评的,它们会使为难的国家处境更糟。林语堂的观点是:国家危亡的责任在那些官僚及为昏君吹喇叭的文人,如果把它推给所有的文人们,就好像说女人是国家危亡的祸水一样的毫无道理。在文学观念上,林语堂固执己见,继续做自己的事,有时他还发表自己与鲁迅不同的文学观,提出不仅"玩物不能丧志",而且还会"养志",他说:"余尝谓玩物丧志,系今世伪道学家袭古昔真道学语。令今人谓游名山,读古书,写小品,便是玩物丧志。然德人善登名山,法人好读古书,英人亦长小品,而三国人之志并未丧,并不勇于私斗,怯于公愤,如吾同胞。然则国人之志本薄弱可知,丧之不足惜,不丧亦不能为也。"②

　　林语堂与鲁迅的再次"疏离",直接的导火索是关于翻译问题。鲁迅对于林语堂提倡的"幽默"、"闲适"和"性灵"等,从开始就不满,他曾建议林语堂去翻译一些英国文学作品,但林语堂有自己的计划。林语堂说现在还不想搞翻译,等老了再来翻译点西方文学。不料,鲁迅以为林语堂在嘲笑他,他疑心林语堂是说他老了,因为鲁迅十分重视翻译工作,在鲁迅看来,翻译是为革命"运输军火",所以,鲁迅大为恼火。他在1934年8月13日给曹聚仁的信中说:"语堂是我的老朋友,我应以朋友待之,当《人间世》还未出世,《论语》已很无聊时,曾经竭了我的诚意,写一封信,劝他放弃这玩的英文程度,不但译本于今有用,在将

---

① 鲁迅著《南腔北调集》,人民文学出版社1980年7月第1版第167页。
② 刘志学主编《林语堂作品选(四)》,《林语堂散文》(三),河北人民出版社1991年9月第1版第19页。

第十一章 上海（三）

来恐怕也有用的。他回我的信是说，这些事等他老了再说。这时我才悟到我的意见，在语堂看来是暮气，但我至今还自信良言要他于中国有益，要他在中国存留，并非要他消灭。他能更急进，那当然很好，但我看是绝不会的，我绝不出难题给别人做。不过另外也无话可说。"① 与鲁迅的想法正好相反，林语堂只是表达了自己的想法。林太乙在《我心中的父亲——林语堂传》中提到了林语堂的想法："现在我说四十译中文，五十译英文，这是我工作时期的安排，哪有什么你老了，只能翻译的嘲笑意思呢？"因为两人的想法不同，又造成了误解。

有一次，《涛声》主编曹聚仁请客，林语堂和鲁迅都在座，席间，林语堂谈了他在香港的一件逸事：当时有几位广东人在兴奋地旁若无人地讲广东话，说得非常起劲。林语堂说："我就插进去，同他们讲英语，这可把他们吓住了……"没想到鲁迅不明白林语堂的用意，竟然放下筷子，站起来责问林语堂："你是什么东西！你想借外国话来压我们自己的同胞吗？"结果，林语堂大吃一惊，不知说什么好。②

从 1934 年 8 月 29 日以后，林语堂与鲁迅的关系进入了第二次"疏离"阶段。从此，林语堂的名字从鲁迅日记中消失了。

正像"南云楼事件"一样，这次"翻译"问题也不是林语堂与鲁迅反目的根本原因。林语堂是一个自由主义知识分子，而鲁迅当年也是崇尚自由的战士，他虽然是新文化运动时期文学革命的领袖人物之一，但起码在 20 年代鲁迅的思想并不是倾向于共产主义思潮。林语堂于 1928 年 12 月 6 日用英语发表在《中国评论》上的《鲁迅》一文中把鲁迅称为"中国最深邃的评论家，也是青年中国最受欢迎的作家"。"左联"成立后，鲁迅被奉为盟主，在林语堂看来鲁迅已经转向，这种政治的转向是林语堂所接受不了的，因为违背了"语丝"的自由原则，也许这才是林鲁破

---

① 《鲁迅选集·书信集》，山东文艺出版社 1991 年 9 月第 1 版第 304 页。
② 施建伟著《林语堂传》，北京十月文艺出版社 1999 年 4 月第 1 版第 365 页。

裂的根本原因。①

1936年8月10日晚，林语堂应赛珍珠之邀举家乘"胡佛总统号"客轮前往美国，10月19日鲁迅在上海与世长辞。至此，两人阴阳相隔，再无"相逢一笑泯恩仇"的机会。

《宇宙风》

《论语》与《人间世》这两份刊物分别为邵洵美的时代图书公司和良友图书公司发行，林、陶只是负责编辑，随着刊物的发展壮大，于办刊方针上与老板多有分歧，于是林语堂提议单独创办一个刊物，自己当家做主。1935年9月16日，林语堂与陶亢德创办并编辑了《宇宙风》半月刊（后改为旬刊）。《宇宙风》创刊不久，便达到了4.5万份的销量，在当年排在《生活》周刊和商务的《东方杂志》之后，位居全国杂志第三，也是文学刊物的冠军。林语堂编至第22期（1936年8月1日），而此时的林语堂因国内时局日益危急，英文著作《吾国吾民》又在美国一炮走红，便在1936年夏天做起了到美国定居的打算，并在是年8月10日离国，其时距离《宇宙风》的创办还不到一年的时间。林语堂的离去对《宇宙风》的影响并不大，除了林氏还通信联系，而且经常赐稿之外，更重要的是刊物的大部分事务工作，早已由陶亢德负责了。但8月16日出版的《宇宙风》第23期，林语堂其兄林憾庐加入编辑，让陶亢德感觉很不好，一来他觉得《宇宙风》是一个初办的小机构，不便安插闲人；二来觉得林语堂也许是对他不信任。这一事件埋下了其与林氏兄弟渐渐分离的伏笔。不久，抗战军兴，《宇宙风》不得不转移到广州、桂林等地，陶亢德也辗转到了香港，流离中尚编辑《宇宙风·逸经·西风非常时期联合旬刊》，

---
① 钱锁桥著《林语堂传——中国文化重生之道》，广西师范大学出版社2019年1月第1版第134页，135-136页。笔者认为，关于鲁迅的研究，还有不少之谜需要进一步研究。如周氏失和的原因、鲁迅在教育部的十四年以及林语堂和鲁迅破裂的原因等，都不是那么简单就解释清的。

第十一章 上海（三）

以及与简又文合办的《大风》等刊物。1939年初,陶亢德从香港返回"孤岛",面对《宇宙风》,隐忍良久的陶亢德提出分家,他在"孤岛"另办《宇宙风乙刊》,算作副牌,《宇宙风》正牌则交由林憾庐在桂林出版。名义上还是一家,实际上各自独立结算,没有什么关系了。

"孤岛"上创办的《宇宙风乙刊》,延续了《宇宙风》原来的风格,而《宇宙风乙刊》则自1939年3月起,到1941年12月上海全面沦陷止,历时两年九个月,出版了56期,成为"孤岛"期间历时最久的一个刊物。可惜好景不长,上海全面沦陷,《宇宙风乙刊》停刊。陶亢德后来成了落水文人,终于不能得到大家的谅解。抗战胜利后,陶亢德与周作人等一起被定为"文化汉奸",锒铛入狱,一个出版奇才的梦想像流星一样,倏忽坠落。

除了林语堂主编的《论语》《人间世》《宇宙风》三个刊物外,与论语派关系密切的还有简又文主编的《逸经》,海戈主编的《谈风》,以林语堂为顾问编辑、黄嘉德、黄嘉音主编的《西风》等等,其中《西风》以翻译介绍西洋社会、文化为主,知识性强,存在时间也最久,从1935年9月创刊,到1949年终刊。

《论语》提倡幽默为目标,《人间世》提倡小品文为宗旨,《宇宙风》则是两者兼而有之：更好地贴近人生。《宇宙风》第一期的《且说本刊》把这一宗旨说得很明白："《宇宙风》之刊行,以畅谈人生为宗旨,以言必近情为戒约；幽默也好,小品也好,不拘定裁；议论则主通俗清新,记述则取夹叙夹议,希望办成一合于现代文化贴切人生的刊物。"林语堂改变了《人间世》不谈政治的倾向,恢复了编《论语》时谈政治的主张,刊登了大量具有现实主义的文章和有价值的文学作品。因此,《宇宙风》比《人间世》有了明显的变化,也有了更加积极的思想色彩,成了一个名副其实的为人生的刊物。

但林语堂认为:"人生总是复杂的"[1],不能把文学变成"政治的附庸"。他办《论语》《人间世》本来无意于跟左翼文坛对立,他提倡幽默、闲适、性灵和小品文等也并非想成为文坛的"正宗",然而,接连遭到左翼作家的猛烈批判,使他逐渐产生了与左翼作家对立的思想情绪,结果导致了彼此的关系愈来愈紧张,也是他对左翼文坛愈来愈反感。除了对左翼文学的反感外,他对南京政府在礼义廉耻掩盖下的腐败统治也进行了讽刺,如在《宇宙风》的第3、4、5、6期上连续发表了《谈螺丝钉》《再谈螺丝钉》《三谈螺丝钉》《四谈螺丝钉》等文。

同时,《宇宙风》发表了许多新文学家的作品。如郭沫若的《海外十年》《北伐途中》,老舍的《老牛破车》和《骆驼祥子》,郁达夫的《梅雨日记》《秋雾日记》《怀四十岁的徐志摩》《雪夜》《北平的四季》,丰子恺的《人生漫画》《谈梅兰芳》《梧桐树》《新年怀旧》《缘缘堂随笔》,谢冰莹的《一个女兵的日记》,许钦文的《无妻之累》,刘大杰的《船边》《巴东山峡》《夔府夜游记》《刘铁云轶事》《成都的春天》,朱自清的《欢喜老墓碑》,俞平伯的《秋荔亭墨耍》,冯沅君的《谈诗杂记》,冰心的《一日的春光》等。

林语堂无意中成了论语派的精神领袖,成了著名的"幽默大师"。《论语》创刊时列入的"长期撰稿员"名单有24人,《人间世》公布的特约撰稿人有49人,《宇宙风》创刊时的"撰稿作家题名"有72人,可见,从《论语》、《人间世》到《宇宙风》及《逸经》、《谈风》和《西风》,形成了一个庞大的论语派阵营,几乎把20世纪30年代的文化精英大部分

---

[1] 林语堂著《猫与文学》,《宇宙风》第22期。

都网罗其中,从中还产生了所谓的"论语八仙"[①]和"三堂"、"三老"之说[②]。

1936年,林语堂的《语言学论丛》出版,包括33篇文章,主要内容是:关于古音的研究、关于现代语言的研究和关于字书词典编纂的研究。此书的出版,奠定了林语堂作为著名语言家的地位。1934年上海生活书店出版了林语堂的《大荒集》,收入林语堂自1927年后的五、六年间的杂文27篇;1934年和1936年分别由上海时代图书公司出版了《行素集》和《披荆集》,共收入林语堂《论语》时期所写的杂文近百篇,两书合为《我的话》分上、下两册。《翦拂集》和以上三本杂文集的出版,奠定了林语堂作为杂文家的地位。

[①] 施建伟著《林语堂在大陆》,北京十月文艺出版社1991年8月第1版第331-332页。"论语八仙"常见的说法有三种:第一种说法是指林语堂、周作人、老舍、老向、老谈(何容)、姚颖、大华烈士、黄嘉音;第二种说法是指林语堂、周作人、老舍、老向、姚颖、大华烈士、海戈、陶亢德;第三种是指林语堂、周作人、老舍、姚颖、大华烈士、俞平伯、丰子恺、郁达夫。其实,这三种说法都忽略了几位极重要的人物,如邵洵美、章克标、全增嘏等人,他们都是《论语》的创刊人,又是积极的撰稿者,另外还有一位就是徐訏,他和邵洵美、章克标、全增嘏,无论从艺术风格还是对《论语》的参入而论,以上三种名单上都没有他们的名字,实在是不小的疏漏。林语堂在《论语》第28期上发表的《与陶亢德书》,明确表示:"《论语》地盘向来完全公开。所谓'社'者,全、李、邵、章诸先生共同发起赞助之谓也。"点明了《论语》社的台柱,实际上是全增嘏、潘公旦、李青崖、章克标等人。关于"论语八仙"之说中的姚颖女士,有人说她实际上是子虚乌有,说她的丈夫王漱芳(国民党中委、南京市政府秘书长),有人说王漱芳就是姚颖的化名:抗战时期,姚颖随丈夫王漱芳到大后方,王漱芳在陕西做官,不幸坠马身亡,姚颖竟不知下落。"大华烈士"是俄语"同志"的译音,原名简又文。
[②] 施建伟著《林语堂传》,北京十月文艺出版社1999年4月第1版第321页。"三堂"是指知堂(周作人)、鼎堂(郭沫若)和语堂;"三老"是指老舍、老向和老谈(何容)。

第十二章 美国（一）

赛珍珠

人的一生在事业上取得成功主要有这样几个因素：天赋、后天努力和机遇，后者有时更重要。如果林语堂不遇到赛珍珠，有可能他的后半生就会重写。赛珍珠（Pearl S.Buck 或 Pearl Buck）(1992—1973)，直译珀尔·巴克，美国作家。1932年借其小说《大地》(*The Good Earth*)，成为第一位获得普利策小说奖的女性；1938年获诺贝尔文学奖。她也是唯一同时获得普利策奖和诺贝尔奖的女作家，作品流传语种最多的美国作家。赛珍珠出生于弗吉尼亚州西部，4个月后，随传教士父母赛兆祥和凯丽来到中国。先后在清江浦、镇江、宿州、南京、庐山等地生活和工作了近40年，其中在镇江生活了18年，她在镇江经历了她人生的早期岁月，因此她称镇江是她的"中国故乡"。她童年的大部分时光都在那里度过，首先学会了汉语和习惯了中国风俗，然后她母亲才教她英语。值得一提的是，从幼年起，她就在鼓励声中开始写作。17岁回美国进弗吉尼亚州伦道夫梅康女子学院(Randolph-Macon Woman's College)攻读心理学，毕业后又来中国。1917年与传教士约翰·洛辛·布克结婚，婚后

第十二章 美国（一）

随丈夫迁居安徽北部的宿县（今安徽省宿州市），在此期间的生活经历成为日后闻名世界的《大地》的素材。1921年秋她的母亲去世后，全家迁至南京。1927年北伐军进入南京，她离开中国。自1921年至1935年，她与布克（J. L. Buck）长期居住在所执教的金陵大学分配给他们的两层楼房里。在这里她写出了于1938年荣获诺贝尔文学奖的长篇小说《大地》（*Gread Earth*）（三部曲）等小说，并最早将《水浒传》翻译成英文在西方出版。1935年与布克离婚后与约翰·戴公司总经理、《亚细亚》杂志主编理查德结婚，因而进入约翰·戴公司任编辑。以后在宾夕法尼亚的农庄里从事写作。

赛珍珠精通汉语，对中国小说有着极高的评价。赛珍珠曾把《水浒传》译成英文，译名为《四海之内皆兄弟》（1933）。赛珍珠翻译《水浒传》还是20年代中后期的事情，当时南京出售着《水浒传》的好几个版本，有的只有七十回，有的长达一百二十回。赛珍珠选择的是七十回本的《水浒传》，她认为这个版本最好，因为较长的版本结尾大多是好汉们被朝廷招安，而七十回本则自始至终贯穿着与官府反抗到底的思想。

林语堂抓住了赛珍珠给他的机遇，其结果改变了他的一生。

赛珍珠很早就在《中国评论》上读过林语堂的文章，并被他深刻的见解和幽默的写作风格所吸引。据斯诺夫人海伦的回忆，是她首先通过朋友麦考马斯（Carol McComas）引荐了林语堂和赛珍珠见面。1933年，赛珍珠结束美国巡游回到中国，受邀参加了一个朋友为她举办的接风宴会，林语堂大约是在这次接风宴会上见面的，而这次晚宴除了赛珍珠外都是中国文学界人士。林语堂在席间谈笑风生，嬉笑怒骂，辛辣幽默，给赛珍珠留下了很深的印象，她只是在那里静静地坐着却很少发言，偶尔评论一两句话，总是切中要害。宴会结束后，林语堂邀请赛珍珠第二天到家中做客，见见他的夫人，同时被邀请的还有胡适。第二天晚宴上，由于意见不和，胡适提前离开了，赛珍珠则在饭后和林语堂开始了深入持久的交谈，两人都有相见恨晚的感觉。原来他们有那么多的共同之处：父母都是虔诚的长老会基督教徒；他们两人都在双重文化背景下长大，各自接受了基督教和儒家文化的教育；都能流畅地用中英文交流和写作；都有海外留学的经历，视野开阔；都有致力于东西文化交流的素养和理想。

当时林语堂住在忆定盘路，话题自然谈到了写作问题，赛珍珠因为在美国出版的关于中国方面的书，都是外国传教士出于对于中国的猎奇，或者是对于中国人小脚、辫子之类的丑恶大展览。如美国传教士A.H.史密斯写了《中国人的特性》，美国传教士明恩溥（1845—1942）在1894年出版了《中国人的素质》等书中竭力丑化中国人，认为中国人容貌丑陋、长辫小脚、不守时间、不懂礼貌、爱好嫖赌、不讲公德、溺婴杀生、见死不救、虐待动物、麻木不仁、心智混乱、因循守旧、遇事忍耐、漠视精确、知足常乐、缺乏同情、互相猜疑、言而无信、柔顺固执等，都是中国人的天性。甘露德的《中国的毛病何在》一书中，竟断言中国是一个劣等民族……当赛珍珠谈起不满于外国作家写的关于中国题材的作品时，林语堂兴奋地说："我倒很想写一本中国的书，说一说我对我国的实感。"当得知林语堂的一些想法与自己相近，赛珍珠更是喜出望外，非常热心而激动地说："那么你为什么不写呢？你是可以写的。"赛氏还禁不住说出自己藏在心里的这个想法："我盼望已久，希望有个中国人写一本关于中国的书。"林语堂告诉她，自己正在用英语写一本关于中国的书，赛珍珠听后感到很兴奋，也很感兴趣。赛珍珠和林语堂都十分热爱着中国及中国的文化，也很乐意陶醉在中国文化的氛围里。赛珍珠一直想找一位英文好又真正懂得中国文化，而且文笔精确、流畅和优美的作者，来写一部有关中国的书。为此，她费尽周折但始终不能如愿，真是踏破铁鞋无觅处，得来全不费功夫。在回家的路上，赛珍珠想，如果林语堂的这本书写出来，肯定影响很大。于是，回到家后她马上写信给纽约的约翰·戴出版公司，要他们尽量关照这位当时还不为西方所知的中国作家。

后来，追求赛珍珠的约翰·戴出版公司老板理查德知道此事，也鼓励林语堂写出这本书。于是，一个计划就这样拉开了序幕。从1933年冬着手写起到1934年7、8月间，林语堂用了10个月时间进行创作，最后在庐山避暑时全部完成，这就是《吾国与吾民》。

《吾国与吾民》

《吾国与吾民》于1935年出版后在美国引起轰动，许多评论家撰文高度赞扬这部书的成功。在这本书的前面有赛珍珠写的序言，她称颂这是一本"伟大的书籍"。赛珍珠在序里这样写道："与历来的伟大著作的出世一样，《吾国与吾民》不期而出世了。它满足了我们一切热望底要求，它是忠实的，毫不隐瞒一切真情。它的笔墨是那样的豪放瑰丽，巍巍乎，焕焕乎，幽默而优美，严肃而愉悦。对古今中国都能给予正确的理解和评价。我认为这是迄今为止最真实、最深刻、最完备、最重要的一部关于中国的著作。更值得称道的是，它是由一位中国人写的，一位现代的中国人，他的根基深深地扎在过去，他丰硕的果实却结在今天。"赛珍珠高度评价了林语堂的这本书，认为这是中国人开始真正向美国人介绍中国文化，同时体现出中美两个作家的亲密友情。

在赛珍珠的支持下，《吾国与吾民》于1935年由美国理查德（赛珍珠的后夫）主持的约翰·戴公司出版。书出版后，很快在美国受到好评。在1935年4个月里里就印了七版，成为当年美国最畅销的书籍之一。一个中国人的著作，能列入Best-seller十大名著之一，畅销美国，这在西方世界是破天荒的。林语堂在美国一举成名，获得了美国读者的好评，也给赛珍珠和她的后夫理查德的出版公司带来了巨大的经济利益。

《吾国与吾民》[1]一书的主体内容,共分为两大部分,第一部分是"背景",包括了《中国人》《中国人的性格》《中国人的心灵》《人生的理想》四章。

林语堂为了澄清历史的偏见,主动担负起了客观评价中国的重大责任。他认为要做到这一点,"像感觉自己心脏的跳动那样去感觉事物,用自己心的眼睛去观察事物"。即必须摆脱主观意识、既成观念和武断思想,也要排除西方观点以及政治、经济、宗教等因素的影响,在《吾国与吾民》一书的《自序》中,作者说道:"然而我欢迎人们为我辩护,也随时准备接受人们对我的批判",可见作者创作此书的态度是相当坦诚直率的。林语堂在书中,毫不留情地揭示了当时中国社会方方面面的弊端和流毒,也追溯了中华民族曾经的辉煌。在文化艺术和生活领域,中国曾经是遥遥领先的,令许多国家仰慕和学习。然而在近代由于帝国主义的侵略和国内战争,使这个曾经充满活力与斗志的民族却显得异常的落伍,这不能不引发了作者的深入思考。

在该书的《中国人的性格》中,作者从民主性的角度粗略地勾勒了中华民族的特点,这些特点粗略看来并无大碍,甚至会被误认为是优点,如中国人公认的"遇事忍耐""退一步海阔天空"的思想,在林语堂看来就很要不得,因为这种品质被过分地发展了,就会演变成为一种"恶习",就会造成对暴政的屈服和逆来顺受的心理。"遇事忍耐"很大程度上来自传统的家族制度,往往被曲解为"识大体""顾大局"的代名词,从而扼杀了个人应有的地位和价值。林语堂又列举了中国人的"消极避世"和"超脱老狡",并对它进行了深入分析。林语堂认为"消极避世"暴露了"中国人缺乏组织能力"的弱点及缺陷;而"超脱老狡"是一种麻木不仁和自私心理的体现。除此之外,书中还提到了中国人的"老成温厚""因循

---

[1] 林语堂著 郝志东 沈益洪译《中国人》(又译《吾国与吾民》),浙江人民出版社1988年10月第1版。

守旧""耽于声色"等特点,从更深的层面挖掘了其产生的社会根源。

在《中国人的心灵》中,林语堂将"智力"摆在了首位,因为尊重脑力劳动者是中国文明的显著特点。林语堂对中国人的"智慧"表示了自己的担忧,因为在中国并不缺乏智慧,相反,过多的"智慧"如"超脱老狡""避世洁身"等,很可能会成为中华民族的隐患。

在《人生的理想》中,林语堂阐述了中国的人文主义、宗教、中庸之道、道教和佛教思想,分析了这些因素在中国人思考人生意义的过程中所产生的重大影响。特别是老庄学说、孔孟学说在中国人思想和生活中的深刻影响;书中介绍了各种宗教,特别是佛教与中国社会的密切关系;介绍了中国官僚社会的种种弊端与恶习;介绍了中国封建时代的妇女生活及有关社会习俗等内容,这些内容基本上都是真实的和具体的,叙述也颇为生动。

《吾国与吾民》的第二部分是"生活",包括了《妇女生活》《社会生活与政治生活》《文学生活》《艺术生活》《人生的艺术》《中日战争之我见》共六章。

作者在《妇女生活》一章,研究了"妇女的从属地位""家庭与婚姻""理想的女性""女子教育""恋爱与求婚""妓女与姬妾""缠足""妇女解放"等当时中国的社会现象及问题。

在《社会生活与政治生活》中,林语堂回答了中国人缺乏公共精神的原因,揭露了家庭制度对社会的负面影响,并具体探讨了家族制度所造成的"裙带关系"、社会腐败及"礼俗"等社会问题。对于中国的社会等级问题,林语堂分别从中国的城镇和乡村现状出发,引申出中国城镇就存在着"官、绅、富"三位一体现象;中国农村社会存在"官、绅、富、匪"四大统治者。作者还批评了几千年来虚伪的"仁政"思想。

《吾国与吾民》中最有特色的章节是对"文学生活"和"艺术生活"的描写。

在《文学生活》中，林语堂阐述了中国人对文化的划分，中国人的语言与思维，中国人对学术的盲目崇尚，中国的散文、诗歌、戏剧、小说以及国内的文学革命和西方文学对中国的影响，他还分析了文学与政治的关系问题。林语堂的资料积累比较丰富，感受也比较深刻。从《永乐大典》到《四库全书》等中国古代学术著作，从苏东坡到袁中郎等许多中国历代散文作家，从屈原到李商隐、温庭筠等中国古代诗人，从《琵琶行》到《西厢记》等中国古典剧作，从《红楼梦》到《二十年目睹之怪现状》等中国小说，林语堂都做了介绍。

在《艺术生活》中，通过介绍中国的艺术家、书法、绘画和建筑，体现出中国人的精神风貌；《人生的艺术》包括了"人生的乐趣""住宅与庭院""饮食""人生的归宿"四部分内容。林语堂认为中国的书法、绘画和建筑之美是离不开"性灵"。他还介绍了不少文化艺术方面的知识。

1937年8月29日，《时代周刊》载了林语堂的《日本征服不了中国》一文。《吾国与吾民》这时印第十三版，原书最末一章，本来是针对中国社会积习而呼吁改革的诤言。现在情形大变，林语堂写了长达八十页的第十章，名为《中日战争之我见》，解释中国百年来，一方面固然吸收西方的文化和科学，一方面却被西方及强邻侵占，不得已被迫成为一个新中国的由来。[①] 林语堂说，卢沟桥的战火促使中国终于统一，决心抵抗敌人。作者以中日战争为出发点，探讨了日本失败的结局和中国发展的趋势及未来的前途，表达了对抗战的必胜信心。

《吾国与吾民》是一部智慧的书，是一部思想与现实交相辉映的著作。林语堂在书中写道："我可以坦诚相见，我并不为我的国家感到惭愧。我可以把她的麻烦公之于众，因为我并没有失去希望。中国比她那些小小的爱国者要伟大得多，所以不需要他们涂脂抹粉。她会再一次恢复平稳，

---

① 林太乙著《林家次女》，西苑出版社1997年11月第1版第105—106页。

第十二章 美国（一）

她一直就是这样做的。"[1]作者充满了自信和乐观。

1935年，《纽约时报书评》刊载了埃米特·肯尼迪的书评《东方向西方倾谈——一位中国作家精彩阐释本国古老文化》，文中写道，中国在物质上给世界贡献了许多礼物，但其精神礼物却没有人好好讲过。读林博士的书是一种极大的精神启蒙，让人认识中国"光荣而多样的历史"。《纽约时报》代表美国上层知识界的看法，肯定了中国文明不光发明了火药和印刷术，而且在文化的各个方面——文学、建筑、绘画、艺术等都绝不逊色，可读到中国的现状又令人痛心。《吾国与吾民》的主要内容介绍中国文化，对于中国的政治、经济问题谈得不多，或基本没有介绍。

《吾国与吾民》因为是英文写的，在国内只停留在英语圈。而国内英语圈内出现了不同的声音。吴经熊在英文《天下》撰文，称颂林语堂为"中国思想界佼佼者，只需稍加时日，一定能成为整个人类文化果实之极品"[2]。姚莘农在《中国评论》发表一封公开信，称赞《吾国与吾民》"是本有关中国的难得的好书"，"但是书中所谓的'吾民'只能说是泛称知识阶级群体，而不是所有四万万中国人"[3]。也有人把《吾国与吾民》说成是一本卖国主义书，把它作为反面教材。如汤良礼[4]在其主编的《国民新报》上写了一封公开信，一开头就是讥讽的语调："哦哟，著名的小评论家现在可是世界级的畅销书大作家了。真的非常成功，'卖'了你的国家和人民。"除了讽刺挖苦、人身攻击，公开信还指责林语堂"卖国卖民"。其理由是：第一，林语堂披露国民政府的缺陷与失败取悦在华外国人和

---

[1] 林语堂著 郝志东 沈益洪译《中国人》（又译《吾国与吾民》），浙江人民出版社1988年10月第1版第8页。
[2] 钱锁桥著《林语堂传——中国文化重生之道》，广西师范大学出版社2019年1月第1版第185页。
[3] 钱锁桥著《林语堂传——中国文化重生之道》，广西师范大学出版社2019年1月第1版第185页。
[4] 汤良礼(1901—1970)，印尼华侨，《国民新报》主编，曾任汪精卫英文秘书。抗战时汪精卫叛变，组汪伪政府，汤良礼任宣传部政务次长。

外国媒体。第二，林语堂为国民政府治下的中国描绘了一幅黑暗、绝望的图像，且没有任何改进建议。第三，林语堂对国民政府的轻蔑指责故意扭曲事实，不仅不负责任，而且居心叵测。林语堂赴美后，于1937年2月23日给友人刘驭万写了一封长信，回复有关对《吾国吾民》的指责。林语堂说："我的态度是实话实说，着重强调中国是个正在发展中的国家，正从多年混战和贫穷中慢慢地走出来。其实我画的中国也是个美人，不过脸上有个黑痣，西人却懂得欣赏，不弃反爱。我写此书不是为了给中国做政治宣传。我要写出中国的真善美丑，这是艺术创作。别老看那个痣，要看整体的美。我在书的最后一章坦诚写出当下中国人的痛苦与悲哀。"[1]

随着时间的推移，有些错误的认识已经荡然无存了。今天，人们越来越认识到，林语堂是在世界上代表中国作家对世界做出了重要贡献的作家之一。

到美国去

1936年初，夏威夷大学邀请林语堂去执教，赛珍珠夫妇也不断催促他到美国写作。林语堂考虑再三，决定去美国。

林语堂之所以决定赴美，人们难免有种种猜测，其主要原因有：

（一）林语堂是《天下》作家群的主要成员，英文刊物《天下》是用孙科的中山文化教育基金创办的，所有的兼职编辑都是当时的社会名流，如法学家吴经熊，《中国论坛报》主编桂中枢，北大英文系主任温源宁、全增嘏等，编辑部在中山公园附近。这批人几乎都被聘为立法委员——每月640元大洋，仅每周去开一次会，没有实际工作，是个肥缺——唯有林语堂和另一年轻的编辑姚克没有被聘为立法委员，使林语堂的自尊

---

[1] 钱锁桥著《林语堂传——中国文化重生之道》，广西师范大学出版社2019年1月第1版第187页。

心受到极大的损害，所以他决定脱离《天下》去美国。

（二）有人传说，是邵友濂的一个遗训萌发了林语堂想去美国避难的念头。邵友濂字小村，是邵洵美的祖父，前清时官至湖南巡抚，甲午战争时，被任命为全权大臣同张荫桓赴日本求知，伊藤博文认为他们资望不孚，拒绝谈判，一定要李鸿章去。邵友濂受侮回来罢了官，后来病死。他生前给后辈留下一条遗训，大意说，几十年之内，必然要发生世界性大战，在战乱中，我国将成为各国列强军队混战的战场，没有一片净土可以逃难，只有去美国避难才安全。在初创《论语》时，邵洵美在一次闲谈中谈及祖父的这条遗训，林语堂和《论语》的同人们听后相互戏言，说一起逃到美国去，在美国出本《论语》杂志，也许还可以过下去。因此，有人就以此为据，认为林语堂所以在1936年出国，是因为看到中日必战，"想起来邵小村的这个遗训，想到现在正是要逃难避地的时候，只有去美国才对"。

（三）左翼作家对林语堂的围攻。林语堂提倡幽默，提倡闲适，提倡性灵，提倡小品文等以及坚持文学的独立性、趣味性，反对文学的功利性和反对文学成为"政治的附庸"，这些都构成了左翼作家的不满和批判。20世纪30年代的上海，会集了中国当时几乎所有有影响的文化人士，如鲁迅从广州辗转到了上海；郭沫若、阳翰笙、李一氓等人参加南昌起义之后辗转到上海；茅盾、蒋光慈、钱杏邨、孟超、杨邨人、宋云彬等从危机的政治中心武汉来到了上海；夏衍、冯乃超、李初梨、朱镜我、彭康、王学文、傅克兴、李铁声、沈起予、许幸之等人从日本留学归来；巴金、徐霞村等人从法国留学归来；洪灵菲从南洋流亡归来；梁实秋、余上沅等人从南京避难而来；徐志摩从家乡硖石来；柔石在家乡参加农民暴动失败后也来到了上海；刘呐鸥从台湾返回上海；戴望舒、杜衡、施蛰存在上海与外县之间回旋；闻一多、饶孟侃、沈从文、胡也频、丁玲、冯雪峰等人从北京南下上海……特别是左翼作家力量增强，由于受到国际左翼文学运动的影响,因此发展迅猛,上海几乎成了"红色文学"的大本营。鲁迅曾在1935年4月20日出版的《太白》第2卷第3期上,刊出了《天生蛮性》,全文如下:"辜鸿铭先生赞小脚,郑孝胥先生讲王道,林语堂先生谈性灵。"把林语堂与复古派的辜鸿铭、伪满洲国总理大臣郑孝胥相提并论,足见鲁迅对林语堂的厌恶。林语堂成了"红色文学"的靶子,压力是可想而知的。尽管他在《临别赠言》中表示不是因为左翼的批判而赴美,但实际上他的心态是复杂的,想摆脱一下尴尬的处境也不是不可能的。

(四)林语堂在《杂说》中写过一首诗:"道理参透是幽默,性灵解脱有文章。两脚踏东西文化,一心评宇宙文章。对面只有知心友,两旁俱无碍目人。胸中自有青山在,何必随人看桃花?领现在可行之乐,补生平未读之书。"他特别欣赏一个朋友对他的评价,说他向外国人介绍中国文化,向中国人介绍外国文化。所以林语堂很欣赏自己诗中的"两脚踏东西文化,一心评宇宙文章"一句,让梁启超以其优美的书法书写这副对联,使其成为"有不为斋"的重要装饰。林语堂自从《吾国与吾民》在美国一炮打响,就已经偏了一只脚,从此主要是向外国人传播中国文化,从而获得了世界读者的认可,产生了广泛的影响。

(五)经济有了一定保证。全家五口人旅居美国,没有经济做后盾是不行的。现在,林语堂与过去留学时的情况大不一样了,因为仅《开明英文读本》等教科书的版税,每年就有6000元;开明书店的股份8000元;人寿保险7000元;中国银行存款2000元;《宇宙风》股份400元;《吾国与吾民》的版税6000余美元,还有为中外刊物撰稿所得的稿费;等等,经济基础还是相当可观的,甚至不必动用在中国的收入和《吾国与吾民》的稿酬。

(六)夏威夷大学和赛珍珠夫妇的邀请,这是林语堂到美国去的直接因素。

第十二章 美国（一）

以上无论是何种原因促使林语堂赴美并不重要，也许是各种原因的综合考虑，但重要的是他确实是要去美国定居了。

临走前，林语堂确实是忙碌了一阵，举家赴美，非同小可，要安排退房，要处理一些物品，还要准备到美国带的书籍，光是有关苏东坡的各种参考书籍就达13类100多种，其他各种版本的古籍也是应有尽有。因为这是林语堂到美国写作不可或缺的资料。他还专程到北京一次，向文化古都告别，他要在临走之前，亲眼看一看琉璃厂的书肆，看一看中央公园的"来今雨轩"……

1936年8月9日，《中国评论周报》的桂中枢、朱少屏在国际饭店14楼的宴会厅欢送林语堂夫妇赴美。参加欢送会的有《申报》马崇淦，《新闻报》汪仙奇，《时事新报》董显元，《大公报》王文彬，《字林报》胡德海，《大陆报》费休、吴嘉崇、宋德和、唐罗欢，《纽约论坛报》金维都，美国合众通讯社马立司，《密勒氏评论报》鲍威尔等中外新闻界人士。还有美国商务参赞安立德，工部局总办钟思，工部局情报处主任钱伯涵。论语"八仙"中的简又文，论语派骨干全增嘏，林语堂的六弟林幽，温源宁教授偕夫人，钱新之，李之信偕夫人，陈湘涛偕夫人，萧立子偕夫人，邝耀坤偕夫人，五连德，殷企勤，朱青，林引凤，全增秀，李爱莲，姚辛农等40余人。

1936年8月10日，对林语堂来说是一个不寻常的日子，上午送别的人络绎不绝，下午6时，林语堂全家登上了"胡佛总统号"的甲板。晚上11时，海轮在阵阵汽笛声中启航，驶向那辽阔的大海。

1936年抗日救亡运动在全国掀起新高潮，中国共产党领导和影响下的东北抗日联军，在杨靖宇、周保中和李兆麟等爱国将领指挥下，同日寇进行了卓绝的斗争。中国工农红军抗日先锋队东渡黄河进入山西，准备东出河北与日军作战，挽救危亡。中国共产党为了团结一切可以团结的力量，实行"逼蒋抗日"的方针。文艺界发表了《文艺界同人为团结御侮与言论自由宣言》,林语堂赞成文学界求同存异,同意在宣言上签名。参与签名的共21人:巴金、王统照、包天笑、沈起予、林语堂、洪深、周瘦鹃、茅盾、陈望道、郭沫若、夏丏尊、张天翼、傅东华、叶绍钧、郑振铎、郑伯奇、赵家璧、黎烈文、鲁迅、谢冰心、丰子恺。宣言发表时,林语堂已经在国外了。

其实,林语堂决定去美国是暂住一年,没有打算长住下去。林语堂在美国对二女儿林太乙说:"我们在外国,不要忘记自己是中国人。外国人的文明与我们的不同,你可以学他们的长处,但绝对不要因为他们笑你与他们不同,而觉得自卑,因为我们的文明比他们悠久而优美。无论如何,看见外国人不要怕,有话直说,这样他们才会尊敬你。"[1] 暂住美国一年的计划被日本侵略中国的炮火摧毁,林语堂不得已长住了下来。

---

[1] 林太乙著《林家次女》,西苑出版社1997年11月第1版第81-82页。

第十三章　美国（二）

《生活的艺术》

　　林语堂于1936年9月初抵达美国，先在宾夕法尼亚州乡间赛珍珠家里住下，后来搬到纽约。这次是林语堂继上次留学后最长的一次流寓美国生活。安顿下来以后，林语堂逐渐与文艺界人士有了接触。先后认识了戏剧家奥尼尔（Eugene O'Neill），诗人佛罗斯特（Robert Frost），1929年诺贝尔文学奖德国小说家托马斯·曼（Thomas Mann），舞蹈家邓肯（Isadora Duncan），女诗人米莱（Edna St·vincent Millay），女明星吉许（Lilian Gish），戏剧评论家那森（George Jean Nathan），作家及书评家卡罗·范多伦（Carl Van Doren），诗人兼哥伦比亚大学教授莱克·范多伦（Nark Van Doren），作家卡尔·范·韦克滕（Cark Van Vechten），华裔女明星黄柳霜（Anna May Wong）等。林语堂通过与他们交往，增加了对美国和西方文化的了解。10月19日，鲁迅在上海逝世，第二天林语堂见Herald Tribune电信，大为惊愕。他特地写了《悼鲁迅》，回顾了自己与鲁迅的交往，表示他"始终敬鲁迅"的心境，并赞扬鲁迅是一个坚强不屈的战士！12月19日，林语堂又应美国几个团体的邀请，参加在哥伦比亚大学举行的有关西安事变的公开讨论会。他在会上发表了讲演，认为张学良软禁蒋介石的目的，是为了抗日救国，否定西安事变是"日本阴谋"的说法，并预言这件事的结局将是喜剧而不是悲剧，张学良不久会释放蒋介石，还会陪同他回到南京去。没有想到，他的这些见解和预言果真实现了。

1937年，林语堂写成了轰动美国并在后来风靡全球的《生活的艺术》。林语堂在《关于〈吾国与吾民〉及〈生活的艺术〉》中说：

> 现在写的是讲生活之艺术，名为 The Importance of Living. 起初我无意写此书，而拟翻译五六本中国中篇名著，如《浮生六记》《老残游记二集》《影梅庵忆语》《秋灯琐忆》，足以代表中国生活艺术及文化精神专著，加点张山来的《幽梦影》格言，曾国藩、郑板桥的《家书》，李易安的《金石录后序》等，然书局老板意见，作生活之艺术在先，译名著在后。因为中国人之生活艺术久为西方人士所见称，而向无专书，若不知内容，到底中国人如何艺术法子，如何品茗，如何行酒令，如何观山，如何玩水，如何看云，如何鉴石，如何养花，蓄鸟，赏雪，听雨，吟风，弄月……。夫雪可赏，雨可听，风可吟，月可弄，山可观，水可玩，云可看，石可鉴，本来是最令人听来如醉如痴之题目。《吾国与吾民》出，所言非此点，而大部分人注目到短短的讲饮食园艺的《人生的艺术》末章上去，而很多美国女人据说是已奉此书为生活之法则。实在因赏花弄月之外，有中国诗人旷怀达观、高逸退隐、陶情遣兴、涤烦消愁之人生哲学在焉。此正足于美国赶忙人对症下药。国有许多读者欲观此中底奥及一般吟风弄月与夫家庭享乐之方法，所以书局劝我先写此书。不说老庄，而老庄之精神在焉，不谈孔孟，而孔孟之面目存焉。这是我写此书

第十三章 美国（二）

之发端。[①]

林语堂说出了写这本书的主要原因是，赛珍珠的丈夫华尔希希望他把《吾国与吾民》一书中的最后一章《生活的艺术》多写写，以满足西方读者的好奇心理，因为从《吾国与吾民》的轰动效应来看，读者对这一章最感兴趣。西方社会的人们生活在高度紧张、生活节奏飞速发展的环境里，对林语堂宣讲的中国诗人旷怀达观、高逸退隐、陶情遣兴、涤烦消愁的人生哲学，无疑是一贴医治西方人"现代文明病"的良药。

《生活的艺术》涉及面极为广泛，对品茗、赏花、赏雪、听雨、吟风、弄月等细节都有详细的叙述。林语堂感到这次带来的书籍派上了用场，如陈眉公的《宝颜堂秘笈》，王均卿的《说库》，开明圣经纸五册：《廿五史》《文致》《苏长公小品》《苏长公外纪》《和陶合笺》《群芳清玩》《小窗幽记》《幽梦影》，等等，这些线装古籍，当初觉着是笨重的行李，现在使他得益匪浅。除了以上提到的以外，他在《关于〈吾国与吾民〉及〈生活的艺术〉》中还说：

只忘记带《欣赏篇》《说郛》《樵歌》《寒山诗集》，至悔。哥伦比亚中文图书馆丛书备得不少，但我懒得出门，至今尚未去查过。屠隆《冥寥子游》给我全部译出列入书中了。我最快活的是集中咏命运遣怀一类诗40余首，其达观味道实与 Omar Khayyam 相等。如白居易对酒诗"昨日低眉问疾来，今朝拉泪吊人回""相逢且莫推辞醉，听唱阳关第四声"及"不开口笑是痴人"之句，与 Omar 何别？觉隐诗"一脉青山景色幽，前人田产后人收，后人收得休欢喜，又有收人在后头"，何尝不警悟？李密庵《半半歌》何尝不冲淡？东坡《述怀行香子词》何尝不高逸？《骷髅赞》何尝不悲壮？……这样把乐天，东坡，石田，子畏……诗人请来欢聚一堂，唱和酬咏，倒也可以凑成代表中国诗人人生哲学的《人生曲》，

[①] 载《宇宙风》第四十九期，1937年10月16日。

名为 The Human Symphony，又名 Achinese Fantasia。

《生活的艺术》认为，无论古今中外，人类的天性生来就是一半属于儒家的积极人生观，一半属于道家的消极人生观。中国人"最崇高的理想"就是不必逃避人类社会，而本性仍能保持原有快乐的人。

《生活的艺术》向美国人推出了一个所谓"生活的最高典型"模式——"中庸生活"。尤其是林语堂在书中引用了李密庵的《半半歌》来形象地说明中庸生活的具体内容：

> 看破浮生过半，半之受用无边，半中岁月尽幽闲，半里乾坤宽展。
> 半郭半乡村舍，半山半水田园，半耕半读半经廛，半士半民姻眷。
> 半雅半粗器具，半华半实庭轩，衾裳半素半轻鲜，肴馔半丰半俭。
> 童仆半能半拙，妻儿半朴半贤。心情半佛半神仙，姓字半藏半显。
> 一半还之天地，让将一半人间，半思后代与沧田，半想阎罗怎见？
> 酒饮半酣正好，花开半吐偏妍，帆张半扇免翻颠，马放半缰稳便。
> 半少却饶滋味，半多反厌纠缠，百年苦乐半相参，会占便宜只半。

不仅如此，林语堂还向美国人介绍了一种"最优越的哲学"模式——把道家的玩世主义和儒家的积极观念融合为一的中庸哲学。并且把陶渊明作为"人"的标本，介绍给西方读者。在林语堂看来，陶渊明代表了一种"中国文化的奇怪特质"，即人的灵与肉始终是和谐的，也就是人的物质和精神的有机统一。

林语堂说："我以为半玩世者是最优越的玩世者……这种中庸精神，在动作和静止之间找到了一种完全的均衡，所以理想人物，应属于一半有名，一半无名；懒惰中带用功，在用功中偷懒；穷不至于穷到付不出房租，富也不至于富到可以完全不做工，或是可以称心如意地资助朋友；钢琴也会弹弹，可是不十分高明，只可弹给知己的朋友听听，而最大的用处还是给自己消遣；古玩也收藏一点，可是只够摆满屋里的壁炉架；书也读读，可是不很用功；学识颇广博，可是不成为任何专家；文章也写写，可是寄给《泰晤士报》的稿件一半被录用一半退回——总而言之，我相信这种中等阶级生活，是中国人所发现最健全的理想生活。"[1] 林语堂不仅在理论上持中庸态度，还在实践中做出了榜样。正像他自己说的那样"名字半隐半显，经济适度宽裕，生活逍遥自在，而不完全无忧无虑的时候，人类的精神才是最快乐的，才是最成功的"。这种人生方式，也是一种养生之道。

　　林语堂除了谈到"中庸生活"以外，还谈了悠闲生活、家庭生活、日常生活、旅游生活和文化生活。林语堂认为中国人具有喜爱悠闲生活的习惯。那些有钱的人不一定能真正领略这种悠闲的快乐，倒是那些轻视钱财的人，把自己的灵魂和人格看得比名利事业更要紧的人，才真正懂得它的乐趣。林语堂说，家庭的快乐，即夫妻父母子女关系的快乐，是人类生活中最基本的快乐。在日常生活中，有许多方面也能给人带来快乐。如蜷腿侧卧，安睡眠床，都是人生最大的乐事之一；如木椅的样式和坐椅的姿式；喝茶、饮酒、住房都有各自的讲究；等等。享受大自然的美好也是一种生活的艺术。林语堂介绍了中国人爱石、爱树和爱花的审美意识。如雄伟的松树、柏树象征行为高洁；竹能给人以温暖和感受；杨柳象征女性的绝色美丽；牡丹以浓艳见长，象征富贵；兰花香味文静，象征幽雅；梅花以清瘦见称，象征隐逸清苦；莲花出淤泥而不染，象征贤人；等等。林语堂说："一个真正的旅行家必是一个流浪者的快乐、诱惑和探险意念。"在文化生活中，林语堂非常赞赏孔子提倡的思考精神，即"学而不思则罔，思而不学则殆"。在艺术创作中，林语堂一直反对商业式的艺术和政治式的艺术，因为它们都会妨碍或扼杀艺术个性的表现。这一切，便是林语堂提倡的"闲适哲学"。

---

[1]《林语堂文集·生活的艺术》，群言出版社 2010 年 6 月第 1 版第 106 页。

《生活的艺术》被认为是一本奇书。如林语堂发明的公式是：

"现实"减"梦想"等于"禽兽"
"现实"加"梦想"等于"心痛"（普通叫作"理想主义"）
"现实"加"幽默"等于"现实主义"（普通叫作"保守主义"）
"梦想"减"幽默"等于"热狂"
"梦想"加"幽默"等于"幻想"
"现实"加"梦想"加"幽默"等于"智慧"

林语堂发明了一个拟科学的公式是：

现三　梦二　幽二　敏一　等于英国人
现二　梦三　幽三　敏三　等于法国人
现三　梦三　幽二　敏二　等于美国人
现三　梦四　幽一　敏二　等于德国人
现二　梦四　幽一　敏一　等于俄国人
现二　梦三　幽一　敏一　等于日本人
现四　梦一　幽三　敏三　等于中国人

虽然列出了上述公式，但林语堂赶紧声明，以上公式本身就靠不住，大家都可以批评。林语堂在《生活的艺术》一书中，还用这个公式分析了一些中外著名文人的性格，如：

莎士比亚　现四　梦四　幽三　敏四
海　　涅　现三　梦三　幽四　敏三
雪　　莱　现一　梦四　幽一　敏四

第十三章 美国（二）

爱伦坡	现三	梦四	幽一	敏四
李　白	现一	梦三	幽二	敏四
杜　甫	现三	梦三	幽二	敏四
苏东坡	现二	梦二	幽四	敏三

林语堂的这个公式，引起了强烈的反响。不论是感到新奇者或认为这个公式歪曲了中国人的民族性格者，各种意见纷纷提出，轰动天下，使《生活的艺术》成为一部奇书，这就是林语堂想"幽默"的效果。

《生活的艺术》整个书稿于1937年8月4日完成，林语堂用了三个月的时间撰写，完稿后他便飞到古巴哈瓦那度假一个月。11月，《生活的艺术》由雷诺和希师阁（Reynal & Hitcock）公司出版。出版后，立即被美国"每月读书会"选为1937年12月特别推荐书。书评家Peter Prescott在《纽约时报》上撰文说："读完这本书之后，令我跑到唐人街，遇见一个中国人便向他深鞠躬。"《生活的艺术》成为1938年全美最畅销的书，在美国高居畅销书排行榜第一名，而且持续五十二个星期之久。从1937年发行以来，在美国已出到40版以上，英、法、德、意、丹麦、瑞典、西班牙、荷兰等国的版本同样畅销，四五十年而不衰。1983年仍被西德Europr Bildungagem读书会选为特别推荐书。1986年，巴西、丹麦、意大利都重新出版过，瑞典、德国直到1987年和1988年仍在再版。1989年2月10日，美国总统布什对国会两院联席会谈到他访问东亚的准备工作时，说他读了林语堂的作品，内心感受良深，布什说："林语堂讲的是数十年前中国的情形，但他的话今天对我们每一个美国人都仍受用。"[1]可见，林语堂的《生活的艺术》已经风靡全球，从而确定了林语堂在世界文坛的地位。

---

[1] 林太乙著《林语堂传》，梅中泉主编《林语堂名著全集》（第29卷），东北师范大学出版社1994年11月第1版第316页。

如果说《吾国与吾民》是林语堂在美国的成名作,那么《生活的艺术》不仅使林语堂成了美国普通百姓家喻户晓的名字,而且也奠定了他在美国知识界的尊称地位。《生活的艺术》出版后好评如潮:

《每月读书会》评审委员会主席坎比在写的书评中一开头就称,《生活的艺术》充分展示了林语堂的才华,林语堂是有教养的中国人,也是有文化的世界公民。

《纽约时报》的书评是最权威的评价,1937年12月5日发表伍兹(Katherine Woods)的书评,题目《中国人及其丰富的人生哲学》。该书评高度评价了《生活的艺术》,说它是几千年中国文化精髓的提炼,用个人的笔调倾谈中国人的人生哲学,不仅显示了林语堂的学识渊博才华横溢,而且文章充满睿智与幽默,更能切入现代生活的实际,纵横于东西方文化之间,游刃有余、妙语连珠。

《先驱论坛报》于1937年11月21日发表了艾斯库(Florence Ayscough)的书评《一个充满灵气和睿智的中国人》,说《生活的艺术》不仅展现了一个文明,而且突显了一种个性,即作者的个性:充满灵气和睿智,幽默又反讽。

《芝加哥论坛报》于1937年11月27日发表书评,称《生活的艺术》"是部奇书,睿智过人,灵气芬芳,是床头最佳文学伴侣"。

《纽约新闻》于1937年12月5日发表书评,称林语堂给我们证明:"东方的理智也就是西方的智能,人类世界从根本意义上同根同源。"

林语堂收到了许许多多热情读者的来信。其中被当作广告语的一段话是这样说的:"《生活的艺术》是我所读过的书中最令我满意、读来最津津有味的书。读此书时,正是我生活中最重要的梦想遭到破灭之时。你的哲学给了我生活的勇气,让我意识到生活可以这么多姿多彩、尽情享受。谢谢你,林语堂。"

当然,并不是所有的评论都是赞美,批评之声也会偶尔出现。林语

第十三章 美国（二）

堂一家于1938年2月5日离开纽约，乘船去了意大利。

海外的文化使者

　　林语堂一家于1938年2月5日离开纽约乘船赴意大利，3月到了法国。他们先在法国东南部小镇芒通（Menton）住下，一个月后又来到了巴黎，住在尼科洛街59号。此间，林语堂撰写了《孔子的智慧》，还创作了第一部抗战小说《京华烟云》。1939年8月25日回到纽约。1939年8月林语堂租住在纽约曼哈顿八十六号大街12号克罗伊登寓所。1940年3月16日乘船离开纽约，途经墨西哥、洛杉矶、旧金山、檀香山，于5月初抵达香港，然后北上月底到达重庆。

　　（1）编写《孔子的智慧》

　　1938年1月，林语堂编写了《孔子的智慧》，此书较完整地表达了林语堂的孔子观，也较系统地向西方介绍了儒家学说。如他对孔子的思想价值取向、系统和特点，以及孔子的品格等都做了较为切实的评论。

　　在《导言》的第一部分，林语堂直截了当地提出儒家思想在现代生活中还有没有价值的问题。同时对孔子思想做了系统的探讨。他认为，孔子思想之所以能够支配中国，而且"在两千五百年内中国人始终奉之为天经地义"，绝对不是仅靠《论语》中零散的精粹语录，而是有其"更为深奥的统一的信念或系统"。而要了解孔子思想的系统就须除了要看《论语》这部孔学上的"圣经"外，还应依赖《孟子》和《礼记》等著作。那么，什么是孔子思想的系统呢？他指出："孔子的思想是代表一个理性的社会秩序，以伦理为法，以个人修身为本，以道德为施政之基础，一个人正心修身为政治修明之根柢。""更精确点儿说，儒家思想志在重新树立一个理性化的封建社会,因为当时周朝的封建社会正趋于崩溃。……他相信道德的力量，相信教育的力量，相信艺术的力量，相信文化历史的传统，相信国际间某种程度的道德行为，相信人与人之间高度的道德标准，这都是孔子部分的信念。"此外，林语堂认为孔子思想具有五个重要特点：一是"政治与伦理的合一"；二是"礼——理性化的社会"；三是"仁"——己所不欲，勿施于人；四是"修身养性为治国平天下之本"；五是"士"——就是知识阶级，孔子把道德教训全部寄托在他们身上，期望他们成为"在道德上仁爱而斯文的人，他同时好学深思，泰然自若，无时无刻不谨言慎行，深信自己以身作则，为民楷模，必能影响社会。不论个人处境如何，无时不怡然自得，对奢侈豪华，横存了几分卑视之心"。

在《导言》的第二部分，林语堂论述了孔子的品格。他反对把孔子说成"圣人"，认为他是一个普通人，具有普通人的感情的人，但又有超过常人的品格。具体而言，孔子有其道德的理想，知道自身负有的使命，深具自信，奋勉力行；学识渊博，多才多艺，努力继承古代经典学问，思想保守；生活讲究，和蔼温逊，风趣诙谐，亦恨人卑视人等。

《孔子的智慧》出版后，在美国各界受到了广大读者的欢迎。

（2）《中国与印度的智慧》

《中国与印度的智慧》一书，1942年由蓝登书屋出版。这本书主要介绍了中国和印度的文化经典。在中国文化方面，主要是介绍《道德经》《庄子》《中庸》《论语》《诗经》等。

（3）《啼笑皆非》

1943年，《啼笑皆非》由纽约约翰·戴公司出版。它是一本政论著作，曾风行一时，成为美国1943年最畅销书之一，它不仅具有强烈的政论性，而且充满了中国传统哲学的色彩。该书最突出的内容是林语堂批评美、英对华的错误态度。

林语堂在《啼笑皆非》里，从批评美英大国的远东政策破题，以中西互补的文化观作为建立世界新秩序的灵丹妙方，他提出以"老子不争哲理以破强权思想""相信孔夫子,相信礼乐治国""孟子,倒给我们恢复了人的精神观,给我们定了人类平等的原则,世界合作的基础,以及自由的可能性"。林语堂以西方的人道主义调和儒、道、释等中国传统的哲学思想。林语堂从来不亲自动手把自己的英文著作翻译成中文,但《啼笑皆非》是一个破例,他把此书的前半部分11篇亲自翻译成中文(后12篇由徐成斌翻译)。1943年秋天,林语堂带着自己翻译的《啼笑皆非》返回中国奔赴在抗日前线和后方,为抗战尽力呐喊。

(4)编写《老子的智慧》

1948年《老子的智慧》由蓝登书屋出版。此书是林语堂向西方介绍道家及整个中国古代哲学思想的一部重要著作。全书除《序论》《序文》外,另有七章,即《道之德》《道之训》《道之体》《力量之源》《生活的准则》《政治论》《箴言》。

林语堂阐述了有关道家哲学的看法:一是道家哲学与儒家哲学有很大不同——道家的人生观是消极的,而儒家的人生观是积极的;道家的学说在本质上是田园哲学,而儒家的学说在本质上是都市哲学;道家哲学为中国思想之浪漫派,孔教则为中国思想之经典派;道家抱持反面的观点,偏好自然与直觉,儒家崇尚理性,尚修身。二是阐释了老子思想所具有的某些重要特点,如老子哲学最高范畴的"道",是宇宙的神智,万物的根源,是赋予生命的原理,它看不见,摸不着,是不朽的本体。三是要结合庄子来研究老子。1942年林语堂翻译了《论语》、《道德经》和《庄子》。这些翻译著作和辜鸿铭翻译的《中庸》在西方产生了广泛的影响,而1948年的《老子的智慧》出版后,接着就有过12种英文和9种德文译本,可见,这是林语堂向西方传播中国传统文化的重要著作之一。

(5)译介中国古代小说名著

1950年,林语堂根据《杜十娘怒沉百宝箱》的故事用英文改写成《杜十娘》（*Miss Tu*）一书，由伦敦威廉·海涅曼公司出版。1951年，约翰·戴公司出版了林语堂的英文编著《寡妇、尼姑、歌妓》（*Widow, Nun and Courtesan*）一书，书中节译了老向的《全家庄》、刘鹗的《老残游记》又加入了《杜十娘》。

1952年林语堂在约翰·戴公司出版了《英译重编传奇小说》（*Famous Chinese Short Stories*），书中共收入20篇唐代传奇、宋代话本小说和明清的短篇小说。《英译重编传奇小说·导言》，是一篇有一定学术价值的文章。在序言中，林语堂除了说明编选该书的宗旨以外，还阐述了对我国古代短篇小说的看法，他特别对清代蒲松龄的小说表示赞赏："中国神怪小说作家数以百计，其描写深刻入微，故事美妙生动者，唯蒲氏一人。"林语堂所译介的小说，并不是将原作直接翻译成英文，而是采用"重编"的方法，即用现代短篇小说的形式和技巧写成，对若干作品的故事重新改写，有省略有增加，有改写有重写，成为一个"再创作"的作品。林语堂还英译了《浮生六记》《冥寥子游》《古文小品》，英译改写了唐代传奇和《杜十娘怒沉百宝箱》及《老残游记》部分内容。

（6）三次获荣誉博士学位

林语堂在美国曾三次获得荣誉博士学位。对于美国人或西方来说，林语堂用英语写作了一本又一本介绍中国传统文化的著作，博得了西方读者的喜爱，从而使他们对中国有了进一步的了解。从1936年到美国以后，林语堂就用英文写作，为沟通中西文化做出了巨大的贡献。1940年，纽约艾迈拉大学（Elmira College）授予林语堂荣誉文学博士学位。该校长赞扬他说："林语堂——哲学家、作家、才子——是爱国者，也是世界公民，您以深具艺术技巧的笔锋向英语世界阐释伟大中华民族的精神，获得前人未能取得的效果。您的英文极其美妙，使以英文为母语的人既羡慕又钦佩又深自惭愧。我们祷盼您不断以中英文表达人类高尚的精神、标准，那是人类共同的愿望。鉴于您的卓越成就，艾迈拉大学得颁赠予您荣誉文学博士学位，倍感荣幸。"

1942年，新泽西州若特洛斯大学（Rutgers University）授予林语堂荣誉文学博士学位。

1946年，威斯康星贝路艾特大学（Beloit College）授予林语堂荣誉人文学博士学位。该校长赞扬他说："林博士，东方学者，世界文士，您具有国际思想，为中华民族扬眉吐气，您的卓越不凡的写作已使您在世界上成为非官方的中国大使。基于贝路艾特大学教职员和校董会所授权力，我现在以荣誉人文学博士学位颁赠给您，司仪现在将垂布加在您的学位服上，我谨以文凭呈现给您并欢迎您成为贝路艾特大学的一员。"

从林语堂三次获得荣誉博士来看，他已博得了美国学术界衷心的尊敬和尊重，他成了走向世界文坛的中国作家。

第十四章 美国（三）

人物传记

《苏东坡传》

一般作家都喜欢自己的成名作或代表作，但林语堂对自己作品最偏爱的偏偏不是《生活的艺术》，也不是后来荣获诺贝尔文学奖提名的小说《京华烟云》，而是人物传记《苏东坡传》。

《苏东坡传》开笔于1945年，1947年出版。其实《苏东坡传》从酝酿到脱稿，历时一二十年之久，可谓呕心沥血之作。林语堂对苏东坡的热爱最早可以追溯到他在厦门的中学时代，在寻源书院读书时，他就开始系统地阅读苏东坡的作品了。1936年，林语堂全家赴美，就随身携带了关于苏东坡的著作及有关资料一百多种。在对有关苏东坡资料的翔实考证以及对是非善恶有透彻看法的基础上，林语堂对这些资料进行了仔细研究，经过一番努力，终于完成了这部自己非常喜爱的作品。《苏东坡传》与梁启超的《李鸿章传》、朱东润的《张居正大传》、吴晗的《朱元璋传》并称为20世纪中国四大传记作品。

《苏东坡传》的英文原名为 "The Cay Cenius:Life and Times of Su Tung

第十四章 美国（三）

po"，意为"快乐的天才——苏东坡的生活岁月"。林语堂非常认同苏东坡的快乐哲学，他在《苏东坡传》的序言讲道："我写《苏东坡传》并没有什么特别的理由，只是以此为乐而已。"①

《苏东坡传》主要描述了苏东坡在政治纷争中如何超越自我和如何保持快乐的心路历程。该书的主要部分按时间段分为四卷：第一卷，童年与青年（宋仁宗景佑三年至嘉祐六年即公历 1036—1061 年）；第二卷，壮年（仁宗嘉祐七年至神宗元丰二年即公历 1062—1079 年）；第三卷，老练（神宗元丰三年至哲宗八年即公历 1080—1093 年）；第四卷，流放岁月（哲宗绍圣元年至徽宗建中靖国元年即公历 1094—1101 年）。在小说前有张振玉的译序和林语堂的原序。第四卷后面还有附录一《年谱》；附录二《参考书目及资料来源》。

林语堂喜爱苏东坡的原因主要是：他不仅从苏东坡的著作中汲取了精神营养，而且从苏东坡身上看到了自己的影子。《苏东坡传》是我们研究苏东坡的最重要的资料之一，特别是研究林语堂内心世界的重要材料。据研究苏东坡的学者东方龙吟的看法，林语堂的《苏东坡传》有许多地方是在臆造苏轼的经历。最典型的是，苏轼终身都在暗恋他的堂妹，以寄托林语堂对陈锦端的相思之情。

林语堂在《苏东坡传》的序里，一口气给苏东坡加上了十八个头衔："一个无可救药的乐天派、一个伟大的人道主义者、一个百姓的朋友、一个大文豪、大书法家、创新的画家、造酒试验家、一个工程师、一个憎恨清教徒主义的人、一位瑜伽修行者佛教徒、巨儒政治家、一个皇帝的秘书、酒仙、厚道的法官、一位在政治上专唱反调的人、一个月夜徘徊者、一个诗人、一个小丑。"末了还加上一句"这还不足以道出苏东坡的全部"。可见林语堂对苏东坡热爱到何种程度。

《苏东坡传》写了苏东坡坎坷多舛的一生。苏东坡生活在北宋中后期，

---

① 梅中泉主编《林语堂名著全集》，东北师范大学出版社 1994 年第 1 版第 11 卷第 1 页。

尘世是唯一的天堂——林语堂的流寓人生

当时的宋朝国力逐渐削弱，外部边患严重，国家积贫积弱，社会危机此起彼伏。苏东坡看到这种情况，就不断向神宗上书,结果自己却被遭罢黜。苏东坡一直生活在政治斗争中，他不容于王安石的"新政派"，也不容于司马光为首的"反对派",后来又因为"乌台诗案"被人陷害而罪贬黄州，垂暮之年还遭到流放岭南的命运。苏东坡遭遇了一连串的宦海沉浮，但他依然故我，保持冷静与平和的心境，然后投入到自己所必须面对的现实生活中去。在他的作品中自始至终都保持着天真和纯朴，时时刻刻都流露出他的本性和对人生甚至世界的思考。他的这种刚毅与超脱，伟大与平淡，集中代表了中国文化的睿智、透脱与深邃，成为后人心目中最具魅力和最感亲切的传统知识分子典型。和苏东坡一样，林语堂的一生同样颠沛流离。他少小离家，老大也没有机会再回来，行踪漂泊，走的距离比苏东坡还远，一生被误解的时候也很多，但他依然我行我素，随着时间的流逝，人们才对他有了客观的看法和理解。

林语堂说他之所以喜欢苏东坡的作品，是因为苏东坡的作品中流露出作家的本性，完全发乎内心，字字皆自真纯的心肺间流出。他自己的作品又何尝不是出自内心的感悟呢！

人贵有自知之明。在这个世界上，能够认清自己的人并不多，林语堂认为苏东坡就是个能看得清自己的一个人。一次饭后，苏东坡摸着肚子问家人这里面是什么，一个女人说是"一肚子墨水"；一个女人说"你是一肚子漂亮诗文"，结果苏东坡认为都没有答对。只有他的侍妾朝云说："你是一肚子不合时宜！"苏东坡哈哈大笑拍手称是。[①]苏东坡这样描述自己一生："问汝平生事业，黄州惠州儋州。"虽是自嘲之语，却也反映出苏东坡的旷达的胸怀和潇洒的个性。

《苏东坡传》中的苏东坡，融合了佛、道、儒各家的哲理，是一个被林语堂理想化了的人物。林语堂用精辟简练的语言描写了一个性格鲜明、

---

① 梅中泉主编《林语堂名著全集》，东北师范大学出版社 1994 年第 1 版第 11 卷第 265 页

第十四章　美国（三）

多才多艺、形象饱满、可敬可爱的苏东坡形象。苏东坡是林语堂最欣赏的一个历史人物，《苏东坡传》实乃林语堂自身的写照。

为了写《苏东坡传》，林语堂研究了苏东坡本人大量的资料，他不仅编写了《苏东坡年谱》，而且还研究了《南行集》《钱塘集》《超生集》《黄楼集》《昆陵集》《兰台集》《海外集》等苏东坡早期的诗文版本，而且还对苏东坡的家庭和家族的情况做了考证。《苏东坡传》是林语堂在学术上和艺术上成熟的标志。《苏东坡传》出版后，林语堂还陆续发表了一些散文，如《苏小妹无其人考》《苏东坡与其堂妹》《答庄练关于苏小妹》等文章。"我向来认为生命的目的是要真正享受人生""过得快乐，无所畏惧，像一阵清风度过了一生""享受人生的每一刻时光""尽力工作，尽情享乐"等这些人生的信条，都是来源于苏东坡的启迪，成了林语堂生活的座右铭。

《武则天传》

林语堂继《苏东坡传》之后的又一部文学传记是《武则天传》，英文版原名"*Lady Wu*"，即武夫人、武贵妇之意，1957年由伦敦威廉·海涅曼公司出版。1965年在美国由普特南（G.P.Putnam's Sons）出版。

《武则天传》不是历史小说，也不是一部纯学术著作，而是介于二者之间的文学传记。书中的人物、事件、对白等资料，全部来源于《旧唐史》和《新唐史》。

林语堂笔下的武则天是一个在中国历史上最浮夸、最自负、最专横、最声名狼藉的皇后。《武则天传》这部作品，流露了作者对主人公的深恶痛绝。林语堂在《武则天传》的原序中，坦率地阐明了自己的创作动机：

　　我写这本武氏传，是对智能犯罪做一项研究。她的野心已到疯狂的程度，但方法则精确可靠，稳扎稳打，她冷静镇定，方寸不乱。疯狂与不疯狂，到底区别何在呢？谁有资格决定？无论如何，武则天的按部就班对她丈夫皇朝的推翻之所以成功，就是由于她敏锐冷静的智慧与厚颜无耻胆大包天的野心合而为一的结果。若是她的行动犯罪，她却时时能使之合理合法。她的狡黠，她的机敏圆滑，她的强悍无耻，是无可置疑的。自古以来，似乎是这样：杀一个人的人是凶手；杀三个，杀六七个，那他生来就是罪犯；若用组织完善的机构杀几百人，那他是头脑清醒的真正的凶魁罪首；倘若他杀了千万百万，他就为历史上的英雄，要想谦谢这个头衔，也终归无用了。①

在林语堂的笔下，武则天是中国历史上最骄奢淫逸，最虚荣自私，最刚愎自用，名声坏到极点的皇帝。武则天不仅是历史上的暴君，是一个杀人魔王，而且是一个最典型的荡妇。

林语堂要把武则天的故事讲给世界，目的"研究一个独特的人物，聪明而凶残，野心比天还高，其手段却相当理智、精密又周全"。林语堂说得很明白，当今世界上谁具备这些特征："现在好像说，要是有人杀了一个人，他是罪犯；要是他杀了三个、六个人，那他天生就是个罪犯；假如他有组织地杀了上百个人，那他肯定是精明能干的流氓团伙头目；但要是他杀了成千上百万人，他就成了历史英雄。"林语堂研究专制的理性与疯狂是在说明一条明训：无论专制统治如何恐怖威严，最终都难以维系。恐怖酷刑下总归会有幸存者，有胆量和智慧拨乱反正。

武则天作为历史上的唯一的女皇帝，自有她的功绩和错误。林语堂力图用史家的笔来写《武则天传》，但作者强烈的主观性损害了传记的客观性。

---

① 林语堂著《武则天正传·原序》(张振玉译)，台湾金兰文化出版社1984年出版。

英文小说

林语堂在美欧生活了近三十年，他用英语写的小说也达到了极致。主要有《京华烟云》《风声鹤唳》《唐人街》《朱门》《远景》《武则天传》《红牡丹》《赖柏英》等十部小说。

《唐人街》

《唐人街》是继《京华烟云》《风声鹤唳》《枕戈待旦》之后，林语堂用英语写作的第四部长篇小说，1948年和1949年，先后由约翰·戴公司、伦敦威廉·海涅曼公司和多伦多郎曼与葛林公司出版。

唐朝的中国是一个强国，唐人的称号含有一种民族自豪感，所以唐人街，意为唐朝人的街道，到海外的中国人总是自称唐人，或者大唐子孙，有时也把中国叫作"唐山"。可是，在美国又是贫民窟的另一种称谓。从19世纪40年代到美国淘金开始，留居美国的华人越来越多，其中大部分来自广东，如美国的纽约、华盛顿、旧金山、檀香山、洛杉矶、波士顿、芝加哥等城市都有唐人街，到1940年共有28处，而以旧金山和纽约的唐人街华人最多。

小说《唐人街》以一位老华侨在美国的经历和他一家的生存、发展为线索，反映了美国社会里的华工的生活是如何的辛酸、痛苦，同时也反映了这些华工的勤劳、艰苦和善良及爱国主义品质和高贵的民族自尊心。小说写的是纽约一个华人家庭的生活历史，以冯老二的一对小儿女初到美国开始，再现了20世纪30年代初美国的繁荣与物质文明的进步。小说在对物质文明赞美的同时，也反映了在这种进步的背后存有许多丑恶的东西，以及华人血和泪的历史。冯老二一家只不过是在美华人中的一个缩影。

小说表现了华人爱国主义精神，如作者用了较大的篇幅，描写了群众募捐、支持国内抗日战争的热情：

> 华侨照例组织起来，筹募基金，将大批美元送回中国。他们出手大方得吓人，简直难以相信。洗衣工人、饭店老板和侍者每个月都固定捐款。到了1940年，估计（全世界华侨）已捐出三亿美金来支持战争，到美国参战的时候，他们每个月大约寄回七百万的美金。其中大部分来自美国的华人，而主要的来源又是华人洗衣工和餐厅老板。谁都知道。清代被推翻大部分靠洗衣工人的资助，现在他们又捐钱拯救自己的国家。[1]

唐人街成为支援中国抗战的活动中心。冯家一家人都参加了爱国活动。

林语堂在小说中也客观地反映了现实生活中的两代海外华人之间的代沟。以汤姆为代表的年青一代的华侨，在西方文化的熏陶下接受了现代观念。以汤姆的母亲为代表的老一辈华侨仍拒绝接受美国的生活方式。小说还描写了异族相爱之后建立起有趣而温馨的理想家庭，特别是更多的开心快乐与和睦相处。

林语堂在这部小说中极力赞美和宣扬道家文化，提倡"忍让"，如小说最后，在冯妈妈的生日宴会上所讲的老子的故事，阐述了牙齿和舌头的比喻，"硬的和松脆的东西迟早都会破裂，但柔软的东西仍然存在着"。就已经在提倡一种"韧"性的哲理，当然老杜格对老子有他自己的理解，在他的理解中渗透着他的经历、经验与智慧。

总之，《唐人街》描写了华侨劳动者艰苦创业的经历，在海外华人社会中具有相当的代表性。同时，表现出对居住海外的华人劳动者的生活和命运的关注，歌颂了海外华人的生活毅力、创造精神和对祖国、家乡

---

[1] 转引自万平近著《林语堂评传》，重庆出版社1996年2月第1版第384页。

第十四章　美国（三）

的热爱。

《朱门》

1953年，林语堂完成了英文写的长篇小说《朱门》（*Vermilion Gate*），同年由纽约约翰·戴公司出版，再次成为畅销书。

林语堂把《京华烟云》、《风声鹤唳》和《朱门》这三部小说合称为"林语堂三部曲"。《京华烟云》《风声鹤唳》的人物和故事有某些连续性，但《朱门》无论从时间、地点、人物、故事都与以上两部小说无关，为何被称为三部曲之一？作者未作说明，我们也无从知道。我们不妨认为，虽然这三部小说的人物和情节不相关联，但它是林语堂非常重视的作品之一，而且，这三部小说最能体现出林语堂东西文化的理想，即以道德情操高尚的女性为主角，反映了林语堂追求真善美的艺术视角。《京华烟云》着力宣扬的是道家思想，《风声鹤唳》则处处宣讲佛教的理论，而《朱门》中儒家伦理观念比较突出，道、释、儒三教的思想均为林语堂所肯定和倾服，林语堂把自己的理想、希望和爱憎全部寄托于"三部曲"中的那些理想人物身上去了。所以，这"三部曲"实际上是林语堂的文化观、人生观和世界观的形象说明。从这一点来看，把《朱门》作为林语堂的三部曲之一也就毫不奇怪了。

《朱门》这部小说描写了一个爱情故事。出身于西安一家名门望族女生杜柔安和上海《新公报》驻西安记者李飞的爱情传奇。故事发生在1932年2月至1933年7月之间，地点则随主要人物足迹在西安、天水、兰州及新疆等地。

林语堂在《朱门》中主要描绘了青年女性杜柔安的形象。杜柔安出身于名门富户，又受过高等教育。她纯真文静、热情庄重而又心地善良。作者从以下几个方面对她进行了描写：一是她热爱祖国，积极参加了声援抗日的示威游行；二是追求自由恋爱，打破门第观念；三是追求自由平等和平民生活；四是表现了她质朴善良的心地和温柔婉顺的性格。林语堂在小说中，让杜柔安走出"朱门"，走向平民生活，与心爱的人李飞一起追求美好的未来，追求理想的事业和家庭，充分反映了作者自己的理想追求和向往。

小说中的另一主人公李飞也是作者所极力刻画的。李飞是一个正直善良、关注社会和人生，主持正义，反对邪恶的知识分子，他参加过北伐，在上海当记者，具有正义感，敢于在新闻报道中揭露现实中的丑恶，是一个优秀的青年。

林语堂在《朱门·序》中说，小说中的人物"纯属虚构"[1]，但小说中写到的历史背景却完全是真实的，尤其是描写了1933年的"新疆事变"。因此，林语堂有时把《朱门》的内容说成"描写回疆的故事。"[2] 但事实上，作者并没有具体描写这次"新疆事变"，更没有对于这段历史进行客观的分析和评价，只是作为小说的背景写到了20世纪30年代的新疆战争。从整部小说来看，《朱门》不是历史小说，而是一部带有社会背景的爱情小说。

《远景》（《奇岛》）

1955年夏天，林语堂带着妻女，漫游欧洲。这是一次无目的旅游。林语堂曾说，真正的隐士，不必到深山老林去离群索居，在城市中的隐士才是最伟大的隐士。林语堂非常喜欢这种自由自在的生活，在这个人们不知道林语堂为何许人的地方，他可以拿下一切人格面具，按自己的天性生活：他可以在大街上大喊大叫，也可以坐在露天咖啡馆里大声打呵欠，别人看他，他也在看别人。他觉得人生活非常不易，每一个人都要承受来自社会各方面的压力，有物质的、有经济的、有精神的，还有

---

[1] 梅中泉主编《林语堂名著全集》（第5卷，《朱门》），东北师范大学出版社1994年版第1页。
[2] 转引自万平近著《林语堂评传》，重庆出版社1996年2月第1版第407页。

第十四章 美国（三）

心理的，有的有形，有的无形，等等，这些社会压力把人挤压得变了形。因此，他提倡"不羁"精神，认为人要有点胆量，我行我素，能独抒己见，不随波逐流。这才是人类最后的希望。

小说《远景》于1955年5月由新泽西州普兰蒂斯·霍尔公司出版。《远景》又名《奇岛》，同年由伦敦威廉·海涅曼公司出版。林语堂于1954年10月2日抵达新加坡，出任南洋大学的首位校长，1955年5月离任。在担任大学校长期间，林语堂工作繁忙，风波一个接着一个，不可能在这期间创作小说，小说《远景》很可能是在他到新加坡之前的创作。

这部小说虚构了一个21世纪初期的乌托邦故事，故事发生的时间是2004年。美国姑娘芭芭拉·梅瑞克和她的男友（也是工作中的搭档）为"世界联盟工作"遭遇飞机失事，落难降落在南太平洋上的一个"荒岛"。岛上的居民发现他们后引起了一阵骚乱。芭芭拉的男友不幸身亡，但芭芭拉逐渐醒了过来。芭芭拉发现这个岛是一个新世界：约三十年前，一群欧洲人，主要是希腊人，也有一些意大利人、色雷斯人、弗里吉亚人，以及爱琴海岛的其他族人，由他们的哲学家、国王劳士带领，移民该岛，和岛上的原居民泰诺斯人和平共处，开辟出一片新天地。这些移民与当地的土著居民友好相处，共同为创造美好家园而努力工作，他们把这里建设得和谐美好。在这里，他们有一套完备的法律和道德体系。故事围绕着一个外来者的意外到来展开。通过这个外来者的观察发现，这里没有战乱、没有尔虞我诈、没有利益矛盾、没有冤冤相报，只有单纯、诚实、纯粹的宗教、幸福的精神享受，简直就是一个天堂或世外桃源。在这里，不仅人们和平相处，而且人们还会受到美的熏陶和享受，艺术的美、文学的美、音乐与宗教相结合的美、哲学与科学相互补的美，信仰自由，行动自由，这里就是人间的乐园……

林语堂在小说中写到了苏联的"垮台"，废弃"无产阶级专政"，国旗"已经改了""不再用镰刀和铁锤"，这些不幸被言中了。小说写到了美国人还在有道义上的责任来做世界警察，无疑是世界民主联盟的领袖，但"其他国家对美国的领导地位充满怀疑和不信任感"。小说写到了人们随手带个"口袋电话"随时和世界上的任何人通话，科学家成功发明了太阳能发电站，人的寿命延长，同时人口暴涨；等等，这些也被言中了。林语堂所构建的平和的生活就是人与自然和谐的简单生活。这是他心目中一幅理想的世界图景。"劳士说：要建立一个幸福和谐的共和国，简单法律、弱政府、低税是其三个基石。""公众对政府保持一定程度的不信任感"，这是"民主社会之基石"，世界全球化趋势越来越明显。林语堂倡导"一种充满快乐、美丽和喜悦的宗教"，"我们可以崇拜上帝、享受自我"。这些《远景》的题材别开生面，故事情节引人入胜，小说所展现的乌托邦乐土，正是林语堂的理想社会的缩影——古希腊的田园风味和中国老庄的"无为而治"的融合。奇岛，形象地描绘了林语堂心目中人类社会的远景，这远景就是中西文化融合的理想生活。《远景》出版后，获得了欧美读者的好评，但也遇到了一些美国读者的冷遇。

《红牡丹》

《红牡丹》是林语堂这些小说中"最香艳"的一本。小说通过女主人公牡丹在婚恋生活上的曲折经历，表现了一个清末的少妇在寻求爱情过程中的大胆追求，细致地刻画了情爱世界的奥秘。虽然，小说的时代背景是清末，但书中人物的意识却是现代的，小说表现了一种适合现代西方文化观念的女性意识，作者在小说中所表现的价值观，与西方文化的价值标准十分接近。对爱情的哲理性的剖析，隽永妙语，含义深刻，引人深思。所以，该书在海外十分畅销，曾多次再版。

1961年1月16日，林语堂应美国国会图书馆之邀，在华盛顿作了《"五四"以来的中国文学》的演讲。同年，出版了讲述北京历史的英文著作《辉煌的北京》和小说《红牡丹》。

第十四章 美国（三）

《红牡丹》的故事内容非常简单：小说中的主人公牡丹曾与五个男人有过关系，即金竹（初恋情人）、费廷炎（丈夫）、梁孟嘉（堂兄）、安德年（诗人）、傅南涛（平民百姓）。从中国传统的观点来看，牡丹是一个水性杨花的女性，但从现代观点来看，她又是一个个性解放的时代新女性，她追求自由，追求爱情，大胆热烈，不顾及伦理纲常的传统观念，也打破了"永恒爱情"的神话传说！摆脱了女人对男人的依赖，也摆脱了男人对女人的束缚，实现了完全的人格独立、平等、相互尊敬的而不是一人永久占有的新型关系。牡丹的所作所为，再一次证明了"爱情是变迁的，不是固定不变的。美满的婚姻是相对的，绝对美满的婚姻世界上从来就没有存在过。白头偕老，永恒的爱情，只是人们的一种理想和美好愿望"。[1]

小说语言清新、流畅，描写大胆细腻。特别是对于男女两性的描写，化腐朽为神奇，创造了一种美的境界。林语堂的《红牡丹》在两性描写方面的大胆露骨，远远超过了当年的郁达夫，并且描写之美也是空前绝后的，在现当代作家中能够把性爱描写得如此之美的，除了无名氏的《海艳》外，就非林语堂莫属了。

小说通过牡丹一生曲折浪漫的爱情描写，说明了人的一生最大的敌人，就是战胜不了的一个"爱"字，就是克服不了一个"情"字。《红牡丹》是一首爱的赞歌，一曲情的乐曲，也是中国现代文学史上独一无二的香艳小说。林语堂塑造的"牡丹"这一文学形象，以鲜明的个性进入现代文学人物的画廊，具有极强的启示性和感染力，是一个传统观念的劲敌。

《赖柏英》

1963年美国世界出版公司出版了林语堂的长篇小说《赖柏英》，林

---

[1] 厉向君著《人生悲苦命运的象征——无名氏与其他中国现代作家作品论》，巴蜀书社2010年1月第1版第24页。

语堂称之为"自传小说"。林语堂之所以把这部小说称之为"自传体小说"，可能是因为小说中描写的男女主人公的相恋与分手，有些细节和自己的经历相关。林语堂的初恋就是一个叫橄榄（赖柏英）的山区少女。林语堂尽管后来的家庭生活很幸福，但怎么也忘不了初恋赖柏英和青年时期的恋人陈锦端，尤其是前者，所以他就以自己的生活（书中有一些虚构的故事）为基础，写出了心中美丽的少女，以寄托相思。

小说中的新洛就有作者自己的影子，初恋是永远难忘的，赖柏英的纯真、善良和美丽，对于林语堂来说是刻骨铭心的。由于种种原因，林语堂没能与赖柏英走在一起，但在精神上永远与故乡的山水、故乡的文化相伴。这就是林语堂的"故乡情结"。

小说中的主人公"新洛"的童年生活，就是"和乐"早年身世的再现。林语堂少年时乳名叫"和乐"；小说中的女主人公赖柏英，在现实生活中是林语堂母亲的义女的女儿。按说赖柏英比林语堂晚了一辈，可由于年龄相仿，两人自幼青梅竹马，是童年时一对要好的小伙伴，而小说中的男主人公"新洛"在国外的经历却与作者无关，所以林语堂的《赖柏英》只能看作为"半自传小说"。林语堂之所以把《赖柏英》称作自传小说，主要因为作者"传"的是自己的真实心情，即"传"他是"山地的孩子"，始终依恋着故土，保持着一种"高地的观点"，无论身处何地，都坚守不渝。作者也许认为，所写的不一定要完全是自己，而只要体现自己这一信念，突出这一对自己最具根本性的说明和解释，就是自己的"自传"。这或许是林语堂理解的"自传小说"吧。他在其他书中也声明过"在另一本书里，我也写过赖柏英她那山间的茅屋。《赖柏英》是一本自传小说。赖柏英是我初恋的女友。因为她坚持要对盲目的祖父尽孝道，又因为我要出洋留学，她就和我分离了"[①]。这也说明了赖柏英要与林语堂分手是出于不得已，她同样爱着林语堂，她要把那种纯洁的爱永远的留在心中，这

[①] 刘志学主编《林语堂作品选(一)》《林语堂自传》，河北人民出版社1991年9月第1版第50页。

也是让林语堂佩服和感动的地方，成为林语堂在许多书中欲言又止的无奈，只好寄托于小说，通过小说的叙说，借以寄托自己的情怀。

海外抗日宣传家

1937年7月7日"卢沟桥事变"改变了中国的命运，也改变了林语堂的命运，他本想回国以后到北平定居，可现在北平沦陷了，上海也成了"孤岛"，没有办法，他只好留在美国。战争的阴云也一样笼罩着美国。华侨们对于国内的战事更是关心备至。他们同仇敌忾，组织各种活动，支持中国的抗日战争。林语堂每天都要到《纽约时报》大厦前的广场去，看大厦顶上霓虹灯打出的最新消息。广场上的广播也在随时向人们发布新闻："日本进攻上海，守军奋力抵抗。""中共军队在长城边打败日军。""苏联将要进攻日本。"……林语堂想要知道的最确切的消息，是美国对于这场战争的态度。

1937年5月，美国国会修正了中立法案，规定物资出口，必须支付现款。并且，只能用外国的船只运输。这样一来，海上运输力量薄弱的国家可就惨了。林语堂感到愤怒。他明白,美国虽然是在保护本国的利益，实际上却等于支援了海上强国日本。日本有的是钱，有的是船，可以随时购买美国的货物，增加实力，而中国的力量薄弱，就无法办到，这是美国的惯用手段！意大利侵略阿比西尼亚时，美国采用的就是所谓中立主义，对交战双方一律实行武器禁运。结果意大利不怕你禁运，被侵略的阿比西尼亚则陷入绝境！西班牙内战时，美国的中立态度又来了。政府命令美国船只不得接近危险地区！现在，美国国务卿赫尔宣布：美国对日本保持"友好的、不偏不倚的立场"。在美国对于中日战争也有两种态度：一种是坚持孤立主义立场的美国人，主张美国不应介入中日冲突的旋涡；另一种是同情中国的美国人，他们认为日本是侵略中国，应该受到谴责！

纽约的《泰晤士报》发表了题为《美国之袖手旁观》的长篇社论，批评美国的"孤立主义"。林语堂应美国《新共和周刊》主笔之邀，撰文痛斥了这些美国的"中立家"。

中国驻美大使王正廷请林语堂到华盛顿进行演讲，向美国人阐述中国的立场。

1937年8月29日，林语堂在纽约的《时代周刊》上发表了《日本征服不了中国》一文，文中说："日本征服不了中国，最后的胜利一定是中国的！"1937年11月，林语堂在《亚洲杂志》发表了《中国人与日本人》一文，在肯定日本人优点的同时，着重分析其劣根性。林语堂说，日本人由于缺乏明理精神，缺乏圆熟、机敏和幽默，也缺乏自我批判精神，所以才会出现现代危机。文章最后说，日本已陷入了自我毁灭的无望战争中。

1938年，林语堂写下《美国与中日战争》一文。他说美国表面上保持所谓的"中立"立场，实际上，它已经成为日本的"经济同盟"。他指出，美国政府仅在1937年的9、10月间，就卖给日本3.37亿加仑汽油！他开始为中国奔走呼号。当年在国内，痛骂军阀的劲头又来了。他又写了《日本必败论》。他说，日本的军力不足以征服中国，日军深入长江以后，其防线达一万华里，处处为游击队袭击，必将反攻为守，军力财力消耗太大，势必无法与中国打持久战。在政治上，日军的野蛮残暴，将促使中国人民团结起来，一致抗日。经验丰富、组织有序的八路军和民众联合，将使日军无法与土豪劣绅相勾结，在中国广大的土地上无立足之地。在经济上，日本的物资依靠进口，经费不足，生产面临崩溃，无力支持战争。在外交上，日本愈来愈孤立，苏联和英美必将加入对日战争。所以，日本必败无疑！这样透辟的分析，竟出自一个身在异乡、与政治拉开一定距离的林语堂之口！

1939年，《吾国与吾民》将印第十三版。林语堂立即补写了《中日

第十四章 美国（三）

战争之我见》一章，表明了他对中国必胜、日本必败的坚定信念，并且对中国的前途充满了信心。《1939年版序》中说：

> 这样一个四万万人团结一致的国家，具有如此高昂的士气，如此能干的领袖人物，绝不会被一个外来势力所征服。我相信，经过西安事变，中国获得真正团结之后，她就度过了现代历史上最危急的时刻。……最后是我对最终胜利的预见——中国最终会成为一个独立和进步的民主国家。[①]

林语堂的宣传，使对中日战争不甚了了的美国人开始明白地球那一边发生的事情了。早在1936年，"西安事变"发生的时候，美国人对于中国的事情还是一无所知。报纸、电台不断传出"张绑架了蒋""西安事变是日本人的阴谋"等等报道。一个星期以后，哥伦比亚大学组织一个讨论会，林语堂公开演讲。他先告诉美国人，谁是张，谁是蒋。因为，这两个字在英语中只差一个字母，Chang（张）、Chiang（蒋）。林语堂说：张学良软禁蒋介石目的，是为了抗日。……蒋介石获释之后，时局开始明朗，南京政府不会对日本的蚕食再做任何让步。事态的发展，使人们不得不佩服林语堂的眼力，他也因此而更有影响力。

最关心这些问题的，当然还是华侨。那时，旅美华侨有七八十万人，集中在纽约、华盛顿、旧金山、波士顿、芝加哥等城市的唐人街里，他们大多从事洗衣业、制衣业等低级的体力劳动。然而，正是他们，成为在海外支持抗日的中坚力量，他们抵制日货，进行募捐，游行集会。活动声势浩大，有声有色。每一次活动都少不了林语堂。他的著作那时正风靡全美。他的出现和言论立即成为民众关注的焦点。大多数美国人是

[①] 林语堂著 郝志东 沈益洪译《中国人》（又译《吾国与吾民》），浙江人民出版社1988年10月第1版第9-10页。

通过林语堂了解中日战争的背景和前途的。中国对日宣战以后，林语堂的老朋友徐訏后来回忆说："当时日本舆论界觉得他们没有一个林语堂这样的作家可以在世界上争取同情为憾事。"

身在海外的林语堂是一个文化使者，他在把中国的战事向美国人作宣传，也把美国人，尤其是华侨们的抗日热情及时传递回国。他在一篇《海外通信》中写道：

> 三月来美国华侨所捐已达300万元，洗衣铺、饭馆多按月认捐多少，有洗衣工人将所储3000小币（值五分者）全数缴交中国银行，精神真可佩服。所望维何？岂非中国国土得以保存？国若不存，何以为家？此华侨所痛切认识者。

林语堂对美国人又是这样说的："中国抗战的意志系来自民间，是由民众着力迫使政府前进，搁置延长时间的政策。全国人民终于觉悟过来，若再妥协，当危害无穷。他们既看出日本人野心永无止境，也看出日本人一心想征服中国，决难途中翻改，更明白再让予中国一寸土地，绝非一个自尊自爱的民族所能容忍。全国人民已了决心抵抗日本的一点，即使甘冒大战之危险，亦义无反顾。"

演说、宣传、政论，林语堂都尝试过了。他仍然觉得有点缺憾。这些活动虽然能起到一时之功效，但毕竟太短暂。他希望能写出一本作品，让所有的人在灵魂深处都得到震动，留给人们永恒的记忆。于是，他决定写小说了。

从1938年3月起，他便开始酝酿故事与人物，把人物的年龄、性格、经历和关系都用图表画出来。为了节约开支，也为了避免崇拜者的干扰，他带领全家移居法国。1938年8月8日，《京华烟云》在巴黎正式开笔。为了不受任何干扰，他索性一个人搬到巴黎城外松树林中的夏令营木屋中,隐居起来。廖翠凤去看他,见他的头发蓬乱,有3寸长,像个野人,又心疼又好笑,立即催他去理发。林语堂说:"等写完《京华烟云》再去吧!"1939年8月8日早晨,林语堂向全家宣布:下午6点半,《京华烟云》将全部完稿! 这一天,他写了19页。当写到抗日军民齐声高唱"不到山河重光,誓不回家乡"时,他激动得热泪盈眶,那是一个民族心房发出的声音啊!晚上,林语堂驾车带全家去一家中国饭馆,吃了一顿家乡的龙虾饭。第二天,他去理发了。

由于《京华烟云》借鉴了《红楼梦》的写法,于是,谣言、非议、曲解便不期而至了。有人说,这是一部十足的才子佳人小说,林语堂在国难当头之际,仍在吟风弄月,幽默闲适。有人说,这部小说充满老庄思想,是消极无为的不抵抗主义和失败主义。……林语堂立即站出来为自己辩护。他说:《京华烟云》是为"纪念全国在前线为国牺牲的勇男儿,非无所为而作也"。他在给郁达夫的信中又说:"弟客居海外,岂有闲情谈说才子佳人故事,以消磨岁月耶?但欲使读者因爱佳人之才,必窥其究竟,始于大战收场,不忍卒读耳。"[①]

后来,林语堂又写出了与抗战有关的《京华烟云》姊妹篇《风声鹤唳》。通过林语堂的海外生活,从中可以看出,林语堂是一个不仅在言论上,而且在作品中,更是在行动上,积极支持抗战救国的爱国者、文学家和国际著名学者。

---

① 张明高 范桥编《林语堂文集》(下),中国广播电视出版社1990年8月第1版第418页。

第十五章　重庆

为抗战赴渝又离渝

1937年7月7日，日本发动了卢沟桥事变，中国抗战全面爆发。7月29日，美国《时代周刊》发表了林语堂的《日本征服不了中国》。这时，林语堂的《吾国与吾民》第十三版即将开印，林语堂奋笔疾书，补写了一章，即《中日战争之我见》，表明了他的中国必胜、日本必败的坚定信念。1936年8月10日林语堂赴美时买的是来回船票，期限是一年。林语堂本来打算回国后到北京定居，可是，"七·七"事变后，北京陷落，接着，上海战事爆发，林语堂的计划被打乱了，只好决定推迟回国。

1937年8月29日《纽约时报》刊登了林语堂的文章《中国能阻止日本侵占亚洲吗？》，答案当然是肯定的。林语堂指出，蒋介石有卓越的领袖才能，中国士兵能英勇善战，中国民族主义兴起，以及中国有"比日本多得多的疆土，日本想都别想能在军事意义上全面占领之"。林语堂最后的结论是"只要战争打成僵局，中国实际上就赢了"。

林语堂在美国积极参加到抗战的行列，宣传并发动华侨抵制日货，在美国各界进行演讲，赞颂中国人民的同仇敌忾，决心抗战到底。不仅

第十五章 重庆

如此，他还鼓励夫人积极参加宣传抗日的活动。纽约的华侨妇女组织了中国妇女救济会，王正绪夫人任会长，林语堂夫人廖翠凤任副会长，廖翠凤在救济会里提出的许多建议和计划，令人拍案叫绝。林语堂宣传抗日救国的文章，在美国公众里产生了很大反响。他预言日本帝国主义必败，中国"将从战争中得救，将从战争中再生"。1938年，林语堂又发表了《美国与中日战争》[1]《日本必败论》[2]。1939年5月9日，林语堂应邀参加了在纽约举行的国际笔会第17届大会。大会由美国历史学家卢龙担任主席，林语堂是这次大会上三个发表演讲的人之一。其他两位是诺贝尔文学奖获得者德国的托马斯·曼，法国著名作家特洛亚。林语堂演讲的题目是《希特勒与魏忠贤》此文中说：

当今有德国人以希特勒喻耶稣，就像中国有位儒者倡议擅政独裁的魏忠贤与孔子应当有同样的地位。唯有这么歌功颂德，才能保住差使，而反对他的官吏全给残杀了。但是魏忠贤是声势显赫，却免不了人民的腹诽，其情形与今日之德国如同一辙。魏忠贤后来迫得只好自杀。自杀乃是独裁暴君的唯一出路。[3]

林语堂的预言果真实现了，五年后，希特勒真的自杀了。

林语堂在鼓吹抗战的同时，还应邀为书评家兼编辑克利夫顿·费迪曼（Clifton Fadiman）所编的《我的信仰》一书写了一篇有关他的信仰的文章。这本书一共收有十九位名人的文章，如爱因斯坦、韦尔斯（美国作家）、赛珍珠（1938年诺贝尔文学奖获得者，美国作家）、杜威（美国哲学家）、罗素（英国哲学家）、桑塔亚那（西班牙哲学家和诗人）、魏白（美国社会主义经济学家）、胡适、林语堂等，说明在编辑者的心中，

---

[1] 徐訏：《追思林语堂先生》，台湾《传记文学》第31卷第6期。
[2] 《宇宙风》第70期。
[3] 林太乙著《林语堂》，台湾联经出版事业公司，1991年第8版。

林语堂是一个在西方有很大影响的中国学者之一。1939年9月1日，欧洲战争爆发，林语堂于11月12日在《纽约时报》发表了《真正的威胁不是炸弹，是概念》，表现了对法西斯战争的极大蔑视，深信人类文化绝不会被战争毁灭。

1940年5月上旬，林语堂一家回到祖国，路经菲律宾马尼拉，5月10日抵港。在香港，他拜访了孙夫人宋庆龄及旧友吴经熊、温源宁等人，还赴论语派同人简又文组织的宴会，但谢绝了一切酬酢。

5月22日，林语堂一家从香港回到了抗战中的故国。林语堂把美元换成中国货币存到中国银行，其目的也是有利于为抗战服务。

林语堂来重庆的时候，正是日本飞机在重庆狂轰滥炸的时候，所以，他一家人经历了跑警报、钻防空洞以躲避空袭的日子。"重庆轰炸"是日本试图以其残酷与疯狂压垮中国人的抗战意志。林语堂在北碚的房子也没有幸免。由于在这样战乱的时日，写作也安不下心来，林语堂无法发挥他的长处，此时他想起美国友人的观点：他留在美国为中国做宣传比回到中国做日本炸弹的炮灰要有用得多。他想回到美国照样能为抗战服务，而且对他来说更能发挥他的特长，因为写作需要一个安静的环境。也许有人以为他是一个逃兵，可在他看来，拿枪到战场和敌人战斗固然可敬可佩，但利用强大的舆论宣传，尤其是在国际上更需要有人主张正义，让世界上所有爱好和平的人们都知道日本的法西斯暴行！他把这一想法告诉了宋美龄，蒋夫人立即同意，由于宋庆龄的支持，林语堂决定离开重庆，返回美国。临行前，蒋介石夫妇在官邸招待了林语堂一家。林语堂也接受了蒋介石侍从室"顾问"的头衔，不知道的人还以为林语堂从国民党那里捞到了多少好处，拿了政府多少津贴，其实林语堂一分钱也没拿。林语堂当时经济上即使按美国标准也是相当富有的，他不需要政府的工资，林语堂之所以接受

第十五章 重庆

了蒋介石侍从室"顾问"的这一头衔,主要是为了签证的方便[①],在这次回国前,林语堂用的是"游客签证","游客签证"的规定是,他们全家必须在六个月后离开美国,然后再重新申请入境,有了这个"顾问"的头衔,就能享受到"官员签证"的待遇,不需要每隔六个月重新办理手续了。

为了表示对抗战的支持,林语堂在离开重庆之前将他的私人住宅——重庆北碚蔡锷路24号"天生新村"那套四室一厅的住房,连同家具一起捐赠给中华全国文艺界抗敌协会使用。林语堂还给"文协"写了一封信,全文如下:

> 敬启者,鄙人此次回国,不料又因公匆匆去国,未得与诸君细谈衷曲为憾。惟贵协会自抗战以来,破除畛域,团结抗敌,尽我文艺界责任,至为钦佩。鄙人虽未得追随诸君之后,共抒国难,而文字宣传不分中外,殊途而同归。兹愿以北碚蔡锷路二十四号本宅捐出,在抗战期间,作为贵会会址,并请王向辰夫妇长久居住,代为看管。除王先生夫妇应住二间及需要家具外,余尽公开为会中器物,由理事会点查处置。聊表愚忱,尚希哂纳。并祝努力。
>
> 弟与诸君相见之日,即驱敌入海之时也。
> 此致
> 中华全国文艺界抗敌协会
>
> 林语堂敬上(1940年)8月17日

"文协"总务部主任老舍收到信后,在北碚的"文协"大会上公开宣读了信的内容,并推选以群和光未然两人来管理北碚蔡锷路24号林宅的

[①] 刘志学主编《林语堂作品选(一)》,《林语堂自传》,河北人民出版社1991年9月第1版第123页。

内部事务[1]。

据林语堂女儿林太乙的回忆："父亲把北碚的房屋借给中华全国文艺界抗敌协会北碚分会，由老向代管。"老舍的儿子舒乙在1994年父亲百岁诞辰纪念时，写了《家在林语堂先生院中》一文也谈到了此问题，并且说得更细致：

> 这所房有许多文人来住过，最后由两家人分住，东面一半由老向一家住，西面一半由我们一家住。父亲老舍先生比我们住进去得早一些。母亲带着我们三个孩子一九四三年秋天由北平逃出来之后，和父亲在这所房子里团聚。在这里，父亲住到抗战胜利后的一九四六年二月，先后共两年多。他在这里写了长篇小说《火葬》《四世同堂》第一部和第二部，抗战回忆录《八方风雨》，还有许多短文，譬如系列散文《多鼠斋杂谈》。他戏称这所房子为"多鼠斋"，形容这儿的老鼠成灾。此外，在此期间，他还出版了短篇小说集《贫血集》。在北碚时，父亲身体相当糟，患贫血病，常常头晕，又患痔疮，还打摆子，因糙米中有稗子而患盲肠炎，住院开刀。我们抵北碚时，他刚刚出院，直不起腰来，站在路旁迎我们，双手拄在手杖上，看起来，已是一位饱经风霜的瘦弱老人。
>
> 林先生的房在当时的条件下是相当不错的房子，整整齐齐，规规矩矩，下有房基，上有洋瓦，外墙是砖的，外表呈黄色。日本人一九四〇年轰炸时，一颗炸弹正落在离房子五米不到的地方，地上炸开一个很大的深坑，居然没把房子震垮。那时，林语堂先生一家正好有回国之游，还恰恰就在北碚附近，他们正在缙云山上休息。回来一看，房子遭到了严重损坏。赶快抢修，到我们住进去的时候，炸弹坑中已种了一株槐树，直径已有茶碗口那么粗。冬日，父亲穿

---

[1] 施建伟著《林语堂传》，北京十月文艺出版社1999年第1版第449页。

第十五章 重庆

着长棉袍，脚踏棉窝鞋，坐在小树前留影，是他在北碚留下的仅有的两张照片之一。

林先生的房的周围，严格地说并没有固定的界限。有一个院门，只是象征式的，有门柱而无门扇。由门柱开始，有一条有台阶的小路向上通到我家住的西半边。老向先生家不走这门，他们走后门，后门通向东半边。房子的正面，门柱旁边有几株高大的芭蕉，有一棵梧桐树，有两行冬青树，有茂盛的竹子。竹上常有画眉歌唱。夏日夜间，往往有暴风雨，闪电之中，看见巨大的芭蕉叶东倒西歪，仿佛整个世界都要倾倒，十分可怕。

令人惊讶的是，这所小房一直好好地保存着，现在还住着人。我曾两度回去看过，几乎完整无缺，没有变坏，而且并不显得十分破旧。它现在是被围在一大群建筑当中，四周的环境变化极大。不走近，是不会发现它的。好在，它现在被圈在北碚区区政府大院之内，所以并不难找。有了电。有了上下水，有了正式的厕所。

它，以前是蔡锷路二十四号，现在是民生新村六十三号副十六号。

在正面的墙上，已经挂了一方小木牌，上面刻着四个绿色的字：老舍旧居（一九四三——一九四六）。

我最近还接到北碚区副区长的信。他写道：将把房里的居民移走，开辟成老舍纪念室，正式确定为重庆市市级重点文物保护单位。

所有这一切，首先要感谢林语堂先生，当初，如果没有他的慷慨借用，父亲一家人也许找不到一处安身之地，他本来已经很坏的身心状态也许会变得更糟，恐怕难以完成被他自称为"对抗战文学的一个较大的纪念品"——《四世同堂》——的创作。

将来，一是纪念馆正式落成，我想，应该在墙上另立一块牌子，上面可以这么写：

此房原系林语堂先生所有，抗战时是中华全国文艺界抗敌协会

尘世是唯一的天堂——林语堂的流寓人生

北碚分会会址。

> 一九九四年九月十六日作客台北
> 当日有林语堂纪念图书馆之访[①]

林语堂刚刚回国不久又出国，难免引起舆论界的非议。刚回国时有人说："林语堂镀金回来了！"现在又有人说："林语堂拗不住跑警报，又回美国了！"郁达夫在一片指责声中，挺身而出，力排众议，为林语堂辩护："林语堂氏究竟发了几十万洋财，我也不知道。至于说他镀金云云，我真不晓得，这两个字究竟是什么意思。林氏是靠上外国去一趟，回中国来骗吃的么？抑或是林氏在想谋得中国的什么差使？文人相轻，或者就是文人自负的一个反面真理，但相轻也要轻得有理才对。至少至少，也要拿一点真凭实据出来。如林氏在国外宣传的成功，我们则不能说已经收到了多少的实效；但至少他总也算是为我国尽了一份抗战的力，这若说是镀金的话，那我也没有话说。总而言之，著作家是要靠著作来证明身份的，同资本家要以财产来定地位一样。跖犬吠尧，穷人忌富，这些于尧的本身当然是不会有什么损失，但可惜的却是这些精力的白费。"[②]

林语堂一家于1940年9月24日回到洛杉矶，但大女儿林如斯才17岁无法理解林语堂的这一决定，却坚决留在了中国，和其他人一样积极参加了抗战工作。林语堂回到美国积极为国做宣传，同时和宋美龄保持通信联系。《纽约时报》以《林语堂认为日本处于绝境》为题，刊出了记者写的采访报告。林语堂利用自己在美国读者中的声望，不断向《新民国》(*The New Republic*)、《大西洋》(*The Atlantic*)、《美国人》(*The American*)、《国家》(*The Nation*)、《亚洲》(*Asia*)、《纽约时报周刊》

[①] 林太乙著《林家次女》，西苑出版社1997年11月第1版第158–161页。
[②] 刘炎生著《林语堂评传》，百花洲文艺出版社1994年2月第1版第189–190页。

等刊物投稿，谈论中西关系、中日关系、西方对亚洲的策略等问题。

1943年9月22日林语堂离开迈阿密，途经非洲和印度飞到中国，这次回中国主要是他需要回到前线，寻找资料和感觉，为他的下一本书做准备。这次回来更加受到了国民党党政要人的重视。他先后住在熊式辉和孙科家里。蒋介石曾六次接见了他，并安排他到宝鸡、西安、成都、桂林、衡阳、长沙、韶关等地参观考察，林语堂走遍了大半个国军控制区（包括新疆）。林语堂也成了蒋介石的座上客。1943年10月16日，在重庆中央大学作了《论东西文化与心理建设》的讲演；11月13日，在西安青年堂作了《中西哲学之不同》的讲演；1944年1月14日，在长沙中山堂作了《论月亮与臭虫》的讲演。早在这次回国之前，作为东西方协会会员他于1943年9月11日上哥伦比亚广播电台做节目，并同时盛邀美国听众以个人名义给中国人写信，以增进两国人民之间的互相了解。林语堂的呼吁得到了美国听众的热烈响应，他收到了很多来信，这次回国他带来了六百封信。1943年11月4日，国民政府举行仪式，正式接受美国个人的来信，有多个民间团体及个人代表参加了接收仪式。

由于林语堂的亲蒋立场，左派作家对林语堂非常反感。针对林语堂的《啼笑皆非》，郭沫若首先在《新华日报》上发表题为《啼笑皆是》的文章，予以挖苦和讽刺。田汉、秦牧、曹聚仁等也刊出了对林语堂的抨击文章。面对左派作家的抨击，林语堂于1944年在离国赴美前夕写下了三首《赠别左派仁兄》，诗中流露了对左派作家的不满情绪。

抗战小说

《京华烟云》

1938年2月，林语堂偕全家到欧洲旅游，在欧洲游览了许多名胜古迹，领略了各国大自然的美丽景色和民族风情。一年之内，英国、意大利、法国、瑞士、比利时等地，都留下了他们的足迹。这次旅游，除了观赏外，林语堂还写了《孔子的智慧》，同时，想把曹雪芹的《红楼梦》翻译成英文。后来觉着《红楼梦》离现实生活太远，于是，改变初衷，决定借鉴《红楼梦》的艺术形式，写一本反映中国人现代生活的小说，这就是《京华烟云》（又译《瞬息京华》）的诞生初因。

林语堂对于《京华烟云》的写作，是十分严肃认真的。他从1938年3月开始，整整用了五个月时间来构思全书的内容和写法，如时代环境、人物安排、情节布局、开始结束等。从8月8日开始动笔，到1939年8月8日写完，整整用了一年的时间。

《京华烟云》的题词是："献给英勇的中国士兵，他们牺牲了自己的生命，我们的子孙后代才能成为自由的男女。"英文书名为 Moment in Peking。小说讲述了北平曾、姚、牛三大家族从义和团运动到抗日战争三十多年间的悲欢离合和恩怨情仇，同时在小说中反映了一些重大的历史事件，如义和团运动、辛亥革命、袁世凯称帝、张勋复辟、军阀混战、五四运动、"五卅"惨案"三·一八"惨案、"语丝派"与"现代评论派"论战、北伐战争、日本帝国主义侵华、日伪贩毒走私、卢沟桥事变、抗战全面爆发、"八·一三"淞沪抗战等，展现了现代中国社会风云变幻的历史风貌。在再现重大历史事件的同时，小说对许多著名的历史人物作了符合实际的描写，如孙中山、宋庆龄、蒋介石、冯玉祥、傅增湘、林琴南、辜鸿铭、齐白石、慈禧太后、袁世凯、张勋、段祺瑞、曹锟、张宗昌等这些历史人物，都作了真实的描绘。

《京华烟云》可以说是林语堂长篇小说的代表作，小说的规模宏大，被称为现代的《红楼梦》。虽然《京华烟云》有模仿《红楼梦》的地方，但它写的毕竟是中国社会近半个世纪的现实生活。林语堂为该书写的《序》中谈到此书的内容："这部小说既不是现代中国生活的辩护书，也不是其大暴露，那是近年许多中国'黑幕'小说的意图，本书也没有讴歌旧的生活方式或者偏袒新的生活方式。这部故事叙述的不外是当代男女如何成长，如何学会共同生活，他们的爱和憎，争吵和宽恕，苦难与欢乐，一些生活习惯和思维方式如何形成，以及最主要的：他们如何适应这种'谋事在人，成事在天'的尘世生活的境地。"①

小说阐释了儒道文化在中国对普通民众产生的深刻影响，这种影响主要是从人们的日常生活中呈现出来。林语堂正是抓住了这一点，通过小说来体现中国文化的特点。

小说的人物众多，但着墨最多的是木兰和莫愁姐妹以及孔立夫。木兰活泼而充满生气，追求诗情画意的生活；莫愁沉稳而聪明贤惠，在生活中安分而现实；立夫天性偏于急躁，愤世嫉俗，对诡诈伪善的事不能容忍。三个人物性格鲜明，栩栩如生。这三个人之外，小说中还写了八九十个有名有姓有血有肉的人物。姚思安和曾文璞是两大家族的主人，在他们身上体现了中国传统文化最重要的两方面，即儒道思想。姚思安是道家的代表，曾文璞则是儒家的代表。此外，小说中还写了牛怀瑜、牛素云和牛莺莺等人甘当汉奸的无耻行径。

女性形象是这部小说中最为多彩的一笔。激进叛逆的黛云、古典优雅的曼娘、现代女性的木兰……曼娘是传统女性的典范，一生恪守旧的礼俗。小说的情节安排赋予曼娘一个关键作用，即由她来决定中国该不该进行抗战，这其实是暗喻着中国最普通的老百姓的抗日态度。小说中写道：

"你觉得中国应该和日本打吗？"木兰问道。

"如果像这样发展下去，还不如打一仗。"曼娘说，"怎么能让阿轩赤手空拳和鬼子打呢？"

木兰记得她爸说过："你问曼娘。如果曼娘说中国必须战，那

---

① 林语堂著 郁飞译《瞬息京华》,湖南文艺出版社 1991 年 12 月第 1 版第 1 页。

中国就会胜。如果曼娘说中国不能打,那中国就会败。"

"你认为中国可以和日本一战?"木兰又问道,一个字一个字说得很慢。

"不管中国愿意不愿意,都必须去战。"

木兰是小说中精心塑造的女主角,寄托了林语堂的理想。木兰既是一个"战士",也是一个女人。古代有花木兰代父从军,今天的木兰可以说是一个女性战士。木兰是一个有修养,有知识,有个性,充满了智慧、温柔而坚定的母亲形象。她把自己的独子送上战场为国而战,从某种意义上来说,就是自我牺牲的表现。

《京华烟云》充满了悲剧意识,京华"烟云",即"浮生若梦"和"转瞬即逝"!这是对生命本质悲剧性的感悟,所以,人们要更好地去把握属于自己的一瞬,要创造出人生的意义和价值。

小说还写了婚丧嫁娶的繁文缛节、为解除病痛而进行的冲喜举动、阴阳五行学说、算命抽签、仙姑道婆等许多带有中国文化的特色的事件。

总之,《京华烟云》作为一部鸿篇巨制,其艺术是多个方面的,如人物形象鲜明,个性突出,情节丰富曲折,结构缜密,语言凝练,风格朴实、浑厚,特别是将叙述、描写和议论糅合在一起,具有流畅、恣肆、幽默而热情的特色,严肃中有轻松,等等。

《京华烟云》一部分内容是在巴黎写的,一部分则是林语堂1939年回到纽约后去维蒙特州避暑时写的。1939年由纽约约翰·戴公司出版后,立即被美国的"每月读书会"选中,成为12月特别推销的书。1940年,日本出版了《京华烟云》三个日译本[①]。许多国家也陆续把它翻译成本国的文字出版。而美国更是一版再版,在20世纪40年代就销售了25万部。

[①] 明窗出版的藤原帮文的节译本《北京历日》,今日问题社出版的鹤田知也的节译本《北京之日》,四季书房出版的小田岳父、中村雅男、松本正雄合译的《北京好日》。

第十五章 重庆

因而,《京华烟云》成为我国现代文学较早走向世界的一部重要作品。

《京华烟云》出版后,林语堂想让在抗战中的祖国同胞早日读到他的译本,他知道郁达夫既精通英语也擅长小说,又是自己的老朋友,所以他决定让郁达夫将此书翻译成中文。

林语堂在小说完成后一个月,也就是 1939 年 9 月 4 日,他就写信给正在新加坡《星洲日报》担任副刊编辑的郁达夫,约请他翻译《京华烟云》,并寄去相关资料和 5000 美元定金。郁达夫对老友的请求慨然应允,并于 1940 年动手翻译,打算译稿先在《宇宙风》上发表。但郁达夫对于此书的翻译未能如愿。1945 年郁达夫惨遭日本人杀害,这一版本在无情的战争中夭折。关于林语堂请郁达夫翻译的原因及郁达夫未能实现愿望,世人有种种猜说。我们不妨引林语堂自己的说法,看一看他为何不自己翻译而请郁达夫来翻译的原因,他解释说:"一则本人忙于英文创作,无暇于此,又京话未敢自信;二则达夫英文精,中文熟,老于此道;三、达夫文字无现行假摩登之欧化句子,免我读时头痛;四、我曾把原书签注三千余条寄交达夫参考。如此办法,当然可望有一完善译本问世。"[①]林语堂最佩服郁达夫性情率真和才气过人,他赞赏郁达夫古诗词和散文都写得好,他对郁达夫的翻译也充满了信心和期待,因为有郁达夫的翻译,自己的作品会大为增色。郁达夫对林语堂的态度一直非常友好,尤其在几个关键时刻,他能力排众议,充分肯定了林语堂的文章和人品,从中也显示了郁达夫的识见、胆力和胸怀。但郁达夫未能完成林语堂的委托,大约原因有:一是自己工作繁忙;二是郁达夫个人婚姻出现危机;三是 1941 年太平洋战争爆发,他需要应付战时;等等,总之,把翻译之事一拖再拖,未能顺利进行。只好过了数十年后,由郁达夫的儿子郁飞代父译出此书,还了父亲的旧债。

郁达夫当初的译本题名为《瞬息京华》,这一译名也是林语堂最为满

---

① 林语堂著 郁飞译《瞬息京华》,湖南文艺出版社 1991 年 12 月第 1 版第 790 页。

意的一个题目。1941年在"孤岛"上海出现第一个中文译本，即郑陀、应元杰版的《瞬息京华》，分上、中、下三册，由上海春秋社出版。抗战胜利后，上海光明书局、香港文达出版社多次重印这个译本。这一版本林语堂极不满意，译文出现许多错误，翻译极不准确，然而却流行了近三十年。直到1977年台湾德华出版社推出张振玉翻译的版本，这一版本将该书译为《京华烟云》，从此这一译名为广大读者所接受。然而这一版本对原著颇多改动，很多地方并未尊重原著，并非是理想的版本。1987年大陆吉林时代文艺出版社曾根据张振玉的译本重新修订过《京华烟云》，算是50年代以来大陆首次重印的《京华烟云》，实际上个别段落编者作了改写，尤其是剔除了其间带有政治色彩的部分。最为理想的译本是郁达夫之子郁飞翻译的《瞬息京华》，1991年由湖南文艺出版社出版，该译本除删除一些为西方介绍中国事物所作的注释外，其余地方均尊重原著。这个译本订正了前两书的误译，避免了文字上的佶屈聱牙，虽未做到林语堂祈望的全用北京口语，但清新流畅，特别忠实于原著，恢复了林语堂欣赏的书名《瞬息京华》。十分可惜的是，在郁飞经十年之功完成先父遗愿后，林语堂已经看不到这一最好的版本了。

美国《时代周刊》发表书评："《京华烟云》很可能是现代中国小说的经典之作。"1944年、1972年、1973年和1975年《京华烟云》四次被提名为诺贝尔文学奖的候选作品。

《风声鹤唳》

《风声鹤唳》是林语堂用英文写作的第二部长篇小说，1941年由约翰·戴公司出版。可以说，《风声鹤唳》是林语堂《京华烟云》的续篇，《纽约时报》誉为中国的《飘》。

《风声鹤唳》的故事背景发生在20世纪40年代的江南名城，主人公姚博雅就是《京华烟云》里姚思安的孙子，姚家二少爷博雅风流倜傥沉溺于江南名伶梅玲的万种风情中……女主角丹妮放荡不羁、个性飞扬，虽然经历了战争的磨难，仍然坚强不屈。就如作者所说："战争就像大风暴，扫着千百万落叶般的男女和小孩，让他们在某一个安全的角落躺一会儿，直到新的风暴又把他们卷入另一旋风里。因为暴风不能马上吹遍每一个角落，通常会有些落叶安定下来，停在太阳照得到的地方，那就是暂时的安息所。"小说揭示了残酷的战争给无辜的人民带来的深重灾难，诠释了悲惨的人民在这暴风雨的阴霾下挣扎的无奈与痛苦！

小说描写了主人公及其他的人在战争年代里的流离失所，骨肉分别，疾病缠身，饥寒交迫，备受凌辱……但还要拖着疲惫的步伐，带着痛楚的呻吟挣扎前进，面对日军疯狂的侵华之战，淞沪会战上海失守，接着是国都南京沦陷……无辜的人民根本就无法掌握自己的命运，他们就如秋风中的落叶，在大暴风的战争中任命运沉浮。

《风声鹤唳》再现了抗战初期姚、张两大豪门的兴衰演变，述说了他们作为江南古城丝绸世家的生死较量和激荡人心的商场鏖战，以及在日本侵略势力对中国纺织市场的鲸吞面前，姚、张两家所表现出来的截然不同的态度。小说还围绕着姚、张两家的子女及周围青年都无可避免地卷入了这场大是大非的对垒，他们之间的爱情、亲情和友情也因之变得复杂离奇，撕心裂肺。

林语堂的《风声鹤唳》揭示了日本发动侵华战争给人民带来的灾难和痛楚，同时也让我们看到在那战乱年代，人性的美丽光辉，爱情的真诚无私，友情的伟大温暖。

小说描写了老彭、丹尼和博雅三人之间的感情纠葛。小说中的丹妮（梅玲），是一位命运坎坷，有着复杂历史的女人，在别人鄙视的眼光下，面对生活却仍不绝望。她敢于追求自己理想的生活，大胆地去爱。作者通过对这三个人物的描写，表现了情感的复杂性、友情的真挚性和爱情的感人性。

林语堂在《风声鹤唳》中,通过三个主人公在抗日战争期间的巨大变化和感情纠葛,向外国读者宣传中国人民在抗日战争时期的风貌,通过小说的形式,为国家在海外做抗日宣传。小说中描写了日军飞机轰炸汉口以后,宋美龄"身穿一件蓝色短毛衣和一件黑长衫,毛衣袖子卷得高高的",出现在人群中,安慰遭轰炸的平民,鼓励人们的士气。

小说中的爱情故事,只是一个形式,作者的主要意图是借爱情的形式,反映了青年一代为了抗日胜利而鞠躬尽瘁,死而后已。这部小说第一次记录和揭露并谴责了日军在"南京大屠杀"中所犯下的罪孽,不仅有文学价值,还具有史学价值。

第十六章　美国（四）

发明中文打字机

每个人总要有自己的喜好。林语堂说："一点痴性，人人都有，或痴于一个女人，或痴于太空学，或痴于钓鱼。痴表示对一件事的专一，痴使人废寝忘食。人必有痴，而后有成。"① 这话说得确实有道理。林语堂的痴性，就在于从小想发明创造。

"至今我仍然相信我将来最大的贡献还是在机械的发明一方面。我仍然相信我将来发明最精最善的汉文打字机，其他满腹的计划和意见以及发明其他的东西可不用说了。如果等我到了五十岁那一年，那时我从事文学工作的六七年计划完成之后，我忽然投入美国麻省工学院里当当学生，也不足为奇。"

林语堂虽没有成为美国麻省工学院的学生，但他五十岁之后确实开始了研制他痴迷已久的中文打字机。为了发明这台打字机，林语堂不仅

---

① 梅中泉主编《林语堂名著全集》，东北师范大学出版社1994年第1版第29卷第203页。

花尽了毕生的心血，还欠下了巨款，并且与美国作家赛珍珠由挚友变成仇人。

林语堂从小就喜欢发明创造，好奇心特重。一方面来自天赋，另一方面受他父亲的影响。父亲林至诚对新知识就表现出强烈的兴趣，世界上第一架飞机试飞成功时，林至诚就头头是道地给孩子们讲述飞机的制造原理、形状、飞行情况等，这是因为他读了所有关于飞机的文章所获得知识。林语堂童年时，对中草药治疗外伤的疗效感到很神奇，为此，他上山采了很多草药来研究，还真的鼓捣出一种起名"好四散"的药来。尽管效果并不理想。上小学后，他还研究一套灌溉系统。在美国，林语堂还绘制了"自动牙刷"手绘草图、"自动门锁"草图和自动打桥牌机等，还为廖翠凤设计出符合人体力学的舒服座椅。

林语堂的一生与中文打字机有不解之缘。早在1916年，他就对中文打字机及中文检字问题产生了兴趣，后来，他在上海买了《机械手册》，进行自学。他把各种型号的外文打字机买来，拆拆弄弄，到处摆放着拆散的打字机零件，"有不为斋"变成了打字机修理厂。

早在20世纪20年代商务印书馆就推出了中文打字机，名曰"舒震东式华文打字机"，以康熙字典检字法分类排列，机上有2500个印刷铅字的常用字盘，遇上冷僻字，得从备用的3040个字盘里找出来，再安在机器预留的空白处。打字员要学习三四个月，才能熟练地打字。这样的打字机太笨拙了，林语堂坚信他一定能发明一台人人可用、不学就能会的打字机。

1946年，发明打字机的条件已经成熟。一是这几年，他大走文运，书是一本接一本地畅销，又接连被美国好几所知名大学授予文学博士学位，"哲学家""作家""才子""爱国者""世界文士"等头衔，可以说，在文坛上已经获得了成功。二是这几年经济有了保证，他已经聚集了十几万美元的家产，有了发明打字机的财力——他自称是现实主义的梦想

第十六章 美国（四）

家。年过半百的林语堂被这个念头折磨得日夜难眠，仿佛回到青春年少的激昂岁月，为了一个不可能的理想忘我地往前冲杀。以他当时的名望，要申请某个基金会的研究经费是轻而易举的。然而他想自己来做，一则，"自小一见机器便非常喜欢，似被迷惑"，二则，中文打字机的发明权不能落入外国人之手。他找出在英国制造打字机的设计图，着了魔似的，每天早上五六点就起床，坐在书房的大皮椅上，排字、拆字、画图，把汉字排列了再排列，键盘改了又改。

他想，人人可用的打字机首先要有一个人人可用的键盘。中国汉字复杂多变，想在方寸之间通过组合搭配表示出来，是难以攻克的技术难题。新文化运动以来，不少语言学家对康熙检字法作出了改良，林语堂在上海10年，陆续提出了"汉字索引制""汉字号码索引法""国音新韵检字"等革新方案。他把所有资料汇聚更新，根据方块字的特殊性，发明了崭新的"上下字形检字法"，取字左边最高笔形和右边最低笔形为原则，放弃笔顺，只看几何学的高低。他进一步想出了用窗格来显示部首末笔的办法，在电脑问世之前，这实在是了不起的发明。况且林语堂没有受过专业的机械训练，只好亲自到唐人街找排字工人做模型，然后再请一家小型机器工厂制造打字机的零件。他还专门请了一位意大利的工程师协助解决机械难题。美国的人工费太贵，而且打字机也不是一天两天就能做好，所以林语堂只好不断实验，在实验过程中，新问题不断冒出来，他拆了做，做了拆，耗尽了所有的时间、精力，那十几万美元的存款也一声不响地化成了泡影，而且还不见希望。

虽然还未成功，但打字机已经初具雏形，况且投入了那么多的心血，任谁也不愿放弃。林语堂不得不向富裕的老朋友赛珍珠夫妇借钱，要求预支数万元版税。他是华尔希庄台公司最大的摇钱树，从私人关系而言，双方也是十几年的好朋友了，平时你来我往，处得和一家人一般。林语堂以为问题不大，华尔希却毫不留情地拒绝了。林语堂这才领教到美国式的人情冷暖。没办法，他只好向银行贷款，又向多年的挚友、古董商卢芹斋先生借了一笔钱，这难产的打字机总算诞生了。1947年5月22日早上11点，林语堂小心翼翼地把"明快打字机"从工厂抱回了家，摆放在客厅的桌子上。这架打字机高9英寸，宽14英寸，深18英寸，64个键取代了庞大的字盘，每字只需打三个键，一分钟可打50个字，最多可以打出约9万个繁体汉字，且打字员无须培训，就能使用。林语堂上下摩挲着这个可爱的玩意儿，就像他新出生的孩子，怎么也看不够。这个孩子，花了他12万美元，半生的积蓄，外债累累，可这是他的梦，一个美丽的梦，现在实现了，所有的代价都是值得的。

有了发明创造，最好有个发明创造的专利，因此林语堂向美国专利局申请了专利，专利书长达8万多字，蓝图39幅。林语堂戴着老花镜，每个字都仔细斟酌。可是专利的批准又经历了漫长的岁月，历时六年半，这项专利才被批准。

真是世界上什么事都有，那位意大利籍的工程师看见"明快打字机"轰动纽约，以为有利可图，来了一封加急挂号信，说打字机是他发明的，要是林语堂不承认，就法庭上相见！林语堂哭笑不得，这位工程师连一个汉字都不认识，还要来争夺发明权，真是荒谬！林语堂只得请律师来对付他。

其实，明快打字机并不像工程师想象的那样可以赚大钱，因为样机虽已研制成功，但要获利，必须得把发明成果投入商品生产领域。林语堂与国内许多公司联系，但由于中国又燃起了内战的烽火，使精明的商人们不得不考虑今后的商品市场问题，他们不愿对一项销售市场不稳定的商品大量投产。所以，竟没有一个资本家愿意接受这项新发明。美国人更精，赔本的买卖是不干的，所以没有一个公司肯投产。林语堂那12万美元还是等于打了水漂。

1948年5月18日，默根索拉排字公司（Mergenthaler Linotype

Company）和林语堂签了合同。他们将研究制造打字机的可行性，期限是两年，每六个月付给林语堂 5000 美元。1951 年 9 月 6 日，林语堂把打字机的发明权连同艰难诞生的"明快打字机"卖给了默根索拉排字公司，仅得 25000 美元。他高兴得手舞足蹈，连连说："我的发明有用了！有用了！"可是由于造价太高，默根索拉排字公司最终还是放弃生产了。

林语堂虽然为了发明打字机而几乎倾家荡产，但他却没有后悔。因为发明中文打字机过程中所遇到的困难，是奋斗者在前进途中的挫折。智慧对于人的作用，就是要竭尽全力地达到自己所企望的目标。对于中文打字机，林语堂只有智者的反思，而没有后悔和叹气。

正当林语堂困惑难解的时候，驻联合国教科文组织的中国代表陈西滢（陈源）来访，这真是出乎林语堂的预料，不管怎么说当年林语堂站在语丝派的立场上，与鲁迅一起对陈西滢没少攻击，他画的鲁迅打叭儿狗图，还差点坏了陈西滢和凌淑华的恋爱呢！林语堂没有想到，陈西滢这次来登门拜访是让林语堂担任联合国美术和文学组主任一职，因为他向联合国推荐了林语堂，此次来就是取得林语堂本人的同意。真是每次遇到困难时，都会有贵人帮忙。林语堂感到陈西滢不计前嫌，这真令他刮目相看。教科文组织优厚的待遇，多少人都梦想得到它，这机遇偏偏又到了林语堂眼前，林语堂十分乐意地接受了它。林语堂卖掉了他在美国的家私，与妻子和小女一起前去巴黎任职，二女儿林太乙留在美国纽约读书。但没过多久，林语堂辞掉了此职，其原因：一是这个工作太繁杂劳累，使得林语堂无法进行创作。二是林语堂实在不愿意做"官"，他终生追求的是做一个自由快乐的人！

与赛珍珠友谊破裂

1934 年是赛珍珠把机遇给了林语堂，才有《吾国与吾民》的问世，而该书在美国出版并产生巨大影响，也与赛珍珠的大力推荐有关。赛珍珠在美国公众不熟悉林语堂的情况下亲自为《吾国与吾民》撰写序言，给予极高的评价。这对于林语堂来说，无疑是赛珍珠以自己的声誉为林语堂作担保。《吾国与吾民》畅销后，赛珍珠又邀请林语堂到美国去写作。从这个角度来看，没有赛珍珠的引荐和扶植，就不会有林语堂的美国之行，也不会有《吾国与吾民》《生活的艺术》和《京华烟云》等作品问世。

但从另一个角度来看，正是林语堂的畅销书给赛珍珠夫妇的出版公司带来了丰厚的利润，从1935年到1953年，林语堂成了约翰·戴公司的一棵摇钱树。林语堂出名后，多次谢绝了其他出版商高额版税的诱惑，坚持把作品交给约翰·戴公司出版，以此来报答赛珍珠夫妇的帮助之恩。这是中国人的"点滴之恩，当以涌泉相报"的传统观念体现。

自从林语堂来到美国以后，受到了赛珍珠夫妇多方面的照顾。林语堂与赛珍珠以及他们两家结下了深厚和稳定的友谊，不仅林语堂写的书先由赛氏夫妻开的出版公司出版，而且两家经常在一起聚会聚餐，甚至两家的孩子也常在一起玩耍，两家人仿佛成了一家人。

1953年出版的《朱门》，是林语堂给赛珍珠夫妇的约翰·戴公司出版的第十三部著作，也是该公司为林语堂出版的最后一本书。关系如此好的两个作家，为什么到最后还会反目成仇，分道扬镳了呢？这其中的原因可能是多方面的。

首先，矛盾的焦点是版税问题。据说，林语堂在美国生活期间，曾全力以赴研究中文打字机，结果将自己40多万美元的全部积蓄都花在上面，最后不得不向有着多年合作的好朋友赛珍珠借钱。但令林语堂吃惊的是，赛珍珠没有借钱给他。这大大刺痛了林语堂的自尊心。直接导致林语堂和赛珍珠两人关系破裂的是，林语堂后来知道在与赛氏夫妇多年的合作中他在经济上吃了大亏。本来在美国一般出版社拿10%的版税，而赛珍珠夫妇出版林语堂的书却拿50%的版税，并且版权还不属于林语

第十六章　美国（四）

堂，而是仍属公司所有。这时，林语堂才恍然大悟，原来，赛珍珠开办出版社也是为了赚钱的，而且他多年来吃的亏太大了。对此，林语堂委托律师向赛珍珠要回所有著作的版权，并且态度非常坚决，一点也没有回旋的余地。接到这个消息，赛珍珠感到突然和吃惊，她打电话给林语堂的女儿林太乙，追问她的爸爸林语堂是不是疯了？后来，林语堂要到南洋大学任校长，为此他打电报跟赛珍珠告别，结果林语堂没有收到回复，为此，林语堂感到非常恼火，他痛心地说："我看穿了一个美国人。"从此以后，两个有着近20年合作关系和深厚友谊的作家就这样义断情绝了，他们就像一条河流在某一处分开后，再也没有汇合过。

其次，林语堂与赛珍珠关系破裂的原因是中西文化观念问题。赛珍珠虽然在中国生活过多年，但她毕竟是美国人。美国人的观念是，朋友是朋友，赚钱是赚钱，这没有什么不对。而在林语堂看来，虽然明知道自己吃亏，也不好意思去斤斤计较，为了报答赛珍珠的知遇之恩，也就心甘情愿地接受了赛珍珠夫妇以美国生活方式所提出的签约条件。这样，一个愿打一个愿挨，也没有什么问题。但偏偏发生了林语堂因发明打字机到了几乎倾家荡产的地步，所以林语堂不得不向他在美国最好的朋友赛珍珠夫妇伸手借钱。但当赛珍珠夫妇拒绝后，林语堂还是按照中国人的传统心理和观念，觉得人在困难的时候，总需要朋友的帮助，甚至认为"救人一命胜造七级浮屠"，可赛珍珠夫妇却不这样认为。赛珍珠是一个典型的实用主义者，她认为林语堂发明的中文打字机，是一个浮夸之物，没有任何前途可言，赛珍珠理所当然地加以拒绝进行投资。她拒绝了林语堂，在她看来是一种理性行为，毫无过错。从后来的情况看，林语堂的打字机的确也没有产生一点经济效益，从中也验证了赛珍珠的预见是正确的。赛珍珠除了写书，她人生的另一项重大事业就是慈善，她并不是我们想象中的那种见利忘义者和吝啬者。当然，赛珍珠早在她荣获诺贝尔文学奖之前，小说《大地》就给她带来了40万美元的版税。获奖之后，赛珍珠的收入更是可观。赛珍珠夫妇和许多宗教家一起开展了多种社会福利事业，为美国兵在日本、朝鲜、越南留下的混血孤儿，设立"赛珍珠基金会"，创办"儿童之家"，致力于美亚混血孤儿的救济工作。赛珍珠本人就曾收养过4个美亚混血孤儿。她死后，留给美亚混血孤儿的基金就有700万美元遗产。在赛珍珠看来，借钱给林语堂研究中文打字机是一件损己且不利人的事情，所以，拒绝是天经地义的。可见，他们之间的友谊结束，完全是中西文化的观念不同造成的分歧。

再次，林语堂与赛珍珠关系破裂的原因是政治思想认识问题或个人对政治的态度问题。20世纪四五十年代的林语堂已经不是30年代的林语堂了，30年代的林语堂，是一个"不左不右"的自由主义者；而四五十年代的林语堂，则已倾向于蒋介石带领的国民党，他的爱国实际爱的是蒋介石领导的中国；他怀着对美国对华政策的强烈不满，尖锐地批评美国政府和中央情报局对华政策的失误，甚至认为是美国帮助中国共产党战胜了蒋介石。[1]而赛珍珠是以一个美国人的立场来观察中国和中国人的。赛珍珠对于蒋介石的评价和林语堂的就不一样，1934年她在回美国定居之前，与美国《亚洲》（Asia）杂志主编理查德·沃尔什在北平访问了斯诺夫妇，约请他们做该杂志的主要撰稿人。此后，在她担任顾问编辑的该杂志上，译载了不少鲁迅等中国左翼作家的作品及有关介绍；选登了斯诺的《红星照耀着中国》的片段《毛泽东传记》等资料；以巨大的篇幅报道了"一二·九"运动。1942年赛珍珠重新回到中国搜集抗日题材，创作了《龙种》（Dragon Seed）和《生路》（The Promise）。这与林语堂的《枕戈待旦》（Vigil of a Notion）把抗战前途寄于重庆当局的想法，存在着很大的分歧。赛珍珠实际上是美国对华政策的拥护者，但赛珍珠所肯定的东西，正是林语堂所竭力反对的。两人对中国的国事

---

[1] 林语堂著《林语堂自传》，刘志学主编《林语堂作品选》（一），河北人民出版社1991年9月第1版第123页。

看法，明显存在着矛盾。

还有一个原因，1944年，林语堂的小说《枕戈待旦》(*Vigil of a Nation*)出版后，由于小说中明显的亲蒋介石的立场，使得美国自由主义者对林语堂非常冷落，有人传说这是何应钦给了林语堂"两万美金"的结果。林语堂很痛恨这个谣言，他认为这个谣言是赛珍珠，J.J.singh，Agnes Smedley 三个人说的。[①] 这也是林语堂与赛珍珠裂痕的根源之一。其实，林语堂把赛珍珠归入"同情共产党的一派人"，显然是对于赛珍珠的误解。赛珍珠实际是站在"自由主义者"的立场来看待中国的事情，根本没有倾向于共产党和国民党的任何一方。

总之，林语堂与赛珍珠关系破裂的原因，版权问题只是导火线，中西文化观念问题、政治思想认识问题或个人对政治的态度问题，这可能是根本的原因之所在。

---

① 林语堂著《林语堂自传》，刘志学主编《林语堂作品选》(一)，河北人民出版社1991年9月第1版第123页。

第十七章　美国（五）

享乐人生

烟是林语堂离不开的，它是林语堂最明显的癖好标记。虽然他也戒过烟，但终于被烟所俘虏。他对吸烟的用具特别讲究，关于吸烟之多、之频繁、之快乐和关于吸烟的议论之多、之高、之偏激都是非林语堂莫属。林语堂吸烟的一大特点是烟斗不离身，他的烟斗总是拿在手中，或含在嘴里。他的烟斗不光用来吸烟，还有其他用途：一是擦揉鼻子；二是用来指示事物，表达意见；三是一个平稳器具——当事情忙碌时，它是一种调节，当无事可做时，它是一种放松。林语堂在《淡巴菇和香》一文中说："口含烟斗的人都是快乐的，而快乐终是一切道德效能中之最大者。"

关于烟、吸烟，林语堂比较关心，他写过有关纸烟考，也写过吸烟与教育以及戒烟的文章，表达了自己的吸烟观。

林语堂说："我生平不善饮酒……我除了睡眠时间之外，几乎没有一小时不吸烟，而一点不觉得有什么不舒服。"[1] 虽然他的确不善饮酒，可

---

[1] 林语堂著 黄嘉德译《生活的艺术》，三環出版社1992年4月第1版第228页。

第十七章 美国（五）

是他也对酒文化进行了认真的研究，写出过《酒令》等文章。他认为中国人极讲究饮酒的时机和环境，饮酒应有饮酒的心胸，如"法饮宜舒，放饮宜雅，病饮宜小，愁饮宜醉，春饮宜庭，夏饮宜郊，秋饮宜舟，冬饮宜室，夜饮宜月"。他把饮酒和喝茶做了比较："茶如隐逸，酒如豪士。酒以结友，茶当静品。"他还引了一位作家的话："凡醉，各有所宜。醉花宜画，袭其光也；醉雪宜夜，清其思也；醉得意宜唱，宜其和也；醉将离宜击钵，此其神也；醉文人宜谨节奏，畏其侮也；醉俊人宜益觥盂，加旗帜，助其烈也；醉楼宜暑，资其清也；醉水宜秋，泛其爽也。此皆审其宜，考其景；反此，则失饮矣。"

林语堂还讲到中国人对于酒的态度和酒席上的行为，他说："在我的心目中，一部分是难于了解应该斥责的，而一部分则是可加赞美的。应该斥责的部分就是：强行劝酒以取乐。……劝酒时，总是出之以欢乐友谊的精神，其结果即引起许多大笑声和哄闹声。……宴席到了这种时候，情形极为有趣。客人好似都已忘形：有的高声唤添酒，有的走来走去和别人调换位子，所有的人到了这时都已浸沉于狂欢之中，甚至也无所谓主客之别了。"所以一次宴席，时间延长到两小时以上，很不足为奇。宴会的目的，不是专在吃喝，而是在欢笑作乐。因此在席者以半醉为最上，其情趣正如陶渊明之弹无弦的琴。因为好饮之人所重者不过是情趣而已。因此，一个人虽不善饮，也可享酒之趣。"也有目不识丁之人而知诗趣者，也有不能背诵经文之人而知宗教之趣者，也有滴酒不饮之人而识酒趣者，也有不识石之人而知画趣者。"像这些，都是诗人、圣贤、饮者和画家的知己。

林语堂对于喝茶与吸烟一样，一生都不能离开它。正像离开吸烟不能写作一样，没有茶他也没有办法写作，也没有办法与人更好地谈话聊天。对茶具、茶、茶水以及泡茶方法和饮茶方式，林语堂都颇有研究。林语堂还专门写过《茶与交友》和《饮食》等文章，全面而详细地论述了中国饮茶的历史、方法、境界和作用等。他说："饮茶本身就是一门学问。""它在这里的作用，超过了任何一项同类型的人类发明。""只要有一只茶壶，中国人到哪儿都是快乐的。这是一个普遍的习惯，对身心没有任何坏处。""这样的好茶喝下去之后会使每个人的情绪都为之一振，精神也会好起来。我毫不怀疑它具有使中国人延年益寿的作用，因为它有助于消化，使人心平气和。"他引用了《茶疏》之说，最宜于饮茶的时候和环境是这样：

饮时：心手闲适 披咏疲倦 意绪棼乱 听歌拍曲 歌罢曲终 杜门避事 鼓琴看画 夜深共语 明窗净几 洞房阿阁 宾主款狎 佳客小姬 访友初归 风日晴和 轻阴微雨 小桥画舫 茂林修竹 课花赏鸟 荷亭避暑 小院焚香 酒阑人散 儿辈斋馆 清幽寺观 名泉怪石

宜辍：作事 观剧 发书柬 大雨雪 长筵大席 翻阅卷帙 人事忙迫 及与上宜饮时相反事

不宜近：阴屋 厨房 市喧 小儿啼 野性人 童奴相哄 酷热斋舍

不宜用：恶水 敝器 铜匙 铜铫 木桶 柴薪 麸炭 粗童 恶婢 不洁巾帨 各色果实香药 ①

悠闲的生活

懂得享受生活的人，他毕竟也会享受生活中旅游的乐趣，旅游不仅可以缓解生活中的压力，还可以开阔生活的视野，陶冶人生的情操。林语堂喜欢旅游，每当完成自己的写作任务，他都要带着妻子到欧洲去旅游一番。林语堂特别欣赏张潮在《幽梦影》里的一句格言："能闲人之所

---

① 《林语堂散文经典全编》（第 4 卷《悠闲的情趣》），九州出版社 2007 年 1 月第 4 次印刷第 167–168 页。

第十七章 美国（五）

忙，然后能忙人之所闲。"他自己的话是："尽力工作，尽情享乐。"

林语堂是一个旅游爱好者。他的足迹踏遍西欧各国的游览胜地，并且，他很懂得旅行中的乐趣。他在《旅行的享受·论游览》中说："一个真正的旅行家必是一个流浪者，经历着流浪者的快乐、诱惑和探险意念。旅行必须流浪式，否则便不成其为旅行。旅行的要点在于无责任、无定时、无来往信札、无嚅嚅好问的邻人、无来客和无目的地。一个好的旅行家决不知道他往哪里去，更好的甚至不知道从何处而来。他甚至忘却了自己的姓名。"他反对旅游中的"虚假"，他说："第一种虚假旅行，即旅行以求心胸的改进。这种心胸的改进，现在似乎已行之过度；我很疑惑一个人的心胸，是不是能够这般容易地改进。"他举例说："现代的导游者的组织，这是我所认为无事忙者令人最难忍受的讨厌东西。当我们走过一个广场或铜像时，他们硬叫我们去听他讲述生于1772年4月23日，死于1852年12月2日等。我曾看见过女修道士带着一群学校儿童去参观一所墓，当她们立在一块墓碑的前面时，一个女修道士就拿出一本书来，讲给儿童听，死者的生死月日，结婚的年月，他的太太的姓名，和其他许多不知所云的事实。我敢断定这种废话，必已使儿童完全丧失了这次旅行的兴趣。成人在导游的指引之下……竟还会拿着铅笔和日记簿速记下来。""第二种虚假的旅行，即为了谈话资料而旅行，以便事后可以夸说。我曾在杭州名泉和名茶的产地虎跑，看见过旅行者将自己持杯饮茶时的姿势摄入照片。拿一张在虎跑品茶的照片给朋友看，当然是一件很风雅的事情，所怕的就是他将重视照片，而忘却了茶味。这种事情很容易使人的心胸受到束缚，尤其是自带照相机的人，如我们在巴黎或伦敦的游览事中所见者。他们的时间和注意力完全消耗于拍摄照片之中，以致反而无暇去细看各种景物了。这种照片固然可供他们在空闲的时候慢慢地阅看，但如此的照片，世界各处哪里买不到，又何必巴巴地费了许多事特地自己跑去拍摄呢。这类历史的名胜，渐渐成为夸说资料，而不是游览资料。"林语堂主张旅行的真正动机应是旅行以求忘其身之所在，或较为诗意的说法，旅行以求忘却一切。最好是由一个童子领着到深山丛林里去自由地享受游览的乐趣。

　　林语堂喜欢钓鱼。他对钓鱼的体会是：钓鱼乐在钓而不在鱼。他专门写了《记纽约钓鱼》和《谈海外钓鱼之乐》的文章，在前者说："人生必有痴，而后有成，痴各不同，或痴于财，或痴于禄，或痴于情，或痴于渔。"正像他喜欢发明中文打字机一样，对钓鱼也是痴迷有加。在《谈海外钓鱼之乐》中说："人生何事不钓鱼，在我是一种不可思议之谜。"他谈到了在阿根廷的巴利洛遮（Bariloche）湖的一次垂钓："到目的地停泊以后，我们两人开始垂钓。也不用钓竿，只是手拉一捆线而已，果然天从人愿，钩未到底，绳上扯动异常，一拉上来，就是一线三根钩上，有鱼上钩，或一条，或三条。这样随放随拉，大有应接不暇之势，连抽烟的工夫都没有。不到半小时舱板上净是锦鳞泼剌，已有一百五十条以上的鱼，大半都是青鳐。……这是我有生以来钓鱼最满意的一次。到岸上检得二箩有余。皆送堤上的海鲜饭店。这是一家有名的海鲜饭店，名为Spadavecchia，打电话叫我太太来共尝海味，并证明渔翁不净是说谎话的人。而在此场中也可看到阿根廷国人集团唱歌，那种天真欢乐的热闹，为他国所难见到的。"

　　林语堂不仅在美国一得闲就和亲人朋友们一起坐着鱼艇垂钓，而且他的足迹遍及法国、瑞士、奥地利、阿根廷等许多国家。钓鱼不仅是他的乐趣，也是他的一种绝妙的养生之道。

伊壁鸠鲁派的信徒

　　不仅爱好喝茶吸烟，林语堂还称自己是一个"伊壁鸠鲁派的信徒"，他毫不掩饰地说："吃好味道的东西最能给我以无上的快乐。"林语堂自

第十七章　美国（五）

己喜欢吃好的东西，同时也喜欢研究中国的饮食文化。他公开承认"吃"是人生为数不多的享受之一，应该把吃和烹调提高到艺术的境界上。林语堂崇拜的苏东坡，对饮食更有研究，苏东坡曾写过大量的与饮食有关的诗文，如《老饕赋》《猪肉颂》《酒经》等，他所创造的煮肉法，经过不断改进，成为现代名菜"东坡肉"。苏东坡还做得一手好鱼羹，在杭州太守任上时，他亲自烹鱼羹待客。清代文学家袁枚的《随园食单》更是对我国烹饪技术经验的总结。清代李笠翁的《闲情偶寄》对饮食文化也进行了研究。研究饮食文化，这是历代文人的一个传统。林语堂继承了美食研究的这一古代文人遗风，曾在《吾国与吾民》中以中华民族悠久的饮食文化而感到自豪。在《生活的艺术》一书中谈论饮食的篇幅更多了。林语堂对美食和食谱有长期的研究，如他赞美中国人把食品和药物相结合的药疗食物，总结出美食哲学的三要素："新鲜、可口和火候适宜。"在他的耳濡目染下，廖翠凤和三女儿林相如专门写出了一本《中国烹饪秘诀》(Chinese Gastronomy)，在美国出版，林语堂亲自为《中国烹饪秘诀》撰写序言。此书在1960年获得了法兰克福德国烹饪学会授予的奖状。

热衷于饮食文化本无可非议，但若过分挑剔，就容易引起别人的反感。1954年，林语堂出任南洋大学校长时，在新加坡不到一周，就换掉了好几个厨师，这些后来都成了攻击他"奢侈"的具体材料之一。

除了烟酒茶和美食以外，林语堂还说，人生享乐不过数事，家庭之乐便是第一，而含饴弄孙是至高的快乐。这是他到老年带着外孙玩时体验到的。其实在许多年前他写过一篇文章，表达了他的理想和愿望，认为这些愿望十成中能实现六七成，便是幸福的了：

　　我要一间自己的书房，可以安心工作。我想一个人的房间应有几分凌乱，七分庄严中带三分随便，住起来才舒服。
　　我要几套不是名士派但亦不甚时髦的长袿，及两双称脚的旧鞋子。居家时，我要能随便闲散的自由，虽然不必效顾千里裸体读经，但在热度九十五以上的热天，却应许我在用人面前露了肩膀，穿一短背心了事。

我要一个可以依然故我不必拘牵的家庭。我要在楼上工作时，听见楼下妻子言笑的声音。我要未失赤子之心的儿女，能同我在雨中追跑。我要一小块园地，浇花种菜，喂几只家禽。我要在清晨时，闻见雄鸡喔喔的声音。我要房宅附近有几棵参天的乔木。

我要几位知心友，不必拘守成法，肯向我尽情吐露他们的苦衷。几位可与深谈的友人，有癖好，有主张，同时能尊重我的癖好与我的主张，虽然这些也许相反。

我要一位能做好清汤、善烧青菜的好厨子。我要一位很老的老仆，非常佩服我，但是也不甚了解我所作的是什么文章。

我要一套好藏书，几本明人小品，壁上一帧李香君画像让我供奉，案头一盒雪茄，家中一位了解我的个性的夫人，能让我自由做我的工作。

我要院中几棵竹，几棵梅花。我要夏天多雨冬天爽亮的天气，可以看见极蓝的天。

我要又能做我自己的自由，和敢做我自己的胆量。

这些愿望，后来在台湾阳明山上十成得了八九，他实在是快乐，感到幸福。他在"无所不谈"专栏写了一篇《来台后二十四快事》。

其实，林语堂除了以上所说外，他还有许多爱好，如喜欢赏花，林语堂在《生活的艺术》中谈得很细，他喜欢在自己的院子里种植各种花卉和各种树木及蔬菜。另外，他还喜欢散步，喜欢养鸟，喜欢直蜡像，喜欢听音乐，等等，兴趣广泛。

林语堂说："我向来认为生命的目的是要真正享受人生，我们知道终必一死，终于会像烛光一样熄灭是非常好的事。这使我们冷静，而又有点忧郁；不少人并因之使生命富于诗意。但最重要的是，我们虽然知道生命有限，仍能决心明智地诚实地生活。

"人生不过如此，且行且珍惜。自己永远是自己的主角，不要总在别人的戏剧里充当着配角。只有人能把自己的境界提高一个层次，才不会为近期的忧郁而伤怀，而总是纠结其中不能释怀。还是那句话说得很好，人之所以伤心，是因为看得不够远。未来没有来临之前，怎么知道现在所谓的困境，不是一件好事呢。人要向前看，向前看。尤其是感情，根本是无须去纠结其中的对错，因为是没有对错的。

"尘世是唯一的天堂。我们都相信人总是要死的，我认为这种感觉是好的。它使我们清醒，使我们悲哀，也使某些人感到一种诗意。它使我们能够坚定意志，去想办法过一种合理的真实的生活，它使我们心中感到平静。一个人心中有了那种接受最坏遭遇的准备，才能获得真正的平静。"

这些深切妙语，道出了人生的真谛，对我们今天仍有启迪意义。

第十八章 新加坡

南洋大学的首任校长

南洋大学（简称南大）创办于 1953 年。1956 年 3 月 15 日南洋大学正式开学。1957 年马来亚联邦独立，1963 年组成马来西亚联邦，1965 年新加坡退出，成立新加坡共和国。南洋大学创建之初的新加坡还在英国殖民主义者统治下，属于马来亚联邦。200 多万人口的新加坡岛上华人和当地各族人民一起，艰苦奋斗，为开发建设新加坡和马来半岛做出了巨大的贡献。20 世纪 50 年代的新加坡已成为东南亚最大的海港，亚欧和大洋洲重要的国际航空中心。但由于殖民主义统治，华文教育遭受严重摧残，华人子弟升学、就业遇到重重困难。20 世纪 50 年代东南亚的华人已有一千二百五十万，1949 年英殖民地政府建立了马来亚大学，这所大学全部用英语教学。华人与当地民族关系相当复杂，无论政治上还是文化上，经常遭受种族歧视。华人对于中国的文化传统感情颇深，都希望自己的孩子能够上一所中文学校。南洋大学就是在此背景下由华商领袖创办的一所中文教育的大学。

1953 年 1 月 16 日，新加坡华侨领袖陈六使提出创办一所大学的建议，

第十八章　新加坡

并自认捐款 500 万元[①]，他还表示愿竭尽全力，甚至破产也在所不惜，得到了华侨各界的热烈响应。

1953 年 2 月 10 日，马来亚和新加坡 297 名华人主要社团代表推举陈六使和 12 个华人团体共同组织了筹备委员会。2 月 20 日筹备委员会决定学校定名为"南洋大学"。"南洋大学筹备委员会"由陈六使出任主席。但创建一所大学，并非易事。南大创建时，一切从零开始，创办人基本上有三项重大任务：第一，寻找建新校址土地；第二，筹足经费以应付建筑、校务和教学设备费用；第三，规划大学的课程内容、拟定教学方向，以及落实大学精神。首项任务已由陈六使领导的新加坡福建会馆捐出位于星岛西端裕廊路五百英亩地皮。筹募基金有赖于动员各阶层的本土华人群众的热心支持，然而如何组织院校规划、拟定大学课程内容、主持日常校务行政、招揽延聘教授和校外评鉴委员，以落实名副其实的一流大学，就必须借助在新马以外的知识人才了。而物色一位象征严正学风、开一代风气的校长，变成了南大执委会的当务之急。

执委会对南大校长的人选首先想到了胡适和梅贻琦。但胡、梅两人对此不感兴趣，或有其他方面原因的考虑，都没有答应南大执委会的邀请，南大执委会才考虑接触林语堂。林语堂当时在国际文坛上已有一定的知名度，但是并不以学者身份或办大学教育著称。他办教育行政的最高履历，乃曾任厦门大学文科学长。他在任内曾经成功邀请到当时几位重要作者和教授（包括鲁迅）到厦门大学任教，这也许是南大执委会赏识他的一点。还有陈六使不想让政治干扰他的生意，也不想让政治干扰他的教育，以便为海外华人保留中文和中华文化，因为林语堂是一个崇尚自由的学者，尽管倾向于蒋介石，但他自由主义分子的身份和自由主义的立场没有改变，这也许是南大执委会聘请林语堂的更重要的原因。

陈六使委托亲信连瀛洲亲自上门拜会在纽约定居的林语堂，以展示

[①] 当时新加坡叻币与人民币比值约为 1：0.8，与美元比值约为 3：10。

对校长的尊重和聘请的诚意。[①] 连瀛洲也是侨领之一，是华联银行的老板。林语堂对此亦极为高兴，但也有一点迟疑，林语堂提出了出任校长的几项条件：一、大学行政由他"完全负责"；大学要有"极其纯正的非政治目标"；二、大学教员享有绝对的思想自由。南大"无论在精神上、物质上都应该成为第一流的大学"。林语堂认为要想把南洋大学办成东南亚第一学府，就必须要有雄厚的资金作为物质基础，同时，校长要有职有权。这是他1926年的前车之鉴，因为那年他在担任厦门大学文科学长之时，何尝不雄心勃勃，可是因为手中没有财力和实权，眼看着鲁迅等人被挤走，自己爱莫能助，连自己也不得不而离开厦大，所以，他才有如此要求。

1954年8月20日，林语堂由美起程来星（新加坡，也叫星加坡），先乘机前往英国考察大学教育与物色人才，然后于9月1日离英飞往意大利，在罗马两周后又赴埃及开罗。9月30日由开罗直飞新加坡。10月2日下午4点10分，林语堂抵达新加坡加冷机场，同行的还有林语堂夫人，二女儿和女婿，三女儿及两位外孙。他们受到南大执委会主席陈六使、执委高德根、连瀛洲、黄奕欢、陈锡九等人和侨界代表200余人的热烈欢迎。在离美赴新加坡之前，记者问林语堂有何感想，林语堂不无幽默地说，因为南洋天气热，不需要结领带（林语堂一贯痛恨结领带，认为领带束缚脖子，曾斥之为"狗领带"）。

林语堂来星办学的第二天，以南洋大学校长的身份当众宣布了办学的两大宗旨和八大方针。两大宗旨是：一、学生必学贯中西，所学能有用；二、除文、商两学院外，设理工学院，使人人有一技之长。八大方针是：一、提倡电化教育；二、成人教育；三、设奖学金；四、行导师制；五、

[①] 有论者说："林语堂在纽约通过一位和连氏有亲戚关系的女士恳请连氏向南大执委会示意题名，多方拜托，打通路线而由南大执委会正式提出聘请的。"《南洋大学创校史》转载《星洲日报》刘君惠的文章《南洋大学创校概述》。此说实无从查实，然而后来却转述甚广。1998年出版的《连瀛洲传》一书里，作者郑明彬这样写道："至于南洋（大学）的第一任校长林语堂博士，是连瀛洲在华联银行创办董事欧阳奇在美国侨居的儿子欧阳勋的引介下，亲往美国聘请的。"（第170页）。

第十八章 新加坡

创设大学出版部;六、提倡学术研究;七、与英美大学成立交换教授方法;八、男女学生兼收。在20世纪30年代,林语堂曾批评过现代大学的教育制度,把美国的哥伦比亚等名校的教育弊端暴露无遗。现在,他想把南大办成一流大学,而他推出的治校方针,无疑是把南洋大学当成了自己改革教育制度的试验基地。因此,他采取的用人制度是"内不避亲""外不避贤"。他亲自选定的工作班子多数是海外知名学者:文学院院长是熊式一;理学院院长是胡博渊(前国立交通大学校长);先修班主任是黎东方;图书馆馆长是严文郁;大学建筑师是杨介眉;会计师是林国荣;文学院教授查理士达夫。后来引起争议性的,其实是林语堂雇用家人和亲人在南大担任重要职位。如女婿黎明被委任大学行政秘书(相当于大学副校长的职权),二女儿林太乙为校长秘书,而侄儿林国荣为会计师,三女儿林相如为化学教授。在别人看来,林语堂这是"任人唯亲"。据林太乙回忆,黎明考到了联合国中文翻译的工作,这是一个"铁饭碗",意味着他和林太乙在美国的永久居住身份搞定了,他不愿意放弃联合国的工作,碍于岳父的热情不得不忍痛割爱。

林语堂的确曾为开创南大时寻找过平允笃实"大师"级的老师。钱穆就是其一。林语堂曾经邀请过这位被后世称为中国"文化史的集大成者"[①]到南大任职,但是没有成功。当年(1954年)钱穆在香港新亚书院,到了1956年,才应了马来亚大学中文系之邀,来到新加坡,也举办过几场公开演讲,那时林语堂已经愤然离开了。这两位影响极大的近代文化人物,到了晚年才相知成莫逆之交。

南洋大学执委会起初对林语堂是很敬重的,给予了优厚的待遇。林语堂月薪3000元,年薪36000元,办公费6000元,学校供给汽车一部,司机仆人各一名,房屋一座,有冷气和避声设备,客厅可容纳数百人。

---

① 刘梦溪著《中国现代史学人物一瞥》,收入《学术思想与人物》,河北教育出版社2004年版第170页。

由于饮食菜肴不习惯,一周内换了好几个厨师。

矛盾与分歧

林语堂到达新加坡开始治理校务,与南大执委会之间发生了几项较大的分歧,其中最早的是校舍建筑工程。林语堂来星之前几个月,南大校舍已经动土,各种建筑物的设计已经定了下来。显然离林语堂所想象的理想大学有一段距离。林语堂提出异议时,对方却不愿妥协。这就是双方意见抵牾的开始。事实上,林语堂和南大执委会之间,真正的严重分歧,不在这里,而在于:一是办学理念,即南大究竟应该是一所怎样的大学?二是校长和董事会的职权问题。应该说,在办一所怎样的大学的议题上,林语堂与南大筹备委员在表面上并没有太大的不同,但是骨子里却没有共识。他们对大学功能和目的的认知不同,对办一流大学的执着和用心也有很大的距离。1953年南大筹备委员会所发表的创立南洋大学的宗旨是:(一)为华校中学毕业生广开深造之门;(二)为华文中学培植师资;(三)为新加坡造就人才;(四)为适应人口增加及社会经济发展之需要。同时指出,南大以历史背景与特殊环境,除了具备国际著名大学一般宗旨外,还有两大特色:(一)沟通东西文化;(二)发展马来西亚文化。[①]事实上,南大宗旨的社会性比其学术性为重。前四项是重点,而国际一流大学云云,则是较次要的。况且,以当时新马的文化水平和经济条件来说,此项目的只能是一项长远的目标,而非急时的需要。而林语堂一心想要办一所他心目中的一流大学,这与南大的实际情况有一定距离。

南大创办的最重要的目的,是要解决当时新马华校毕业生升学的问题。它在很大的程度上是华文高中毕业生升学的目的地。南大欲成为国

[①]《南大创立宣言》,1953年4月7日。

第十八章 新加坡

际一流大学云云,显然并不是主轴。至于研究院、学术研究工作云云,即使实现,也恐怕得是以后的事。然而林语堂却太执着太认真了,坚持要落实此一宏愿。

林语堂和大学执委会的纠纷根源,不只是较抽象的大学理念上的分歧,更主要的是大学董事会和校长职权划分之争。林语堂1954年1月9日写给连瀛洲的"备忘录"里[①]所列出的第一点和第六点(最后一点),都与权职有关;第一点是:"校董与校长之间,真诚相对。校董负筹备基金之责,校长负大学行政全责。"第六点是:"校董不得干涉大学行政,校长负大学成败荣誉恶名之全责。"

董事会和校长权职的分开,是一个源自西方的管理模式。权力制衡和专业分工都是关键。用在华人社会创办的组织,似乎有点格格不入。南大的组织是在1953年5月5日依照"公司法",并经新加坡商业注册批准,以"南洋大学有限公司"之名成立的。显然,创办人只能把南大当成一个商业企业来管理。在这个议题上陈六使是个关键人物。陈六使虽是一位白手起家的经济奇才,但是他的行政能力和管理哲学,并不是完美无瑕。南大执委会一直"干扰""侵犯"校长行政权。他们本身的任务是筹足经费,至于如何经营这笔费用,是在校长行政权的范畴里,他们是不许过问的。林语堂认为南大董事会犯了两个相关的错误:第一,他们没有筹足经费;第二,他们在核准经费上"越权"。

林语堂一直认为,要办好南大,基金必须充足。所以说,林语堂要求基金筹足二千万,他认为这个数目是创建南大的基本费用,也是"造就好人才,好国民"的第一条件。

经费一直是南大创办以及后来发展的大问题,财务之事实在是一个无底洞。动员各社会阶层(小贩、三轮车工友、剪发师等)筹款,真正

[①] 这第一封信是林语堂写给连瀛洲的,但是却是一封《备忘录》。显然林语堂认为所提事项之重大,双方都必须对此承诺。读完这份文件,陈六使才于1954年2月17日寄上聘书给林语堂。

的目的是强化民族认同感、凝聚力和向心力,也同时启发群众的文化觉悟和增强全民的教育观念。从他们身上能够筹到的数目毕竟是有限的。事实上,南大每一块砖瓦,都是广大"说华语或方言的普通民众"的血汗。华社领袖基本上也给予林语堂极大的尊重,许多甚至是以一代宗师来看待的。南大吡叻分会主席刘伯群的这段话极具代表性:"林博士之伟大,可以说是能人之所不能,林博士系中国人,他能够用英文写作有《吾国与吾民》《生活的艺术》等英文书本风行欧美,使外国人对中国起了一种新的认识,为中国在世界上奠下光荣不少,林博士这种伟大令我们起了无限钦佩,今次来马长教南大,我们预想南大的前途,一定是光辉灿烂的。"[1]林语堂的办学理念与这些商界领袖的办学理念不同,这恐怕是双方产生分歧的一个方面。

另一方面,双方冲突的真正导火线,是林语堂提出的大学预算案。1954年11月初,南大执委会请林语堂拟定办校预算,林语堂于11月15日召开校务委员会会议,讨论预算问题,南大执委会并没有参与这个会议。具体的预算数字是在三个月后(2月中旬)林语堂提交给陈六使的。其中包括有开办费和经费概算,总额是5611101.89元。南大新加坡执委会准备2月17日开会讨论,但是在2月14日公开了这个预算。华文报章也大篇幅报道。林语堂不满这种讨论方式。17日的会议上,主席陈六使认为预算案数目实在庞大,说实在无能力承担。会议决定成立一个开支小组委员会研究预算案,推杨缵文为主任,陈六使、陈锡九、高敦厚、邓炳林、庄竹林为委员。林语堂对于执委会这个举止非常生气,他认为这个小组是不合法的。隔日(18日)他连同几位同僚在南大办公室向中西各报记者发表书面声明。全文如下:

本人见报载,星嘉坡执委会关于本大学之水准及执委会与校长

---

[1]《南洋大学创校史》,新加坡南洋文化出版社1956年版第125页。

第十八章　新加坡

职权分配之态度极为诧异,此息若确,则本人及教职员为了创办第一流大学之一切辛苦努力,将尽归乌有。本人已以此意告知执委会主席陈君六使,陈君将于明日与本人及教职员作非正式谈判,甚愿双方歧见借此可以获得解决,又希望借此最后一次之努力,使星马学子可得受高等教育之机会,而不辜负他们求学之热诚,倘双方不能获得解决方案,本人自当向社会公布前后全部经过,以明真相,特此声明。

从这话里可以看出:第一,林语堂和南大执委会缺乏沟通。第二,"执委会和校长间职权分配"存在重大分歧;执委会突然成立开支小组,显然是节外生枝,欲架空校长权力的企图是显而易见的。这一点林语堂无法忍受。第三,林语堂用"谈判"而非商议或讨论,可以看出他已经视之为最后一步棋了。

2月18日,林语堂找律师马绍尔,准备诉诸法庭,用法律解决。但马绍尔希望双方协商解决,愿意从中调解。通过调解,对南洋大学的预算,林语堂做了让步,由190万美元降到70万美元,并同意有一个执委负责校舍的设计和建设。但执委会在3月19日又向林语堂提出:将1955年的九万册购书计划逐本写出书名和作者细表。3月25日校执委会召开第六次会议,派八人组成审核小组对林语堂的大学预算进行总检查,还规定林语堂等人必须全力配合,并在两周内完成全部工作。鉴于陈六使的态度,3月28日,林语堂与他推举的十一名教职员提出总辞职。对此,南洋大学执委会没有挽留之意,立即表示同意,并很快发表声明,发给林语堂一行人派遣费。

这次冲突公开后,新马华社呼吁双方冷静,为南大前途计,应该尽量配合、退让,但已无法挽回局面。

这次校长与校执委会的分歧,除了上面提到的办学理念不同、"任人唯贤"问题、学校设计问题、资金问题、权限之争问题外，还有一些其他问题，如校执委会大部分认为林语堂不能"勤勉"和节俭，甚至还有政治倾向问题，如林语堂在签字时用"民国某年某月某日"的字样，认为林语堂有明显的"亲蒋"倾向等。这里面我认为最重要的还是"权限"之争，当年家族控制的报纸《南洋商报》（新加坡销量最大的中文报纸）要求李光前担任南大执委会委员，李光前是南洋橡胶大亨，其背后还有一位更大的侨领——陈嘉庚。陈嘉庚支持过辛亥革命推翻清政府，支持过大革命帮助蒋介石建立南京政府，支持过抗日战争，1948年，陈嘉庚来到北京，被委任为中央人民政府委员会、中央人民政府华侨事务委员会委员。陈六使和李光前都得到陈嘉庚的提携，而李光前还是陈嘉庚的女婿。南大的实权还是要掌握在执委会手里，不可能让校长说了算，这才是根本原因之所在。林语堂离开南大后，南洋大学长达十四年一直没有校长，全靠陈六使领头的执委会管理。1980年新加坡政府宣布南大与新加坡大学合并，成立新加坡国立大学。原来的新加坡大学建立于1962年，首任校长是李光前。

再见，新加坡

新加坡的短暂生活是林语堂一生中不得不提的经历。

1955年2月19日的林语堂与校执委会的谈判是关键的一环，其实谈判中双方都动了肝火，显然是一场意气的争吵。3月21日《星洲日报》以"林语堂昨正式发表与陈六使来往函件"为题，刊登了他们之间的八封信件。3月25日（即南大星洲执委会第六次会议前夕），林语堂亦曾发表长篇报告。《星洲日报》3月25日刊登全文。

4月6日下午双方代表在中华总商会举行最后一次会商，然后向报界发表南洋大学执委会与林语堂校长联合声明。全文如下：

第十八章　新加坡

　　南洋大学校长林语堂博士及该校全体教授，为谋打开因南大当局与执委会建议间过于悬殊所造成之僵局，几经考虑后，业于本日提出总辞职，彼等所蒙受之损失，将请该会予以合理解决。该校若干教授已决定离此他往，其仍未决定行止之人员，尚由支委会分别与之洽商或愿再行留校任职。

　　南大执委会对林校长及全体教授提出总辞职一事，至感遗憾，然迫于客观环境，故经审慎考虑已接受上述总辞职之要求。

　　南大执委会，林校长及全体教授均认南大建校工作，必须尽力继续进行，勿使中断。

南洋大学主席陈六使　校长林语堂
一九五五年四月六日

　　4月6日下午3时，南大"全权代表团"在总商会举行最后一次会议后，立刻到南大校长室与林语堂及各教授见面，办理发给遣散费手续，遣散费总数共达305203元，连同四月份薪金，总数高达324000余元。

　　林语堂及各教授所得的遣散费，是按照聘约所规定年限的薪额一半，外加归返原地川资预算。林语堂的聘约为五年，即领二年半薪金，他的遣散费计二十一个月薪（四月份不计）63000元，外加川资9241.5元，共72000余元。

　　另外文学院院长熊式一，理工学院院长胡博渊，行政秘书黎明，校长秘书林太乙，校外部主任黎东方，建筑工程主任杨介眉及其夫人施惠兰，文学院教授查理士达夫，讲师王佐及其夫人图书馆管理员陈秀锦等，都是三年聘约。杨介眉夫妇领得40000余元，王佐夫妇原居马六甲，其后赴美求学。但其遣散费与外地来星者同等待遇，而且得到回美盘缠4000余元，共领得30000余元。担任校长秘书的林太乙，据校长所提的概算案是月薪 600 元，后来以月薪 800 元计算。陈六使自己开了 305203 元的支票还执委会，这笔相当于 10 万美元的遣散费完全由他个人承担。

在南洋大学因预算问题引起的风波中，林语堂家人精神紧张，怕有人暗算，从东海岸的寓所迁到国泰饭店的五楼居住。妻子、女儿也不习惯南洋的生活，吵着要回美国。林语堂自己也不想留在新加坡。从 4 月 9 日开始，林语堂办理交接事宜，到 13 日移交工作才完成。

1955 年 4 月 17 日，下午 1 点 20 分，林语堂及妻女离开新加坡，陈六使和全体执委会均到机场送行，场面相当热烈。林语堂一行到科伦坡休息几天，便飞往法国南部的夏纳。

从 1954 年 10 月 2 日到新加坡，1955 年 4 月 17 日离开，前后共六个月，林语堂短暂的南洋大学经历，给自己或他人留下了值得总结的教训。

林语堂和陈六使是两位完全不同类型的人物。陈六使，福建省同安县集美乡人。父亲务农捕鱼为生，家贫，念完集美小学，1916 年（19 岁）过番，到新加坡白手创业，他先后在陈嘉庚属下的橡胶公司工作，后成立自己的公司——益和树胶公司，分行遍布于马来亚、东印度、暹罗和越南等地港口，为星马最大规模之树胶输出商。热心公益，多次被推举为中华总商会正副会长、中华树胶公会主席及树胶公会主席、南洋商报董事主席、福建会馆主席等重要职位。1950 年呼吁创办华文大学，不果。三年后重新号召提倡成立南大，出钱出力最多，为南大做出了巨大的贡献。林语堂和陈六使，生活在同一个时代，但是文化背景、宗教信仰、生活经验、价值认知和政治立场，都有极大的差异。林语堂的思想、性格、爱好和志趣等都可以说是多面向的，也是充满矛盾的。在《八十自述》里，他说自己是"一团矛盾"。郁达夫说他"生性憨直，浑朴天真"。陈六使自认读书不多，心灵旨趣平民化，但却是一位经营奇才。一生的奋斗与追求，都与商业和教育分不开，是"经济则成大业，教育则立大本"的热心母语教育的商界领袖。因此，他们都走不进彼此的世界。

第十八章　新加坡

相对于当时保守、半封闭的新马华人社会，林语堂的思想是开放的。陈平原说："林语堂缺乏儒家天下为己任的社会责任感，也没有佛家苦海慈航普度众生的大慈大悲心，倒是道家任自然、求安逸、享受每一刻的时光是性之所近，真正了然于心。"① 这论点应该是正确的。从某种程度来说，林语堂是一位先行者，无论是他的文化思维或办学理念，都远远走在当时新马时代的前端，相对于新马华人，他确有前瞻视野。他有敢为天下先的勇气，但是却无驾驭能力。从另一个角度来说，他是一位不识时务者。在短短几个月里他发觉情况离他的想象太远，但是却没有快速调整、适应，仍然坚持那股憨直脾气。他断然辞职，算是当机立断。他后来曾坦诚地自白曰："本人是一大阻碍，因为南大可以没有林语堂，但不能无陈六使。"② 说得相当磊落。无论如何，做南大校长的日子实为他一生中的一项挫折，在创作上也是一片空白。南大后的林语堂，却一切如故，那段日子并没有影响到他以后的计划或著作。

再见，新加坡。

林语堂离开新加坡后，来到了法国戛纳，一直住到 1957 年。新加坡经历之后，林语堂写出了传记《武则天》。从 1957 年回到美国纽约直到 1966 年林语堂离开美国回到台湾。

---

① 陈平原著《林语堂东西综合的审美理想》，收入子通编：《林语堂 70 年评说》，北京：中国华侨出版社 2003 年 1 月第 1 版第 313 页。
② 《南洋大学创校史》，新加坡南洋文化出版社 1956 年版第 161 页。

第十九章　台湾和香港（一）

台北阳明山

　　1957 年，马星野邀请林语堂到台湾去看看。1958 年 10 月 14 日，林语堂夫妇抵达台湾访问。当时在台湾松山机场迎接的政界、学界、校友会和林语堂的亲属共数百人，场面热烈，其中有何应钦、蒋梦麟、马星野等人。第二天，林语堂拜访了于右任，对他表示了深深的敬意。第三天，蒋介石和宋美龄在官邸会见了林语堂夫妇，在座的还有马星野、梅贻琦等人。

　　林语堂这次台湾之行，先后在成功大学、东海大学、台湾写作协会、台湾大学和台湾师范大学等高校与写作机构作了多次演讲，他主要讲了《清朝的汉学是否科学？》《如何培养一个文人的性灵和风格？》《〈红楼梦〉考证》《老庄考据方法的错误》等内容，尤其是讲到《红楼梦》，林语堂来了兴致，还朗诵了他为曹雪芹写的两首词：

　　　　叹一支仙笔生花，偏生的美玉有瑕。若说没续完，如何学者说虚话？这猜谜儿啊，叫人枉自嗟呀，令人空劳牵挂。一个是泮宫客，

第十九章 台湾和香港（一）

一个是傲霜花，想此人能有几支笔杆儿，怎经得秋挥到冬，春挥到夏。

都是文学因缘，俺只念十载辛勤。空对着奇冤久悬难昭雪，终惹得曲解歪缠乱士林。

林语堂这次来台还有一个重要原因是思乡心切，台湾有许多闽南过来的乡亲，特别是故乡漳州和厦门来台的人最多，由于政治原因不能回大陆老家，在台湾听到漳州话就感到非常亲切，就像回到了家乡。为了寄托相思，林语堂还用漳州话编了多行五言诗。其诗云：

乡情宰（怎）样好，让我说给你。民情还淳厚，原来是按尼（如此）。

汉唐语如此，有的尚迷离。莫问东西晋，桃源人不知。

父老皆伯叔，村妪尽姑姨。地上香瓜熟，枝上红荔枝。

新笋园中剥，早起（上）食谱糜（粥）。胪脍莼羹好，吭值（不比）水（田）鸡低（甜）。

查母（女人）真正水（美），郎郎（人人）都秀媚。今天戴草笠，明日装入时。脱去白花袍，后天又把锄。憪（黄）昏倒的困（睡），击壤可吟诗。

诗中虽不无凄凉，但情真意切，委婉动人。

在台湾进行了半个月的访问后，林语堂夫妇回到了美国。

林语堂对美国的感情是复杂的，一方面，他觉得美国是个比较自由的国家，它对中国是有帮助的；另一面，他又认为美国的对华政策很有问题。如1959年11月1日，美国参议院提出一份报告，其中有"两个中国"的观点。这一提法激起了旅美华人的强烈不满，林语堂先对梁和钧起草的长达十九页的英文文稿认真校核，然后又在上面领头签名，于是，在美华人掀起了一场反对"两个中国"的运动。

1962年，林语堂夫妇去了中南美洲，受到了他们的热烈欢迎。他在委内瑞拉、哥伦比亚、智力、秘鲁、阿根廷、乌拉圭和巴西各国演讲，题目分别是《一个不墨守成规的人的声明》《使不好的本能发生良好的作用》《本能和合乎逻辑的思想》《阴阳哲学和邪恶问题》《中国的文学传统》《科学和好奇心》等。后来，林语堂把这些讲词收在 The Pleasures of a Nonconformist（《不羁》）中。此书由 The World Publishing Company（美国世界出版公司）出版。

1966年1月26日下午2时半，林语堂夫妇搭乘的飞机在台北松山机场降落，这是他第二次访台，受到了台北文教界人士和亲友的热烈欢迎。27日，他参观了中山博物院，并出席了马星野举行的欢迎酒会。到会的有严家淦、黄国书、王世杰、蒋经国、阎振兴、毛子水、李济等人及各界人士，发言者都表示欢迎林语堂来台定居。28日，在马星野夫妇的陪同下，林语堂夫妇在高雄澄湖官邸拜见了蒋介石，蒋介石以茶点招待，并表示希望他们回台湾定居。1月30日下午1时半，林语堂夫妇飞往香港。林语堂曾经有过到香港居住的想法，所以他去信港英政府入境处主任，声称他和妻子1月30日以访客身份入港在香港只能逗留三个月，现在决定永居香港，按照规定必须先离境再申请，先特写此函请求予以方便，在境内直接申请入境。其实，1966年1月30日林语堂夫妇到香港之前，他们先在台湾逗留了四天，蒋介石于1月28日在高雄会见了林语堂夫妇和马星野夫妇，但这次会见没有决定来台湾居住。6月4日下午，林语堂夫妇在香港的女儿林太乙家住了四个月后，由香港飞到台湾。是否在台湾定居，林语堂没有对外界说，只是在台北市阳明山麓租了一栋雅致的白屋居住。

后来，蒋介石表示要为林语堂在阳明山造一所房子，林语堂接受了，蒋介石还请林语堂出任考试院副院长，林语堂坚辞不受，他表示："我不适合做官，也无意于当官，还是做个自由人吧！"

林语堂在台北阳明山亲手盖了一座中西合璧的别墅，背靠阳明山，面对淡水河，实现了林语堂看山是山，看水是水的愿望，同时也是象征着回到了坂仔故乡（既然回不去，就找一个相似家乡的地方），获得一种心灵的慰藉。别墅以中西的四合院架构搭配西班牙的建筑风格，白色的粉墙与蓝色的琉璃瓦混搭，中间镶嵌着深紫色的圆角窗棂。一进门，你就可以看到一个透天的中庭，这是中国式四合院的标志，象征着天人合一的境界，按林语堂自己的说法是"宅中有园，园中有屋，屋中有院，院中有树，树中有天，天上有月"。院内翠竹与奇石交相辉映，竹是苏东坡的至爱，石是米芾的至爱，这两人都是林语堂崇拜的人物。

在台北，林语堂有许多老朋友，同时又新结交了一些年轻的朋友。如黄季陆、罗家伦、吴大猷、刘绍唐、查良钊、蒋复璁、沈刚伯、毛子水、李济、吴经熊、张大千、钱穆、徐訏、刘甫琴、沈云戈、谢冰莹、阮毅成、钱思亮、何客、黎东方、陈石孚、魏景蒙、叶公超等，比较年轻的有王蓝、姚朋（彭歌）、殷张兰熙、马骥伸、黄肇珩等。

台湾的作家、画家、诗人和文艺青年为林语堂举行"幽默之夜"盛会，有一百二十人参加。林语堂以姓林为自豪，把林则徐、林黛玉、林海音，甚至美国的林肯都扯上了。林语堂在台湾接受过多次邀请出席演讲，他最厌烦的是那些冗长的演讲。有一次，他在某高校毕业典礼上听了许多人的演讲，轮到他的时候，已到了吃中午饭的时间，他站起来说："演讲应该和女人的裙子一样，越短越好。"匆匆结束了演讲，引起了各位来宾和青年学生的捧腹大笑。事后，他们才悟得出林语堂真不愧是幽默大师！

林语堂有时说："一个人在世上，对学问的看法是这样：幼时认为什么都不懂，大学时又认为什么都懂，毕业后才知道什么都不懂，中年又认为什么都懂，到晚年才觉悟一切都不懂。"

台北故宫博物院院长蒋复璁与林语堂过从甚密，林语堂的大女儿林如斯也在故宫博物院工作。林家的用人都叫他蒋院长。有一天，林语堂在书房里创作，用人进来通报："蒋院长来了。""请他等一等。"林语堂说。过了一会儿，他到客厅才发现，原来是行政院院长蒋经国。

1967年，钱穆夫妇迁到台湾，住在离林语堂阳明山居所不远的外双溪素书楼，两人经常约在一起畅谈。林语堂与钱穆同龄，都是举世闻名的文化大师，在年过七十定交，并成为莫逆，堪称20世纪中国文化和文学史上的美谈。

无所不谈

马星野是林语堂在厦大的学生。1964年秋，11月中旬，马星野夫妇和女儿三人一行，自巴拿马返台途经纽约，在陈裕清的家宴上见到了多年不见的老师林语堂，师生之情油然而生，且一时叙不尽兴。马星野向老师提出了一个出乎意料的要求：请林语堂写专栏。林语堂当时没有答应，但也没有表示回绝。马星野回台后又请陈裕清、高克毅、林太乙等人敦促，林语堂终于答应了。马星野高兴地写信给林语堂说，专栏的内容不受限制，可以无所不谈。林语堂自从1936年赴美国后就只用英文写作，中文一放就搁笔三十年，但既然答应了，就只好重新开始。于是他决定从《新春试笔》开始，林语堂写的专栏就叫《无所不谈》，于1965年2月10日正式发稿。经过不到两年的写作，共发表一百八十篇。1966年2月《无所不谈》一集由台北文星书店出版，收三十九篇，由马星野作序。1967年4月台北文星书店又出版了《无所不谈》二集，收文五十余篇，卷首有林语堂手迹，题联："文章可幽默，做事须认真。"《无所不谈》一、二集出版后，供不应求。1974年10月，台湾开明书店又把一、二集连同1968年写的，汇为合集，这个修订本就是后来流传的《无所不谈合集》，共收文章一百八十篇。

第十九章 台湾和香港（一）

《无所不谈合集》是林语堂晚年的一部重要散文集。这些散文大多取材于儿时的回忆、怀乡思友、风光掠影、文史考证、花草鉴赏、国外观感等内容，其中不乏精品。如《记大千话敦煌》《谈钱穆先生之经学》等文，情真辞切，感人肺腑；《介绍奚梦农》等文，记人叙事，笔蕴春温；《苏小妹无其人考》等文，史料翔实，言之确凿；《瑞士风光》《记纽约的钓鱼》等文，文笔清丽，情趣盎然；《记鸟语》等山水游记，则是淋漓酣畅地抒发了林语堂晚年的闲情逸致，以及他不改初衷酷爱大自然的思想感情，同时，也流露了这位出国多年的游子蕴积于胸的缕缕乡思。林语堂在晚年尤其喜爱读杂书，再加上他的英文功底颇深，所以这些散文旁征博引，潇洒自如，具有一定的学术性、知识性和趣味性。无论叙事、议论、抒情、状物，都是以闲谈方式向你吐露内心感受，袒示真挚意绪，不事掩饰，呈现出"清顺自然"的娓语式笔调，同时，也呈现出语言平实、朴素、自然而不矫揉造作，而且，平淡不流于鄙俗，平中有奇，时时飘逸出一股幽默气味。

在晚年回忆文章里，林语堂谈的最多的是现代作家。如好几篇文章谈到了鲁迅，林语堂认为鲁迅是现代中国的大作家，思维敏锐，笔锋犀利，没人能比得上，但他要做"青年导师"，被拖累了。林语堂说，无论如何做人要有一个底线，这个底线能够看出一个文人和作家的真正品格。而这个底线在鲁迅的弟弟周作人身上就被突破了。周作人如果不是自己选择为日本军政服务，他如果保持沉默的话，日本人也不会把他枪毙，无论他有什么理由，为日本军政服务都是他一生的污点。

林语堂回忆中，特别提到自由知识分子的典型：胡适和蔡元培。胡适去世后，林语堂写了《追悼胡适之先生》，在这篇纪念文章里，称胡适为"一代硕儒，尤其是我们当代人的师表。处于今日东西文化交流的时代，适之先生所以配为中国学人的领袖，因为他有特别资格；他能真正了解西方文化，又同时有真正国学的根底，能直继江永戴东原的师承而发扬光大汉学的考据精神，两样齐全是不容易的"。他认为胡适的伟大在于为整个一代人开启了新的范式，"在学问、道德方面，都足为我们的楷模"。胡适面对大陆铺天盖地的对他批判，他的态度就是一个"不在乎"。林语堂认为，这种"不在乎"的态度凸显了一个知识分子的骨气，比鲁迅要高出一个档次。[①]谈到蔡元培，林语堂一方面认为他是一个"好好先生"，特别平易近人，特别乐于帮助别人。有人请他写序，他是有求必应；有人请他写推荐信，他都慷慨相助。蔡夫人说他很随和，好伺候，做什么吃什么，从来不挑三拣四。当然，林语堂也肯定了蔡元培的另一面，那就是性格中坚韧的一面。

　　林语堂在《无所不谈》里还特别关注教育问题，认为台湾的教育纯粹是应试教育，教育为了考试，考试为了升学，这样的教育后果堪忧。林语堂认为教育的首要任务是要提起学生学习的兴趣和好奇心。林语堂提醒道，民国时期并没有这种联考升学制度，这种制度不免让人想起科举制度。1905 年科举制度的废除并从 1906 年开始落实，这一举措象征着中国进入了现代，而我们现在还在应试教育，是不是在走回头路？这些议论其实也值得我们今天进行深思。

　　林语堂一贯坚持东西方必须互相学习，取长补短。他表示民族主义是一种"原始的力量"，会长期存在；假如"得到明智的疏导"，民族主义对任何国家都是好事；但假如"被人恶意煽动，那它就是邪恶的、破坏性的力量"。林语堂对台湾推出的中华文艺复兴运动表示赞同，但他也有自己的主张和想法。他认为不能再去寻找所谓的道统。提倡国学、遵循孔孟之教诲，这些都是应该的，但不应该再去把儒教奉为国教。汉代独尊儒术以来，儒教便一直在走下坡路。我们也不能再走宋代理学的路子，如果这么做岂不全面否定了新文化运动？

[①] 钱锁桥著《林语堂传——中国文化重生之道》，桂林：广西师范大学出版社 2019 年 1 月第 1 版第 374—375 页。

第十九章 台湾和香港（一）

在林语堂看来，中国文化传统是世界文明的宝贵资源，但在西方现代性的影响下，应该重新评估。有了西方引进的新知，中国得以考察自己的历史，从自己的文化传统中吸取有益的资源，以便同世界接轨并提升中国立于世界之地位。传统的东西不一定都是好的，林语堂指出，西方没有儒学，照样涌现出了一大批伟人，如维多利亚时代英国的格莱斯顿、迪斯雷利，以及美国的富兰克林和林肯等，而清朝则根本找不到类似的人物。

林语堂的《无所不谈》真是无所不谈。

1966年至1976年，林语堂除了参加一些社会活动包括国际上的会议外，散文写作取得了辉煌的成绩。

1974年出版的《无所不谈合集》是林语堂晚年治学的文章总汇，体现了他重新用中文写作后取得的新成绩。它所涉及的话题比较广泛而多样，可谓不拘一格，无所不谈，大凡中西文化、哲理、文学、宇宙人生、现代人物、语言、绘画等，都在所谈之列。

关于《无所不谈合集》的文章，在台湾读者中的看法出现了分歧。据徐訏回忆："'无所不谈'的散文，在台湾发表的时候，很多作家对它并不重视，有一次我到台湾，就听到许多人对他的批评。有的说语堂的文章总是那一套，没有什么新鲜的东西。我记得陈香梅女士就同我说，语堂先生似乎是关在狭小的圈子里。外国作家同社会与世界时时有多方面的接触，所以不会像他那样偏狭。"[①] 但更多的人包括徐訏在内，对林语堂的"无所不谈"持赞赏的态度。徐訏说："语堂先生这类文章，信笔写来，都有风采。……我记得以前读到一个英国文学批评家谈到拜伦的诗，好像是说，拜伦的诗，现在读起来，每首都不见得好，但如果综合地来读他的全集，则就可以发现他的磅礴的气魄与活跃的生命。这句话给我影

---

① 徐訏著《追思林语堂先生》，收入子通编：《林语堂70年评说》，北京：中国华侨出版社2003年1月第1版第141页。

响很深,我想现在我正好用来谈语堂先生的'无所不谈'。在那本集子中,尽管有许多篇我觉得平庸无奇,甚至故作幽默之处,但整个来看,那里正闪耀着语堂先生独特的风采与色泽。那里有成熟的思想家的思想,有洞悉人情世态的智慧,有他的天真与固执,坦率与诚恳,以及潜伏在他生命里的热与光,更不必说他的博学与深思,在许多课题前,他始终用他独特的风格来表达他有深厚的有根据的见解与确切与健全的主张。"[①]给予了极高的评价。林语堂在《无所不谈合集》里,谈文学、谈语言、谈孔子、谈《红楼梦》、谈苏东坡、谈理学、谈经学等都能谈出自己与众不同的见地,倒是有几篇谈政治的文章恰恰是文集中的败笔。

痴迷《红楼梦》

林语堂对《红楼梦》一直有着浓厚的兴趣。1916年,林语堂来到清华园任英文教员,有感于以往教会学校对中文的忽略,他开始认真在中文上下功夫,而这时候,《红楼梦》就成了理想的教材。他在《八十自叙》里说:"我看《红楼梦》,借此学北平话,因为《红楼梦》上的北平话还是无可比拟的杰作。袭人和晴雯说的语言之美,使多少想写白话的中国人感到脸上无光。"从那以后,《红楼梦》便成了林语堂常读常新的一部著作。而正是这种持续的读"红"劲头,使林语堂不仅获得了语言和文化的营养,而且丰富了写作的材料和灵感。后来,他笔下的《中国人的家族理想》《论泥做的男人》《家庭和婚姻》《小说》等一些散文随笔,均与《红楼梦》保持着这样或那样的联系。随着对《红楼梦》的情感日深,林语堂萌生了将其译为英文的想法,然而又担心巨大的时空差异会影响西方读者的兴趣和理解,所以决定直接用英语创作一部《红楼梦》式的

[①] 徐訏著《追思林语堂先生》,收入子通编:《林语堂70年评说》,北京:中国华侨出版社2003年1月第1版第141页。

第十九章 台湾和香港（一）

现代小说，这就是《京华烟云》。《京华烟云》处处都有《红楼梦》的影子，正如林语堂自己毫不避讳地说："重要人物约八九十，丫头亦十来个。大约以红楼人物拟之，木兰似湘云（而加入陈芸之雅素），莫愁似宝钗，红玉似黛玉，桂姐似凤姐而无凤姐之贪辣，迪人似薛蟠，珊瑚似李纨，宝芬似宝琴，雪蕊似鸳鸯，紫薇似紫鹃，暗香似香菱，喜儿似傻大娘，李姨妈似赵姨娘，阿非则远胜宝玉。"[①]

其实，林语堂的英译《红楼梦》是完工了的，只是没有出版。2015年7月25日的《红楼梦学刊》刊登了《南开博士生在日本发现林语堂英译〈红楼梦〉手稿》，未刊手稿共859页。这本书稿是林语堂寄给日本译者佐藤亮一的。林语堂的这本译本可能没有找到出版商，当时英美出版商似乎对林语堂自己的小说（如《红牡丹》）更感兴趣。[②]

1966年林语堂到台湾定居后，对《红楼梦》的兴趣有增无减，他发表演讲、接受采访，《红楼梦》常常都是重要内容。先是写出了6万多言的《平心论高鹗》，发表于历史语言研究所集刊第29本，然后又有《论晴雯的头发》《再论晴雯的头发》《说高鹗手定的〈红楼梦〉稿》《论大闹红楼》《跋曹允中〈红楼梦〉后四十回作者问题的研究》《〈红楼梦〉人物年龄与考证》《俞平伯否认高鹗作伪原文》《新发现曹雪芹订百二十回〈红楼梦〉本》《〈平心论高鹗〉弁言》等一系列文章。这种对红学的迷醉一直延续到林语堂的晚年。在他逝世的1976年，台湾的华冈书店仍然有林氏的中文著作《〈红楼梦〉人名索引》出版。

林语堂写于20世纪60年代的《平心论高鹗》一书，其中对近年红学界争论最多的《红楼梦》后四十回续书说提出自己的观点。林语堂认为俞平伯用打倒孔家店观点来评价宝玉等都是牵强附会；而胡适搞的"大

[①] 林语堂著《关于〈瞬息京华〉——给郁达夫的信》，见林语堂著 郁飞译《瞬息京华》，湖南文艺出版社1991年12月第1版第784页。
[②] 钱锁桥著《林语堂传——中国文化重生之道》，桂林：广西师范大学出版社2019年1月第1版第388页。

胆的假设，小心的求证"，则是"名为小心求证，实是吹毛求疵。因此愈考证愈甚，闹得满城风雨，结果扑了个空"。纵观红学发展，林语堂认为："裕瑞开漫骂之风，周汝昌继之，俞平伯攻高本故意收场应如此不应如彼，全是主观之见，更以'雅俗'二字为标准，不足以言考证。"

林语堂的红学研究，走的是以考证为主的路子，而且把重心放在了《红楼梦》后四十回的作者及其成书情形和文本评价上。林语堂做这样的学术选择，多少有一些兴趣至上的意思。因为围绕《红楼梦》后四十回的著作权及其艺术成败问题，自清代以来的红学界，一向见仁见智，各有所持。林语堂在《平心论高鹗》等文中所强调的《红楼梦》后四十回不可能是高鹗所续，而是他在曹雪芹残稿的基础上修补而成，表现出小说家特有的对艺术感觉和创作经验的注重，以及企图将此融入文学考证，用于解决《红楼梦》作者问题的努力。

第二十章　台湾和香港（二）

金玉缘

1969年8月9日，台湾阳明山麓林语堂的客厅里，一对喜烛高照，整个大厅内喜气洋洋。原来，这是林语堂夫妇在欢庆他们结婚五十周年的"金玉缘"。

他们本来计划静悄悄地迎接这第五十个"蜜月"，所以，谁也没告诉，免了兴师动众一番折腾。可是，天下没有不透风的墙，虽然大多数人不知晓，但毕竟被少数亲朋如马星野夫妇、马骥伸黄肇珩夫妇等好友们知晓了，他们纷纷前来祝贺，整个林宅沉浸在欢乐、祥和、幸福的海洋里。

为纪念同甘共苦的五十年，也为了答谢廖翠凤对自己的爱情，林语堂把这个金婚纪念日命名为"金玉缘"，还把一枚别致的金质胸针献给廖翠凤。胸针上有"金玉缘"三个字，还刻了James Whitcomb Riley的那首诗：《老情人》(*An Old Sweetheart*)。林语堂把这首诗意译为："同心相牵挂，一缕情依依，岁月如梭逝，银丝鬓已稀，幽冥倘异路，仙府应凄凄，若欲开口笑，除非相见时。"来客中，有人讨教林语堂廖翠凤半个世纪"金玉缘"的秘诀，夫妻俩争着说，只有两个字，即"给"与"受"。

只是给予对方，不在于得到才是完满的婚姻。其实这里面也包含了一个容忍和宽恕的意思。廖翠凤总结说："不要在朋友的面前诉说自己丈夫的不是；不要养成当面骂丈夫的坏习惯；不要自己以为聪明；不要平时说大话，临到困难时又袖手旁观。"林语堂则说："婚姻生活如渡大海，风波是一定有的。就看你如何驾驭了。""婚姻是叫两个个性不同的人去过一种生活。""女人的美不是在脸上，是在心灵上。等你失败了，而她还在鼓励你，那时她是真正美的。你看她教养督责子女，看到她的牺牲、温柔、谅解、操持、忍耐，那时，你要称她为安琪儿，是可以的。"

林语堂与廖翠凤像两个有棱有角的小石子，放在婚姻的瓶子里相磨合，丝丝入扣，相濡以沫。林语堂喜欢抽烟，廖翠凤喜欢谈谈家事。林语堂一边吸烟，一边坐在椅子上听廖翠凤的唠叨。当然，两人争执的时候也有。廖翠凤曾带着林语堂去算命，算命的人说她是吉人天相，命中有贵人，凡事能逢凶化吉。廖翠凤高兴地对林语堂说："你这些年来顺顺利利的，也许就是我给带来的福气呢。"后来林语堂又一总结："怎样做个好丈夫？就是太太在喜欢的时候，你跟着她喜欢，可是太太生气的时候，你不要跟着她生气。"人们常常以"天生的一对"来形容夫妻的恩爱，而性格不同的夫妻若能相互容忍，阴阳相补，倒会成为幸福的伴侣。林语堂就觉得夫妇两个个性上的差异不一定是坏事。林语堂曾对人说，廖翠凤属水，水能包容万物，惠及人群；而他自己属金，喜欢冲刺磨砺。他说："我年轻时顽皮、乐观、不耐烦、不肯受羁束，甚至现在，我还是讨厌领带、腰带、鞋带。翠凤则刚刚相反，她是正正经经、规规矩矩的。我想我们很相称，相配得很好。她为我付出许多牺牲。我们是结了婚之后才相爱的。"

林语堂与廖翠凤在个性、嗜好、生活习惯上有许许多多"矛盾"，如翠凤外向，林语堂内向。翠凤做事井井有条，正正其事，衣裳穿着整齐，而林语堂喜欢自由，没有一刻安静，讨厌各种束缚自己的东西，如穿着上的领带等。廖翠凤喜欢吃鱼，不管什么鱼，她都吃得津津有味，有时全家人不喜欢吃的鱼，便由她一人包办。而林语堂最喜欢吃烤牛肉，百吃不厌。林语堂爱吃鸡翅膀儿、鸡肫、鸡脖子，凡事讲究吃的人爱吃的东西，他都喜欢吃，可翠凤从来只拣切得周正的肉快吃，如鸡胸或鸡腿。

每当林语堂合上书，搁下笔，亚里士多德、柏拉图、尼采等离他远去，一桌热气腾腾的可口饭菜，还有笑吟吟的妻子、温馨的家在等着他，幸福的感觉就慢慢充盈整个心房。廖翠凤以中国传统女性的温良恭俭容纳了林语堂所有的放肆和不安分。林语堂的自由天地也只有在这样的妻子面前才能舒展。他还是像坂仔那个调皮孩子，有时出个怪主意来作弄老实的翠凤。有一次，林语堂把烟斗藏了起来，叫着："凤，我的烟斗不见了！"廖翠凤急忙放下手中的活，说："堂啊，慢慢找，别着急。"于是，廖翠凤就满屋子帮着他找，而林语堂则燃起烟斗，欣赏着妻子忙乱的样子。有了女儿后，林语堂也随着女儿管翠凤叫"妈"。他从书房出来，像孩子一样地问："妈在哪里？"还有一次，翠凤说，她的一个朋友生了"两个双胞胎"。林语堂是专攻语言学的，觉得这句话有毛病。他纠正妻子："你不应该说'两个'双胞胎。双胞胎就是两个的意思。""当然，双胞胎就是两个，有什么错？"妻子争辩道。"你可以说一对双胞胎。""一对不就是两个的意思吗？"堂堂的语言学教授林语堂竟无言以对。

廖翠凤知道自己不是林语堂的初恋，也不是林语堂的最恋。在廖翠凤的心目中，林语堂是那样了不起，他风度翩翩、和颜悦色、才智过人、口若悬河、思维敏捷、心地纯正、胸怀大志、浪漫多情，是她心中真正的"白马王子"。在20世纪30年代，当林语堂的最恋——上海大名鼎鼎的陈锦端来拜访林语堂时，廖翠凤非常自信地让林语堂与陈锦端单独会面、交谈，并嘱咐孩子不要打扰爸爸与陈阿姨的谈话。客人走后，廖翠凤还当着林语堂的面，非常自豪地告诉女儿，她的父亲是爱过锦端阿姨的，但之所以能与她廖翠凤成婚，主要是因为她说过"没有钱也不要紧"这句话。说完,廖翠凤哈哈大笑,因为是自己的决心和眼光才获得了如此胜利。在林语堂的心目中,廖翠凤纯朴真实、厚道自信、热心温柔、包容心强、吃苦耐劳、无怨无悔、同甘共苦地爱着他,维护着他,甚至连他在床上躺着抽烟,妻子都能容忍,从来不加限制,任其自由。所以,林语堂感到他们夫妻如同琴瑟,在天长日久中,爱情也慢慢生长起来,而且弥久愈新,他把自己比喻成一个氢气球,而妻子廖翠凤则是气球的手中之线,若没有妻子拉着,自己还不知道飘飞到哪里去了!

整理语言文字

林语堂回到台湾后生活是非常丰富的,不仅写出了精美的大量的散文,而且在《红楼梦》研究、语言文字整理、编纂《林语堂当代汉英词典》等诸方面,都取得了卓越的成就。面对新的环境,表现出一个智者的勤劳和乐观的人生态度。

从1966年起,林语堂发表了《整理汉字草案》《整理汉字的宗旨与范围》《再论整理汉字的重要性》等文章,大力提倡整理汉字。在《整理汉字草案》中提出了六点意见:(一)去重复累赘的字。字有正有伪,有本字,有俗字,有或字。这种字非常多。我们应取其简便者用之。(二)或体字取其简便者用之。字有本体,有俗体,有古,有今。古字省便应从古,今字省便应从今,此孔子所谓吾从周也。俗字应取其已通用而省便者。(三)加偏旁部首之字,应用者留之,可省者一律淘汰。汉字字数之多,皆有好用偏旁而起。一字加部首偏旁,自然更明了。但加之复加,字数便骤增起来。(四)古事古物名称不在今日行文范围者皆应删去。(五)音义相同相近的字,酌量合并。例如併合併吞,可否即作并合并吞。傍近,可否即作旁近。颁佈即作颁布。(六)笔画太繁者,须另想办法。他还在《整理汉字的宗旨与范围》一文中提出了五点意见:(一)不造新字。

因为旧有的字已够重叠，不应加上新字的麻烦。（二）不走极端。中国文字，有中国文字之美。其中有可以意会不可言传的妙处。所以改革汉字，也必顾到心理习惯。一切更动，全改旧观，有妨于我们的审美的享受。（三）不务求古。改革字体，求一古文根据，是极自然的事。我以为古体已经通用的，不妨从古；古体生僻，于学者等于新字，平添一层麻烦。譬如"禮"字古作"礼"，已经通用，是好的。"舆"字作"与"，"豊"字作"丰"也是古体，也是可取。但是"婚"字作"士昏禮"的"昏"，不能说是简便。（四）去芜存菁。汉字本不难，是因为守古太过，以致堆积下来，愈来愈繁。结果成一篇烂账。（五）统一字形。既然要去芜存菁，我们对于社会上已经通用的字，就不得不去其芜杂重复的字体。林语堂对于台湾的汉字改革工作起了一定的推动作用，对我国今后进一步实行汉字改革也有参考价值。

　　林语堂流寓台湾后，就着手编一部简明的字典，他认为《康熙字典》的部首编排零乱，与现代人的需要，相离太远。林语堂说："五十年前我就反对它！"

　　事实也正是这样：半个世纪之前，林语堂已立志要做一番他自喻为"自有其乐，寻发真理，如牛羊在山坡上遨游觅食"的编字典工作。30年代时，他便请三哥林憾庐和长海戈编一部像《牛津简明字典》的中文词典。初稿编成后，由于中日战争，文稿毁于兵火，60册的稿子，只剩下林语堂带到美国的13册。

《当代汉英辞典》

　　1965年底，林语堂夫妇到香港探亲时，与香港中文大学校长李卓敏谈到他的抱负——编纂一部适应现代需要的汉英词典。因为当时只有两种汉英词典在国际间流行通用。一是1892年翟里斯（Herbert A.Giles）

237

编的《汉英词典》，以及1932年麦氏（R.H.Mathews）编的《麦氏汉英大辞典》。而这两部字典已经不足以应付当代文化发展的需要。林语堂所提出的编汉英词典的计划，得到了中文大学的赞助。1967年春，林语堂受聘为中文大学的研究教授，主持词典的编纂工作。在台北，有一个编写小组，承担资料的收集、查核、抄写等。

虽说中文大学赞助词典的编纂工作，但实际上中文大学的预算中并没有为林语堂提供编字典的经费。所以就只有寻求校外热心人士的慷慨解囊。功夫不负有心人，林语堂的计划终于获得太古轮船有限公司、利希慎置业有限公司和星采报业有限公司各捐港币10万元。原计划3年完成，但因工作量太大，后来不得不延期为5年。其后，金山轮船公司和《读者文摘》也加以赞助。

词典编纂小组的办公地点在台北市双城街，工作人员有马骥伸、黄肇珩，他们担任收集资料、查核，后来增加了陈石孚。此外有秘书、抄写陈守荆和施佩英。

林语堂拟出词典的蓝图——编辑体例的概念，然后交给马骥伸、黄肇珩，要他们从实施的角度仔细研究，提出意见，帮助他完成正式的设计。

词典的检字方法是根据林语堂发明的"明快打字机"所用的"上下行检字法"修订而成。并采用他当年参与制定的"改良罗马字拼音"法。在体例方面，他深受牛津简明字典和汪怡国语词典的影响。[1]

工作人员帮林语堂选择中文单字和词句，加以注释，写在单张的稿纸上面，并依国语注音符号的次序排列起来。然后把稿子交给林语堂，由他审定再译成英文，稿纸的右边留有空白，以备他起笔之用。每天七八个，甚至十一二个小时，林语堂都在书桌前伏案工作，写出每个字和每个词句的英文意义。

就这样，林语堂用了五年的时间，费尽心血，终于完成了英汉词典

---

[1] 施建伟著《林语堂在海外》，百花文艺出版社1992年8月第1版第275-276页。

的编纂工作，书名定为《林语堂当代汉英词典》(*Lin Yutang's Chinese-English Dictionary of Modern Usage*)，此词典于1972年由香港中文大学正式出版，全书正文1450页，附录及说明270页，共1720页，可谓一部巨型辞书。

此书完成后，林语堂还想编一部《国语字典》，仍用"上下形检字法"，但由于年迈力衰，没有实现。

林语堂的《当代汉英词典》，是中国有史以来由中国学者编纂的第一部最完美的汉英词典，是林语堂在辞书领域做出的一个重要贡献。香港中文大学校长李卓敏在"前言"里指出："没有一部词典敢夸称是十全十美的，这一部自不例外，但我们深信它将是迄今为止最完善的汉英词典。"[1] 美国《纽约时报》也称它是"世界两大语系沟通上的里程碑"。这部词典可以说是林语堂晚年最重要的学术贡献。

---

[1] 林太乙著《林语堂传》，梅中泉主编.《林语堂名著全集》(29卷)，东北师范大学出版社1994年第1版第300页。

第二十一章　台湾和香港（三）

走向国际文坛

1968年6月18日至20日，林语堂参加了在汉城（今韩国首尔）举办的国际大学校长协会第二届大会，这次大会由50多个国家的200多位大学校长及学术界人士出席。林语堂能够出席这次大会的原因，主要是他曾在1954年至1955年担任过新加坡南洋大学的首任校长。受到大会邀请，林语堂随王世杰等一起赴会。这次大会有三个议题，一是东西文化如何调和，以增进人类的真正和平；二是大学教育应如何配合国家的需要；三是大学生参加社会运动问题。每一个议题事先约定一位主讲人。6月18日上午开幕式之后，林语堂在这次大会上作了《促进东西文化的融和》的演讲，时间长达四十分钟。演讲中主要阐述了东方文化与西方文化的差异之处：（一）中国人的思考以直觉的洞察力及对实体的全面反映为优先，西方人以分析的逻辑思考为优先。（二）中国人以感觉作为实体不可分的一部分；对于事物的看法，不像西洋人专说理由，而多兼顾感觉，有时且将感觉置于理由之上。西方哲学家常假定事物是静止不动的，并将之分割为若干部分，以便于试验或求证。（三）中国哲学的"道"

相当于西洋哲学的"真理",但含义比"真理"广阔些。林语堂主张东西文化融合,将有利于人类的和平与发展。

1969年9月罗家伦患病住院,12月逝世。林语堂继罗家伦之后,被推选为国际笔会台湾分会的会长。

1969年9月国际笔会第三十六届大会在法国南部海滨城市蒙敦(Monton)召开,在台湾的林语堂、马星野,在伦敦的陈西滢和在巴黎的苏秀法女士参加了大会。

1970年6月,亚洲作家第三次大会在台北举行,林语堂积极筹备和主持了这次大会,使这次大会办得有声有色。参加这次会议的有亚太十八个国家和地区的作家一百三十多人。国际笔会秘书长柯威尔,日本著名作家、诺贝尔文学奖获得者川端康成出席了这届会议并发表了演讲。日本代表佐藤亮一就翻译问题发言,这位翻译过一百本书的名教授曾将林语堂的《京华烟云》等作品译为日文,他赞美林语堂的作品"优美绝伦"。他说,他在翻译过程中,有时为同情书中主角的悲惨命运而泪随笔下。这次会议讨论的题目有:《民族文学的发展》《今日小说的地位》《现代的诗与散文》《现代社会的戏剧》《大众传播工作的利用与滥用》《亚洲文字间的翻译》《亚洲作家当前遭遇的问题》等。川端康成在会上发表了《源氏物语与芭蕉》的演说。林语堂忙于组织和主持会议,没有发表演说,在闭幕式上总结发言时强调了作家对世界的责任。亚洲作家笔会第一届在马尼拉,第二届在曼谷,这次台北举行的是第三届,也是规模最大的一次。

1970年7月底至8月初,国际笔会第三十七届大会在韩国汉城(今韩国首尔)举办,林语堂是作为特别邀请的少数贵宾之一,被安排在会议所在地朝鲜饭店居住。据姚朋说,在各国作家中,最受注意的还是中国作家林语堂。在开会前夕,很多中国代表都受到外国朋友的"请托"。他们问:"你可不可以介绍我见一见林语堂?"开会之后,又听到许多外国代表说："我真高兴，昨天晚上的酒会里，我和林语堂博士谈过了。"钦佩之情，溢于言表。有位越南代表对姚朋大谈林语堂的《生活的艺术》，他一再表示，那本书处处闪耀着智慧的光芒，读起来令人"生喜悦之心"。他说，林语堂是我们亚洲人的光荣和骄傲。在这次大会上，林语堂做了一次特别的讲演，题目是《论东西文化的幽默》，大讲特讲了他的幽默观。讲词分为"幽默是人类心灵开放的花朵""维多利亚女王的遗言""搔痒是人生的一大乐趣""朋友之间会心的微笑""佛祖与基督的爱与恕""苏格拉底泼辣的妻子""林肯太太好吹毛求疵""老庄是我国大幽默家""孔子对挫折付之一笑""新儒家特别缺乏幽默"。会议期间，他还经常与日本诺贝尔文学奖获得者川端康成在一起交谈，建立了深厚的友谊。这次会议上，美国作家厄普戴克（John Updike）演讲的题目是《小说中的幽默》，法国批评家梅雅（Tony Mayer）演讲的题目是《论机智与幽默的区别》，韩国诗人李殷相讲的题目是《东方幽默的特性》等。"幽默"成了这次笔会的主题，各个国家的作家都在谈幽默，但非常幽默的是，这次会议讨论、交流气氛太少，缺乏了一种最重要的东西：幽默。林语堂指出：所有的动物都会哭，唯有人会笑，幽默乃是人类心灵发展的花朵。"当文明发展到了相当程度，人才会为着他自己的或是别人所犯的错误而发笑，幽默于焉产生。"姚朋说："林语堂讲得最好的一段话，也是讲稿中原来所没有的一段话是：'幽默是一种精神，你不能用手指出一本书或一篇文章中的某几行，说这就是幽默。幽默是指不出来但你可以体会得到的。'……幽默要能引发人的善意，与偶然一笑是不相同的。……当林先生演讲结束，掌声如雷之际，我突然有一种极端寂寞之感。身为一个作家，林先生未必就能代表中国思想的'主流'与中国人生活的全貌，但是，在今天的国际文坛上，中国作家的姓名能为世界各国人士所敬慕，恐怕也只有一个林语堂了。"

1975年9月，国际笔会第四十届大会在维也纳举行。在这次大会上，林语堂被推为国际笔会副会长，成为亚洲学人膺此荣誉职位的第三人（另外两人分别是印度的光诗南和日本的川端康成），并且也是在这次大会上，他的《京华烟云》被推为诺贝尔文学奖候选作品。林语堂作为国际著名学者和作家，在国际舞台上提升到最高峰，充分显示了他的智慧和才华，成为世界著名的中国作家。

林如斯

也许人生最悲哀的是白发人送黑发人，对林语堂夫妇也不例外。早在1962年林语堂夫妇访问中南美洲六国之前，长女林如斯就病了，住院治疗，林语堂夫妇几乎放弃这次出访。但林如斯对父母说自己会照顾好自己，说得很诚恳。林如斯患了严重的精神忧郁症，情绪时好时坏。好的时候像正常人一样。她在一家出版公司工作，在工作之余试译唐诗。她是姊妹三个中艺术天分最高的，她不仅是长女，而且继承了林语堂的遗传基因，才华横溢，知父莫如女，对林语堂的《京华烟云》之理解，可谓一点灵犀。从她写的《关于〈瞬息京华〉》一文中就能看出其才华的不同非凡，然而，当情绪不好的时候，就跌入了个人悲哀的天地，感觉到世界的末日就要到来，林语堂夫妇无论怎样劝解都没用。在纽约时，林如斯就搬到父母所住的公寓大楼的隔壁，为了照顾这个可怜的女儿，林语堂把墙壁打通。女儿的忧郁症使林语堂和廖翠凤感到很大的精神压力而又无可奈何。

林语堂夫妇到台湾阳明山居住后，不放心在香港的林如斯，虽然在香港有其他姊妹在一起，但林太乙和小女林相如都忙于自己的工作，不可能像自己那样有时间照顾。可怜天下父母心，经过一番做工作，终于把林如斯接到了台北。因林语堂与台北故宫博物院院长蒋复璁是至交，林如斯就到了故宫博物院工作。最初她担任蒋复璁院长的英文秘书，后来又主编该院出版的英文《故宫展览通讯》，还编译了《唐诗选译》，交给台湾中华书局印行。林如斯在台北上班，但吃住都在故宫博物院的职工宿舍，不肯住进阳明山麓的父母家。她可能尽量不给父母添麻烦，因为一旦情绪不好，就会呈现出无比焦虑的症状，甚至好像迷失了自我，与现实完全脱节。她也想极力克制自己，不愿表现出反常的行为，可是这些都不是自己能控制得了的，她战胜不了自我，只能在不由自主的状态下，沉在痛苦的深渊里。

女儿的不幸像病魔一样折磨着林语堂夫妇。不幸的事情还是发生了。1971年，林语堂因中风的初期征兆住进了院，后来出院了。一天中午，蒋复璁请林语堂在故宫博物院吃饭，有人跑来说，工人在打扫林如斯的房间时发现她吊在窗帘杆上，抱下来时已经断气了，而桌子上的茶还温的。

林语堂在这巨大的悲剧面前几乎是精神崩溃了！林太乙和黎明及林相如接到噩耗急忙从香港赶来。林太乙后来回忆了当时的情景："……走进家里时，父亲扑到我身上大哭起来。母亲扑在妹妹身上也大哭起来。顿时我觉得，我们和父母亲对调了位置，在此以前，是他们扶持我们。现在，我们要扶持他们了。那'坦率、诚恳、乐观、风趣；怀着一瓣未泯的童心，现实主义的理想家；满腔热情的达观者'变成一个空壳子，姐姐掏去了他的心灵。那时父亲是76岁，母亲比他小一岁。我们把两老送进医院，他们哭哭啼啼地对彼此说：'我们不要再哭了，我们不哭了。'姐姐留了遗书给父母说：'对不起，我实在活不下去了，我的心力耗尽了。我非常爱你们。'"[①]

林太乙的堂兄嫂们协助办理了林如斯的后事。为了让两位老人静一静心，林太乙把他们接到了香港。廖翠凤从此精神恍惚，经常自言自语：

---

① 林太乙著《林语堂传》，梅中泉主编《林语堂名著全集》(29卷)，东北师范大学出版社1994年第1版第295页。

"我活着干什么？我活着干什么？"或者不说话。林语堂内心的伤痛压倒了他，可为了不给孩子们看出来，勉强摆出笑脸。当林太乙问他："人生什么意思？"时，他说："活着要快乐。"他再也说不下去了。后来，林语堂写了一首诗《念如斯》：

> 东方西子，饮尽欧风美雨，不忘故乡情独思归去。
> 关心桑梓，莫说痴儿语，改装易服效力疆场三寒暑。
> 尘缘误，惜花变作摧花人，乱红抛落飞泥絮。
> 离人泪，犹可拭，心头事，忘不得。
> 往事堪哀强欢笑，彩笔新题断肠句。
> 夜茫茫何处是归宿，不如化作孤鸿飞去。

林语堂共有三个女儿，最初取名分别是凤如、玉如、相如，但女儿们上学之后，他觉得大女儿和二女儿的名字比较俗，就给她们改了名。大女儿改为如斯，取自孔子的"逝者如斯夫""如斯"就是"像这个样子"。二女儿改为无双，遭到二女儿的反对后，又改为太乙。这两字取自《吕氏春秋·大乐》中的"万物所出，造于太乙"，意为天地之间的混沌之气。我们觉得林语堂把这两个女儿的名字改得毫无意义，可能是他读《论语》和《吕氏春秋》时的一时兴起吧，倒不如原先起的凤如、玉如好。也可能在林语堂看来，名字就是个符号，没有深究大意的必要，殊不知，"如斯"的前面还有个"逝者"，给人以不祥之感，后来果然应验了。人说"天下爷娘疼小儿"，可林语堂最疼最爱的是长女林如斯。林如斯的婚姻不幸，是林语堂夫妇后半生的无尽牵挂。

林如斯是林语堂在德国留学的最后一年廖翠凤怀上的。1923年林语堂夫妇回到厦门不久，林如斯就出生了。20世纪40年代林语堂全家回到祖国，正是抗战的年代，当林语堂一家返美时，林如斯不理解爸爸的想法,很不高兴,坚持要留下来投身抗战。返美后她仍然坚持要回国参军。1943年,20岁的林如斯回到中国,投身于抗日救亡的时代洪流。她当时在昆明军医署林可胜医师手下工作。林可胜是林语堂在北京时的好朋友,1926年,林语堂在北京被通缉,是林可胜帮忙联系了父亲——厦门大学的校长林文庆,使林语堂到厦大出任文科主任。现在,女儿要回国参加抗战,林语堂就放心地把她托付给了林可胜医师。

1945年,林如斯在昆明认识了汪凯熙医师,打算与他到美国结婚。林语堂夫妇也很赞成女儿的这门婚事。林如斯与汪凯熙一起来到美国后,林语堂夫妇就忙于张罗女儿的订婚仪式,向亲朋好友发出了宴会的请帖。可没想到在亲朋好友准备前来参加订婚宴的前一天,林如斯突然和一个美国青年私奔了。这一意外的消息,把林语堂夫妇震蒙了。林语堂夫妇丢失面子不说,他们怎么也没想到女儿会干出这样的事。这一事情,使林语堂夫妇在亲朋好友面前实在无法解释,但也只好把苦果咽进肚里,毕竟孩子的事得需要她自己做主。这个美国青年叫理查德·比欧乌(Richard Biow),父亲是纽约一家广告公司的老板,很有钱。理查德是一个浪子,中学时就被开除过,不务正业,靠父亲养活,仪表平常,但很有口才。1946年5月1日《纽约太阳报》报道了林如斯和理查德·比欧乌(Richard Biow)两周前瞒着林语堂在波士顿罗斯·柯里尔(Ross H.Currier)法官的家里结婚了。理查德的妹妹曾是林如斯在纽约道尔顿学院的同学,所以林如斯认识了理查德。林语堂的小说《唐人街》出版后分别给理查德的父亲和母亲寄了赠本。林如斯为什么迷恋理查德,林语堂不明白,可是女儿自己喜欢,他也只能承认现实。

林如斯和理查德结婚后前几年很幸福,两家关系也不错。廖翠凤在1949年1月15日写给华尔希夫妇的信中写道:"如斯和狄克过得很好,如斯看来很满意、很幸福。这对我们太重要了,我对此感到很欣慰。"林语堂在1949年4月24日给华尔希的信中也提道:"如斯和丈夫完全沉浸在幸福之中。他们现在住在纽霍普顿。今年夏天他们会到欧洲来旅游。"[1]但是，好景不长，林如斯和理查德后来过着不安定的生活，他们常常迁居。每当他们回到父母家，廖翠凤就要烧出六七样好菜来款待。廖翠凤心里虽不满意，可不敢在脸上表现出来，而且还要把理查德当贵宾招待，因为怕女儿不肯回家。林语堂不赞成女儿与理查德的婚事，可也不能干涉，这是他们自己的事情。但他总是担心理查德是一个靠不住的人。

林语堂的担心终于出现了。林如斯与狄克分手了。按美国法律，林如斯到法院起诉，会得到一笔赡养费，林语堂也支持女儿这么办，毕竟要生活。可林如斯按中国传统观念处理了此事，宁愿一分钱也不要，也要和理查德彻底一刀两断，最终林如斯没有得到一点的赔偿。婚姻的不如意，使林如斯对人生很悲观，影响很大。她长期孤身一人生活，像冬夜里空旷怅寥的天空中一片枯叶旋在刺骨的寒风里，无望地走着自己的人生苦旅。自杀的念头早已存在，只是想等到父母百年以后，可是又实在等不了。自杀者往往非常突然，在心灵世界一片绝望、空虚和黑暗时，没有一丝阳光透进来，这时就会萌生自杀的念头。如果能冲破这一瞬间，人就不会自杀。

大师已去

林语堂在生命的最后几年，生活得非常压抑。一是自己在学问方面的辛苦劳作，二是女儿的悲剧，三是妻子廖翠凤的性情变化。写作辛苦可以不写，失女之痛，无法排解，妻子的变化尤让他忧心。廖翠凤已经从通情达理，时时处处为林语堂着想，并甘愿与丈夫同甘共苦的贤德妻子，一变而成为抑郁不乐和世俗偏狭，对丈夫怀疑，甚至漠然处之的平

---

[1] 钱锁桥著《林语堂传——中国文化重生之道》，桂林：广西师范大学出版社 2019 年 1 月第 1 版第 394 页。

庸世俗的妻子。从前廖翠凤身上没有廖家人的缺点，显示出与众不同的女性之美；但到了晚年，廖家人的缺点在她身上渐渐地复苏和扩大了。林语堂虽达观、快乐、充满理想与童心，但面对妻子的冷漠、无情和抑郁，也只好对她理解、同情，只能给予更多的爱和安慰与理解。林语堂知道，尽管当初自己不喜欢廖翠凤，可她作为一个富家女不嫌贫穷冲破种种束缚，甘心情愿地跟着他一个穷书生远走天涯，并且在婚后渐渐产生了爱情，这一切都让林语堂感动不已。而今，由于年老丧女之痛，使她有了变化，这是可以理解的。在完成《汉英词典》后，林语堂于1974年用英文写出了回顾自己一生的最后一部著作《八十自叙》。按周岁他已经79岁了，但中国传统算法他已80岁了。

《八十自叙》是林语堂用散文笔调描述自己一生中主要的经历，是在《林语堂自传》和《从异教徒到基督徒》的基础上更加详细的叙述，字数有五万多，共有十三章，前八章与1935年发表的《自传》大同小异，最后一章是清点了自己的三十六部作品。林语堂自己归纳整理了"一团矛盾"，包括思想、性格、志趣、爱好以及待人接物等，可以说是自己比较真实的写照。

《八十自叙》中最精彩部分的是描述童年时的家庭生活，显示出游子思乡的心态。而"一团矛盾"是本书的总纲，他认为："如果一个人的思想没有矛盾，那么这个人必没有研究的价值。"林语堂认为，他一生光明磊落，坦坦荡荡，是一个不完美的好人。

林语堂"退休"之后，练字，画画，看书以消磨时间。他想整理他的作品，出版《林语堂全集》。他的英文作品几乎全部译成中文，但有些译本水准很差，他很不满意。他说，他"所遗憾的是三十年来著作全用英文，应是文字精华所在，惜未能直接与中国读者相见"[①]。

---

① 林太乙著《林语堂传》，梅中泉主编《林语堂名著全集》（29卷），东北师范大学出版社1994年第1版第300页。

第二十一章　台湾和香港（三）

林语堂的晚年在香港和台北来回穿梭，但主要在香港住的时间长。

1975年10月10日是林语堂的八十大寿。朋友们在香港利园酒店为他做寿。来宾除了香港中文大学的许多教授和利荣森、利园伟等外，还有简又文、徐訏、张国兴等老友。过了两天，林相如夫妇送林语堂二老到台北，在台北有十几个文学、艺术、新闻团体在大陆餐厅举行了隆重的联合茶会，庆祝林语堂夫妇八十大寿。《华冈学报》出版了《庆祝林语堂先生八十岁论文集》，内有宋美龄、张群、蒋经国、钱复、蒋复璁、曾宝荪、马星野、谢冰莹等人的贺词和文章。

1975年，美国图书馆学家安德生（Arthur James Anderson）编《林语堂英文著作及翻译作品编目》。他在前言说："东方和西方的智慧聚于他（林语堂）一身，我们只要稍微诵读他的著述，就会觉得如在一位讲求情理的才智之士之前亲受教益。他有自信、有礼、能容忍、宽大、友善、热情而又明慧。他的笔调和风格像古时的人文主义者，描述人生的每一方面都深刻机敏，优美雍容。而且由于顾到大体，所以在评局部事物时能恰如其分。最足以描绘他的形容词是：有教养。他是最令人赞佩，最罕见的人——一位有教养的人的典型。"

安德生并且编纂 Lin Yutang: The Best of an Old Friend（《林语堂精摘》）由Mason/Charter出版。在当年五月，林语堂为这本书写序说："我喜欢中国以前一位作家说过的话：'古人没有被迫说话。但他们心血来潮时，要说什么就说什么；有时谈论重大的事件，有时抒发自己的感想。说完话就走。'我也是这样。我的笔写出我胸中的话。我的话说完了，我就要告辞了。"

不久，林语堂在香港不能行走，只能坐轮椅。甚至，有时在睡觉时从床上掉下来，他自己爬不起来。身体一天不如一天，最后不得不送往医院。

1976年3月26日晚上10点10分，林语堂终于走到了人生的终点。

林太乙和林相如等亲人把林语堂的灵柩送到台北。蒋经国亲自到机场迎灵。4月1日下午，在怀恩堂举行追思会，许多政要、老友都参加了追思会。之后，林语堂的遗体安葬在阳明山的家园里，面对他所深爱的峰峦叠翠。

　　大师已去，再无大师。林语堂去世后，许多人都写了纪念文章。报界更以显著的版面登载了林语堂去世的消息及有关他生平的文章。

　　《中国时报》《联合报》《中央日报》以及美国的《纽约时报》《圣路易邮报》等报刊都报道了林语堂的生平和贡献，高度评价了林语堂。

　　华盛顿大学教授吾讷孙说："林语堂是一位伟大的语言学家、优良的学者、富于创造力和想象力的作家。不宁唯是，他是一位通人，择善固执，终于成为盖世的天才。要说哪一项造诣是他最大的成就，就已经错了。他向西方和中国人证明，一个人可以超越专家这个称谓的局限而成为一个通才。"

　　林语堂逝世后钱穆最早写出了纪念文章。从3月29日动笔到林语堂下葬那天完稿，题目是《怀念老友林语堂先生》。

　　谢冰莹在《忆林语堂先生》中充分肯定了林语堂的重大贡献："他在有生之年，对社会、对国家民族、对文学上的贡献太多、太大了，他的著作等身，躯体虽然离开了人间，他的著作永远和我们相伴，他的精神永远不朽，文学熠熠的光芒，永远闪烁在文坛。"[1]

　　林海音对林语堂的评价更高："本世纪的中国人能成为世界性作家学者的，我认为只有林语堂一人。"[2]

　　在中国文化史上，很难再找到第二个人像他那么深地走进中国，同时又那么远地走向世界。

---

[1] 谢冰莹著《忆林语堂先生》，施建伟编《幽默大师——名人笔下的林语堂 林语堂笔下的名人》，东方出版中心1998年11月第1版第47页。
[2] 林海音著《林语堂著作等身》，向弓主编 萧南选编《衔着烟斗的林语堂》，四川文艺出版社1995年第1版第40页。

第二十一章 台湾和香港（三）

1982年11月3日，林语堂在台北市士林区仰德大道一段141号的故居，被辟为"林语堂先生纪念图书馆"，属于台北市图书馆。馆内"有不为斋"及卧室保留了林语堂生前的原样，还有林语堂的遗物、手稿，包括他设计的"中文明快打字机"、"电动牙刷"以及"英文打字键盘"等模型、照片和设计手稿等。故居中最引人关注的是林语堂的书房。书房中铺着红色的地毯，摆着黑色的沙发，墙壁上是他与张大千、钱穆的合影照，门口处就是他的写字台，桌子上放着笔、稿纸、文镇、放大镜、书籍和茶壶、茶杯等，这张写字台是他亲自设计的。书房中，两面墙壁前是宽大的书柜，保存了他的4000多种藏书。三个大窗户之间，是友人所赠、称颂其人品文德的一副楹联："文如秋水波涛静，品似春山蕴藉深。"窗前一排低矮的书架上排放着他晚年投入很大心血完成的《林语堂当代汉英词典》的部分手稿。走进他的书房，就好像走进了他的心灵世界，也只有这里才是生命和灵魂的安顿之所。1985年，廖翠凤曾将台北阳明山的家园及林语堂生前的藏书、作品及部分手稿和代表性遗物，捐赠给台北市政府，同年5月28日，台北市政府在林语堂的故居建立"林语堂先生纪念馆"，供国内外游人和研究者参观研究。如今这里经常举办林语堂学术研讨会和讲座。

1987年4月，林语堂的妻子廖翠凤逝世于香港，享年九十岁。

2001年，林语堂故居以纪念馆形态对外开放，并由台北市政府文化局委托佛光人文社会学院管理。2005年10月10日，恰逢林语堂诞辰110年，林语堂故居交由东吴大学接受管理。2006年3月26日，在林语堂逝世30周年的日子里，台北文化界知名人士及林语堂的故友、亲属在阳明山的林语堂故居，为他举行了追思会。会上高度评价了林语堂的一生贡献。

2001年10月8日在林语堂的祖居——福建省漳州市芗城区天宝镇五里沙（今为珠里村），建成了"林语堂纪念馆"，这是中国大陆第一座林语堂纪念馆，该馆于 2000 年 2 月 23 日动工兴建。林语堂家乡的这个纪念馆位于 319 国道东侧，坐落在林语堂父母长眠的虎形山上，一大片香蕉如海洋似锦绣将它包裹。纪念馆占地面积七亩，主体建筑是白色的半圆形二层楼房，中西合璧风格，在宏大庄重中充满灵气和清明，其四周还建有水池、亭台、小桥、花圃和绿地，非常贴近林语堂的文化思想和美学趣味。馆舍正面墙上，由中国书法家协会主席沈鹏题写的"林语堂纪念馆"六个大字。馆前，安放着一尊由著名雕塑家李维祀教授设计制作的两米高的林语堂先生坐式青石塑像，神态安详，栩栩如生，显得从容安闲，潇洒自在。[①] 纪念馆有五个平台八十一级花岗岩台阶，暗喻林语堂八十一年的生命。

林语堂纪念馆内一层为活动室，二层为展览室，布局简洁，空间感强。馆内展出林语堂先生一百多幅珍贵照片和一百多种书籍及一些林语堂用过的实物。

2002 年 4 月 1 日，林语堂纪念馆举行林语堂雕像揭幕仪式，林语堂的二女儿林太乙和三女儿林相如特地从海外赶来为父亲的雕像揭幕。

2006 年 10 月 24 日，位于林语堂出生地——平和县坂仔镇的林语堂故居修缮工程竣工，并重新对外开放。

2007 年 11 月，在平和县林语堂故居旁边，一幢崭新的林语堂文学馆宣告竣工并正式对外开放。12 月 5 日，漳州市举行了林语堂国际学术研讨会。来自美国、德国、日本、瑞典、澳大利亚、蒙古等国，以及中国台湾、香港、澳门和中国社科院、北京大学、华东师范大学等高校、研究机构的专家学者会聚一堂，探讨林语堂在哲学、宗教、文学、艺术、民俗等领域的丰硕成果，深入探究闽南文化对林语堂文化思想的建构作用，以及林语堂文化思想对民族文化乃至世界文化的影响。

林语堂故居和林语堂文学馆位于林语堂诞生地原坂仔基督教堂旧

[①] 王兆胜著《林语堂大传》，作家出版社 2006 年第 1 版第 399-400 页。

址。在林语堂的六十部著作、上千篇美文中，关于个人生活，他提到最多的是在坂仔的快乐童年，至少有上万字。林语堂是闽南文化的集大成者，闽南的山水、文化习俗、民居文化以及茶文化，都对林语堂产生了深远的影响。林语堂不仅是坂仔人的骄傲，而且是漳州人的骄傲，中国人的骄傲！

1895年10月10日，林语堂就诞生在这座教堂的牧师楼上。教堂于1974年被彻底拆除后，林语堂故居也不复存在。林语堂故居是经过1984年、2005年两次在原址上依原样子重新建设起来的。2007年又建起了建筑面积达三百六十平方米的林语堂文学馆。馆名由季羡林题写。该馆辟有"山乡孩子，和乐童年""文学大师，文化巨匠""魂牵祖国，梦绕家乡""誉满环球，名垂青史"四个展厅，展示了林语堂的毕生成就和他与平和坂仔的联系，解读从坂仔走向世界的林语堂的家乡情缘。

林语堂写过："做文人，而不能成文妓，就只有一途：那就是带点丈夫气，说自己胸中的话，不要取媚于世，这样身份自会高。要有点胆量，独抒己见，不随波逐流，就是文人的身份。所言是真知灼见的话，所见是高人一筹之理，所写是优美动人之文，独来独往，存真保诚，有骨气，有见识，有操守，这样的文人是做得的。"

当年，有人批评林语堂的作品不合时宜，林语堂无不幽默地说："我的作品主要不是写给同代人的，而是写给后人看的。"[①]

林语堂才华横溢，著作等身，一生写了六十多本书，上千篇文章。《京华烟云》和《风声鹤唳》于20世纪末、21世纪初分别在海峡两岸被改编成电视连续剧。据不完全统计，世界上出版的各种不同版本的林语堂著作约八百种，其中中文版四百多种，外文版三百多种。仅20世纪80年代中期至今，大陆出版的不同版本的林语堂著作就超过二百种。

林语堂的作品被翻译成英文、日文、法文、德文、葡萄牙文、西班

[①] 王兆胜著《林语堂与中国文化》，中国社会科学文献出版社2007年第1版第354页。

牙文等二十一种文字，几乎囊括了世界上所有的主要语种，其读者遍布全球各地，影响极为广泛，在国际上享有文化使者的美誉。他为人类文化做出了杰出的贡献，是一位世界级的文化名人。

　　林语堂从中国走向了世界。

参考资料

1. 梅中泉主编. 林语堂名著全集. 长春：东北师范大学出版社. 1994.

2. 林语堂著. 林语堂文集. 北京：群言出版社. 2011.

3. 李勇著. 林语堂传. 北京：团结出版社. 1999.

4. 万平近著. 林语堂论. 西安：陕西人民出版社. 1987.

5. 向弓主编 萧南选编. 衔着烟斗的林语堂. 成都：四川文艺出版社. 1995.

6. 万平近著. 林语堂评传. 重庆：重庆出版社. 1996.

7. 子通编. 林语堂评说七十年. 北京：中国华侨出版社. 2003.

8 林语堂著 郝志东 沈益洪译. 中国人. 杭州：浙江人民出版社. 1988.

9. 施建伟著. 林语堂在大陆. 北京：北京十月文艺出版社. 1991.

10. 施建伟著. 林语堂在海外. 天津：百花文艺出版社. 1992.

11. 施建伟著. 林语堂研究论集. 上海：同济大学出版社. 1997.

12. 施建伟著. 林语堂传. 北京：北京十月文艺出版社. 1999.

13. 施建伟编. 幽默大师：名人笔下的林语堂 林语堂笔下的名人. 上海：东方出版中心. 1998.

14. 朱艳丽著. 幽默大师林语堂. 武汉：湖北人民出版社. 2005.

15. 董大中著. 鲁迅与林语堂. 石家庄：河北人民出版社. 2003.

16. 陈亚联编. 飞扬与落寞：林语堂的才情人生. 北京：东方出版社. 2006.

17. 刘炎生著. 林语堂评传. 南昌：百花洲文艺出版社. 1994.

18. 陈煜斓主编. 走近幽默大师. 北京：中国社会科学出版社. 2008.

19. 陈煜斓主编. 林语堂研究论文集. 郑州：河南人民出版社. 2006.

20. 王兆胜著. 闲话林语堂. 北京：中国国际广播出版社. 2002.

21. 王兆胜著. 林语堂正传. 南京：江苏文艺出版社. 2010.

22. 王兆胜著. 林语堂大传. 北京：作家出版社. 2006.

23. 王兆胜著. 林语堂：两脚踏中西文化. 北京：文津出版社. 2005.

24. 王兆胜著. 林语堂与中国文化. 北京：中国社会科学文献出版社. 2007.

25. 王兆胜著. 林语堂的文化情怀. 北京：中国社会科学出版社. 1998.

26. 刘志学主编. 林语堂散文. 石家庄：河北人民出版社. 1991.

27. 张明高 范桥编. 林语堂文选. 北京：中国广播电视出版社. 1990.

28. 纪秀荣编. 林语堂散文选集. 天津：百花文艺出版社. 1987.

29. 林林 韦人编. 林语堂随笔幽默小品集. 杭州：浙江文艺出版社.1992.

30. 远明编. 林语堂著译人生小品集. 杭州：浙江文艺出版社. 1990.

31. 范嵩选订《林语堂主编》《人间世》小品精华 名人卷·杂感卷. 北京：中国友谊出版公司，1993.

32. 梁建民 沈栖著. 林语堂散文欣赏. 南宁：广西教育出版社. 1991.

33. 金宏达主编. 林语堂名作欣赏. 北京：中国和平出版社. 1993.

34. 林语堂著 黄嘉德译. 老子的智慧. 西安：陕西师范大学出版社. 2004.

35. 林语堂著 杨平译. 中国人的生活智慧. 西安：陕西师范大学出版社. 2005.

36. 林语堂著 徐诚斌译. 啼笑皆非. 西安：陕西师范大学出版社. 2004.

37. 林语堂著 黄嘉德译．孔子的智慧．西安：陕西师范大学出版社．2004.

38. 林语堂著 刘启升译．美国 镜像．西安：陕西师范大学出版社．2008.

39. 林语堂著 赵沛林 张钧译．辉煌的北京．西安：陕西师范大学出版社．2003.

40. 林语堂著 张振玉译．武则天正传．海口：海南出版社．1992.

41. 林语堂著．无所不谈．海口：海南出版社．1993.

42. 林语堂．剪拂集 大荒集．北京：人民文学出版社．1988.

43. 沈永宝编．林语堂批评文集．珠海：珠海出版社．1998.

44. 林语堂著 张振玉译．奇岛．上海：上海书店出版．1989.

45. 林语堂著 张振玉译．中国传奇小说．上海：上海书店出版．1989.

46. 林语堂著 张振玉译．苏东坡传．上海：上海书店出版．1989.

47. 林语堂著 谢绮霞译．从异教徒到基督徒．西安：陕西师范大学出版社．2004.

48. 沈卫威著．情僧苦行：吴宓传．北京：东方出版社．2000.

49. 北塔著．情痴诗僧：吴宓传．北京：团结出版社．2000.

50. 严光辉著．辜鸿铭传．海口：海南出版社．1996.

51. 郝志刚著．赛珍珠传．长春：时代文艺出版社．2012.

52. 怡清编．大地史诗·赛珍珠．北京：民主与建设出版社．2012.

53. 陆陆编著．第一流的幽默家——林语堂．北京：中国工人出版社．2015.

54. 慕秋著．林语堂和在一起的人慢慢相爱．北京：中国长安出版社．2015.

55. 潘剑冰著．率性林语堂．北京：团结出版社．2012.

56. 林坚编著．芙蓉湖畔忆"三林"——林文庆 林语堂 林慧祥的厦大岁月．厦门：厦门大学出版社．2011．

57. 朱德发 魏建主编．现代中国文学通鉴．北京：人民出版社．2012．

58. 厉向君著．蜚声世界文坛的中国作家——林语堂．成都：巴蜀书社．2012．

59. 孙世军 厉向君著．东西文化放浪行——林语堂．济南：齐鲁书社．2013．

60. 林语堂著 郁飞译．瞬息京华．长沙：湖南文艺出版社．1991．

61. 林语堂著 张振玉译．京华烟云．长春：时代文艺出版社．1987．

62. 林语堂著 劳陇 劳力译．豪门．北京：中国青年出版社．1991．

63. 林语堂著．人生的盛宴．长沙：湖南文艺出版社．1988．

64. 林语堂著 致新编．谁最会享受人生．武汉：湖北人民出版社．1989．

65. 林语堂著．赖柏英．长沙：湖南文艺出版社．1988．

66. 林语堂著．唐人街．哈尔滨：北方文艺出版社．1988．

67. 林语堂著．生活的艺术．海口：三环出版社．1992．

68. 林语堂著 梁守涛 梁绿平译．风声鹤唳．广州：花城出版社．1991．

69. 林语堂著 张振玉译．红牡丹．北京：中国文联出版公司．1988．

70. 林语堂著 宋碧云译．红牡丹．北京：人民文学出版社．1988．

71. 林太乙著．我心中的父亲：林语堂传．西安：陕西师范大学出版社．2002．

72. 林太乙．林家次女．北京：西苑出版社．2017．

73. 鲁迅著．鲁迅全集．北京：人民文学出版社．2005．

74. 鲁迅著．鲁迅选集·书信卷．济南：山东文艺出版社．1991．

75. 黄修己著．中国现代文学发展史．北京：中国青年出版社．1988．

76. 孔庆茂著．辜鸿铭评传．南昌：百花洲文艺出版社．2010．

77. 周天度著．蔡元培传．北京：人民出版社．1984.

78. 马征著．教育之梦——蔡元培传．成都：四川人民出版社．1995.

79. 川岛著．和鲁迅相处的日子里．成都：四川人民出版社．1979.

80. 钱理群著．周作人传．北京：北京十月文艺出版社．1990.

81. 贾植芳著．中国现代文学社团流派．南京：江苏教育出版社．1989.

82. 陈福亮著．风雨茅庐——郁达夫大传．北京：中国广播电视出版社．2004.

83. 倪墨炎著．苦雨斋主人——周作人．上海：上海人民出版社．2003.

84. 林语堂著．林语堂散文经典全编．北京：九州出版社．2007.

85. 梦琳 白林 霁虹 为民编．林语堂散文经典全编．北京：九州图书出版社．1997.

86. 周海波 阎开振著．漂泊的书斋：林语堂的读书生活．郑州：中原农民出版社．1999.

87. 徐訏著．徐訏文集．上海：上海三联书店．2008.

88. 叶子著．林语堂别传：生命中的人与城．北京：中国华侨出版社．2020.

89. 钱锁桥．林语堂传——中国文化重生之道．桂林：广西师范大学出版社．2019.

后记

《尘世是唯一的天堂——林语堂的流寓人生》最近由现代出版社公开出版。流寓即由于种种原因离开本土移居他乡。众所周知，林语堂自从九岁离开家乡外出读书开始，特别是上海圣约翰大学毕业后到北京工作，实际上就开始了流寓生活。林语堂的足迹遍布大江南北，流寓北京、厦门、上海、台北、香港等地达数十年。流寓美国的时间就长达三十余年，足迹遍布世界各地，如美国、法国、英国、德国、意大利、瑞士、奥地利、比利时、罗马、新加坡、埃及、韩国、阿根廷、委内瑞拉、哥伦比亚、智力、秘鲁、古巴、乌拉圭和巴西等，可以说，林语堂的一生绝大部分时间是在流寓中度过的，直到最后去世也没有回到故乡。

林语堂不仅是一位真实、热情的文化使者，集学者、作家和语言学家于一身，更是一位幽默、丰富、拥有大智慧的生活智者、人生乐观者和国学大师。他的流寓人生告诉我们，人活在当下就要活得有质量、有情趣、有作为、有担当。他具有深厚的古典文学修养和文化内涵，笔锋犀利，见解深刻，行文洒脱；他随情率性，幽默酣畅，嬉笑怒骂，无不扣人心弦，启人心智。林语堂有着很高的英文造诣，所编纂和翻译的中国古典文学作品畅销西方国家，着意以作品搭建中西文化沟通的桥梁，为改变西方人对中国的印象做出了巨大贡献。"两脚踏东西文化，一心评宇宙文章。"这

后记

句话贴切地反映出他的文化情怀和态度。他主张"学所以为人，并非人所以为学"，强调对人类现实幸福的关注与关怀。他在小说、散文和学术论著里，始终贯穿着对于人和人生命题的独特思考。面对压抑的现实、激烈的论战、人事的纷扰，他选择了乐观、通脱与平和。林语堂说："尘世是唯一的天堂。""人生不过如此，且行且珍惜。自己永远是自己的主角，不要总在别人的戏剧里充当着配角。……人要向前看，向前看。"现在看来，我们才觉得林语堂的人生哲学那么真切和受用。

拙作探讨了作为国学大师、语言学家和文学大师林语堂的流寓人生轨迹。在写作过程中，参考了一些前人和当代学人的研究成果，谨表谢意，不当之处，敬请批评。

非常感谢现代出版社张霆编辑的热情指导和辛苦劳动。

厉小励

2022 年 3 月 10 日